Gustav Sichelschmidt
Dichter und ihre Frauen

Gustav Sichelschmidt

# Dichter und ihre Frauen

Droste

**Bildnachweis**

Abb. 7, 33, 45–47: Historia Photo
Abb. 10, 42: Keystone
Abb. 11, 13, 36, 38: Verlagsarchiv
Abb. 48: Oppermann, Hans: Wilhelm Raabe (rororo bildmonographien Bd. 165, Frau Annagret Ehminger-Raabe, Wolfenbüttel)
Abb. 49: Hoffmeister, Kurt: W. Raabes Leben und Schaffen in biographischen Skizzen, Braunschweig o. D.
Abb. 50: Henning Berkefeld
Alle anderen Abbildungen sind zeitgenössischen Quellen entnommen.

Die Deutsche Bibliothek – CIP-Einheitsaufnahme
**Sichelschmidt, Gustav:**
Dichter und ihre Frauen / Gustav Sichelschmidt. –
Düsseldorf: Droste, 1993
ISBN 3-7700-1008-6


Umschlagentwurf: Helmut Schwanen
Gesamtherstellung: Clausen & Bosse, Leck
ISBN 3-7700-1008-6

# *Inhalt*

# *Einleitung*

Künstlerehen pflegen angesichts der extremen Sensibilität und Reizbarkeit des schöpferischen Menschen ihre besondere Problematik zu haben. Sie haben daher immer schon das Interesse von Psychologen erregt. Dazu kommt noch, daß vor allem über Glanz und Elend von Dichterfrauen, die oft zum Gelingen des Lebenswerks ihrer Partner das Opfer ihres Lebens brachten, genügend Zeugnisse vorliegen, welche die gesamte Variationsbreite des vieldeutigen Begriffs Liebe ausleuchten.

Keines der an dieser Stelle vorgewiesenen Beispiele von Dichterehen läßt sich daher so ohne weiteres in ein starres psychologisches Schema pressen. Nur soviel ist sicher: Jede dieser Ehen mußte auf dieser Erde geführt werden, und sie haben fast ausnahmslos alles andere als ein irdisches Idyll dargestellt. Starke Charaktere stoßen sich nun einmal in der Regel ab. Aber bei einigem guten Willen und besonderer Einfühlsamkeit der Partner wurden die anfänglichen Erwartungen, die man an eine Ehe in ständiger produktiver Auseinandersetzung knüpfte, oft doch noch erfüllt.

Besonders auf den Dichterfrauen lag meist die Hauptlast eines oft nur mühsam gemeisterten Alltags. Bei allem Idealismus hatte man sich auf ein Leben einzustellen, das letzten Endes nur nach einem gelungenen Reifungsprozeß zu bewältigen war. Wenn vielen Dichterfrauen auch die eigentliche Größe und Einmaligkeit des mit ihnen verbundenen Mannes verborgen blieb, so hatten sie doch das Gefühl, kein eben alltägliches Leben an der Seite eines Genies zu führen. Viele von ihnen wären sogar bereit gewesen, noch einmal den gleichen schweren Schicksalsweg auch ohne materielle Absicherung anzutreten. Der hohe Einsatz zahlte sich zuletzt eben doch aus.

Da Dichter mehr als andere ihre Liebeserlebnisse dokumentiert haben und ihre Briefwechsel in der Regel sogar gesammelt vorliegen, läßt sich gerade auf Grund dieses Materials die These von der Vielschichtigkeit der Liebe überzeugend darstellen. Ganz allgemein wird man bei Sondierung dieser Zeugnisse allzu hochgespannte Erwartungen von idealen Dichterehen erheblich dämpfen müssen. Wirklich gleichgestimmte Partner, die auch geistig eine Symbiose im Sinne von Goethes »Wahlverwandtschaften« vorlebeten, wird man auch in den hier vorliegenden Beispielen kaum finden können. Nur allzuoft bricht gerade bei schöpferischen Menschen die dämonisch-mystische Urgewalt der Liebe selbstzerstörerisch durch.

Immerhin sind die an dieser Stelle erwähnten Dichter wenigstens das Wagnis einer Ehe eingegangen. Viele von ihnen mußten allerdings anfängliche Bindungsängste überwinden. Trotzdem bleibt die Zahl der Dichter, die sich nie auf ein solches Wagnis einer Ehe eingelassen haben, überdurchschnittlich groß. Zu ihnen gehören vor allem übersensible Exzentriker wie Kleist, Hölderlin, Lenau, Grabbe, Nietzsche oder Busch. Auch die Zahl der gescheiterten Dichterehen übersteigt diejenige der geschiedenen bürgerlichen Ehen erheblich. Zu den Gescheiterten gehören etwa Bürger, Mörike, Scheffel, Liliencron, Löns, Dehmel oder Rilke. Sie alle kapitulierten oft schon vor den Imponderabilien des Ehealltags.

Auch von den zwölf folgenden Dichterehen läßt sich sagen, daß in ihnen meist ein peinlich zu ertragender Rest übrigblieb. In der Regel bedurfte es eines besonderen Einsatzes von menschlicher Reife und Opferbereitschaft vor allem von seiten der Frau, um das riskante Unternehmen nicht doch noch scheitern zu lassen. Heute würden viele Frauen unter ähnlichen ideellen und materiellen Voraussetzungen das notwendige Durchhaltevermögen nicht mehr aufbringen. Und doch hat sich der selbstlose Einsatz der Frauen meist gelohnt. Ihr nicht gerade leichtes, in jedem Fall aber nicht alltägliches Leben wurde durch entsprechende dichterische Taten gerechtfertigt. Die Nachwelt ist ihnen daher bedingungslos Dank schuldig.

# *Friedrich Gottlieb Klopstock und Meta Moller*

Der Gedanke, Klopstocks »Messias«, der bekanntlich eine neue klassische Epoche unserer Literatur einleitete, wäre für die Zeitgenossen ein reines Lesevergnügen gewesen, ist für uns heute auch angesichts der ungeheuren Resonanz dieses Geniewurfs schwer nachvollziehbar. Schon Lessing machte gegenüber der Lesbarkeit dieses anspruchsvollen Opus einige Abstriche, als er dem Häuflein der geistig engagierten Zeitgenossen dringend ans Herz legte, den großen Klopstock weniger zu loben, ihn dafür aber um so intensiver zu lesen. Zweifellos war man sich sogleich darüber im klaren, als der 24jährige Student aus Quedlinburg die ersten vier Gesänge seines gigantischen Verswerkes erscheinen ließ, daß den Deutschen hier ein Dichter von hohem sprachschöpferischen Rang nachgewachsen war. Immerhin hatte er zweihundert Jahre nach Martin Luther den Deutschen neue Möglichkeiten ihrer sprachlichen Ausdrucksfähigkeit erschlossen und damit so etwas wie ein Perikleisches Zeitalter unserer Literatur eingeleitet.

Eigentlich erstaunlich: Schon als Abiturient von Schulpforta hatte der junge Klopstock in seiner Abschiedsrede sein Lebenskonzept als Dichter entwickelt. Er hatte sich dabei viel vorgenommen. Er wollte nämlich nicht mehr oder weniger als der Homer der Deutschen werden. Sogleich setzte er dann auch diesen jugendlich-enthusiastischen Vorsatz in die Tat um. Mit der Behandlung des erhabenen Messias-Stoffes griff er gleich nach den Sternen. In einer Nacht, gab er an, wäre ihm nämlich der Heiland selbst vor die Seele getreten und hätte ihm diese hohe dichterische Mission auferlegt. Seitdem galt die ganze geistige Energie seines Lebens vor allem der Erfüllung dieses Auftrages.

Als die ersten Gesänge des »Messias« in den »Bremer Beiträgen« zu lesen waren, brach im geistigen Deutschland ein veritables Messias-Fieber aus. Einen jugendlichen Dichter, der sich so Großes vorgenommen hatte und alle in ihn gesetzten Erwartungen dann auch ohne Einschränkung erfüllte, hatte das nach dem Dreißigjährigen Krieg vom künstlerischen Kahlschlag heimgesuchte Deutschland lange nicht mehr erlebt. Für die nicht gerade verwöhnten deutschen Leser war dieser »Messias« in der Tat so etwas wie eine literarische Offenbarung. Vor allem fühlte sich die damals in einem vehementen geistigen Aufbruch befindliche Jugend von der Wortmusik dieses Quedlinburgers zutiefst angerührt. Man kannte ganze Passagen dieser Hexameter auswendig und ließ sich von ihrem inneren Pathos geradezu berauschen.

Begreiflich: Ein Dichter, der solche spontanen Empfindungen in seinen Landsleuten auslöste, wurde als »geheiligte Person« geradezu gefeiert und umschwärmt. Der Schweizer Home de lettres und Gegenspieler des deutschen Literaturpapstes Gottsched, Johann Jakob Bodmer, geriet bei der Lektüre des »Messias« geradezu in Ekstase und sah sich verpflichtet, alle Welt auf dieses säkulare literarische Ereignis hinzuweisen. Ewald von Kleist sandte sogar nach seiner ersten Einsicht in den »Messias« einen Eilbrief an seinen Freund Gleim nach Halberstadt, in dem es hieß: »Ich bin ganz in Verzückung darüber. Nun glaube ich doch noch, daß die Deutschen was Rechtes in den schönen Wissenschaften leisten werden. Solche Poesie und Hoheit des Geistes konnte ich mir von keinem Deutschen vermuten.«

Nach einem Besuch bei Bodmer am Züricher See, bei dem der biedere Schweizer sein Urteil über den »seraphischen« Klopstock wegen dessen allzu unbedenklichen Lebenswandels revidieren mußte, steuerte der gefeierte junge Poet mit kühnen Erwartungen das nördliche Kopenhagen an. König Friedrich V. von Dänemark hatte ihm nämlich durch die Vermittlung seines Überministers, des Grafen Bernstorff, ein Gnadengehalt von 400 Reichstalern zugedacht. Auf Grund

Der

# Messias

ein

# Heldengedicht.

HALLE,

bey Carl Herrmann Hemmerde.

1749.

1 *Titelblatt aus der ersten Sonderausgabe der drei ersten Gesänge von Klopstocks »Messias«*

dieser pekuniären Absicherung sollte er in Kopenhagen seinen »Messias« in aller Ruhe zu Ende führen.

Noch vor seiner Abreise nach Dänemark hatte ihn sein Leipziger Studienfreund Nikolaus Dietrich Giseke beschworen, unter allen Umständen in Hamburg Station zu machen. Er hatte ihm von einer Jugendfreundin, Meta Moller, zu berichten, die widerstandslos dem damals grassierenden »Messias«-Fieber erlegen und im übrigen eine umgängliche blitzgescheite Person wäre, an der man seine helle Freude haben könnte.

Diese Meta Moller hatte, wie sie später bekannte, einige Fragmente der ersten drei Gesänge des »Messias«, der dann ihr ganzes Leben verändern sollte, in »Papilloten«, also in Haarwickeln zerschnitten, auf der Toilette einer ihrer Freundinnen entdeckt. Sie habe sich dann mit wahrem Feuereifer auf die Lektüre gestürzt und sogleich bei Giseke nachgefragt, um wen es sich bei diesem begnadeten Dichter handelte und ob von diesem noch mehr dergleichen Geniewürfe für die deutsche Literatur zu erwarten wären. Die Folge dieser bescheidenen Nachfrage war dann, daß sich der Jugendfreund redlich darum bemühte, eine Begegnung zwischen dem Dichter und seiner glühenden Hamburger Verehrerin zustande zu bringen.

Am 4. April 1751 suchte Klopstock dann in der Tat Meta Moller im Hause ihrer Schwester auf. Noch bei seinem Aufenthalt in Braunschweig hatte ihm Giseke dringend ans Herz gelegt, auf keinen Fall Hamburg aus seinem Reiseplan zu streichen. Die »Mollern« konnte er einfach nicht übergehen. »Es ist ein ganz anderes Mädchen als andere«, hatte er den Dichter beschworen. »Sie liest den ›Messias‹ mit Entzücken. Sie kennt dich schon. Sie erwartet dich!« Doch warnt ihn Giseke, der ein Kenner des menschlichen Herzens gewesen sein muß: »Nun geh nur nicht hin und verlieb dich in sie!«

»Meta ist mit ihrer Schwester mit der Wäsche beschäftigt«, berichtet später eben die gleiche Schwester über diesen Besuch. »Ihre Antwort ist: Gleich, gleich, gleich mag, muß Herr Klopstock kommen.« Die Schwester sagt: »Besinne dich doch, wo willst du ihn annehmen? Es ist kein anderes Zimmer ge-

*2 Friedrich Gottlieb Klopstock (1724–1802)*

heizt, und dieses ist voller Wäsche.« – »Dazu ist Rat«, sagt sie, rafft alle Wäsche von allen Stühlen und Tischen zusammen, wirft's in die Kammer. In drei Minuten war die Stube geräumt, und nach fünf Minuten war Klopstock da. Die Schwester saß nun in der kalten Kammer, dachte: Die Visite wird so lang nicht dauern, aber zwei Stunden mußte sie frieren. Nach der ersten Stunde kam Meta in die Kammer, ein Buch zu holen. »Wie gefällt dir Klopstock?«

»Oh, das ist ein zu rarer Junge, ich hab ihn schon auf morgen mittag gebeten. Du mußt Hagedorn und sonst die besten Freunde bitten.«

Beim gemeinsamen Essen am nächsten Tag brüskierte Klopstock die anderen Gäste insofern, als er fast ausschließlich mit Meta sprach. »Nach Tische kam das Gespräch auf die hier üblichen Regenkleider«, berichtet die Schwester weiter. »Klopstock wollte recht sehen, wie sie darunter aussah, und stahl ihr den ersten Kuß bei der Gelegenheit, so vortrefflich, daß es niemand als die Schwester merkte. Meta war feuerrot. Klopstock sollte den Abend in einer anderen großen Gesellschaft sein, er aber las Meta bis neun Uhr im ›Messias‹ vor, und es wurden viele Pausen zwischen dem Vorlesen gemacht.«

Von den nächsten Tagen berichtet die Schwester nur noch im Telegrammstil: »Klopstock verreiste nach Kopenhagen. Vom Belte kam ein Brief. Er war sehr kurz und äußerst mystisch. Sieh da, welche Freude, schon ein Brief von Klopstock!« Und als die Schwester den Brief gelesen hat, heißt es dann weiter: »Oh, das ist ja eine Liebeserklärung an *dich*. Himmel wie ihr Leute seid, gleich soll alles Liebe sein. Kennst du denn gar nicht die zärtliche Freundschaft, die auch sehr zwischen Personen von zwei Geschlechtern sein kann, ohne daß es gleich Liebe heißen muß. Hätte ich *die* Auslegung vermutet, ich hätte dir den Brief nicht gezeigt.«

Noch ehe Meta die Zeit fand, Klopstock zu antworten, trafen zwei weitere Briefe von ihm ein, die zwar weniger mystisch waren, dafür aber eindeutig ausdrückten, wie sehr er sie liebte.

Zwei Jahre später ist es dann soweit, daß auch Meta selbst einen Bericht über ihre erste Begegnung mit Klopstock mit einem leise ironischen Unterton zu Papier bringen kann. Danach muß der erste Eindruck, den Klopstock auf sie machte, überwältigend gewesen sein.

»Nun mache ich die Tür auf, nun sehe ich ihn«, berichtet sie. »Ja, hier müßte ich Empfindungen malen können. – Sein Anblick drappierte mich in dem eigentlichen Verstande. Ich hatte schon so viele Fremde gesehen, aber niemals hatte ich einen solchen Schrecken, einen solchen Schauer empfunden. Ich hatte gar nicht die Meinung, daß ein ernsthafter Dichter finster und mürrisch aussehen, schlecht gekleidet sein und keine Manieren haben müsse. Aber ich stelle mir doch auch nicht vor, daß der Verfasser des ›Messias‹ so süß aussähe und so bis zur Vollkommenheit schön wäre. Er stutzte auch. Wir schwiegen alle beide eine kleine Weile länger still, als man in einem solchen Falle sonst tut. Endlich sagte er: ›Herr Giseke hat mir gesagt, daß ich die Erlaubnis hätte, Ihnen aufzuwarten.‹ Ach Giseke, wie rührte mich der Ton seiner Stimme! Und da sah ich ihn noch einmal recht an. Ach, da stand er, da, da!

Ich fand, daß er sich mit ungemein viel Grazie bückte. Was meinen Sie aber, was ich nun antwortete? Es ist mir angenehm, Sie kennenzulernen, wahrhaftig. Ich konnte nichts anderes aufbringen! Und geschwinde: ›Wollen Sie die Güte haben, sich zu setzen?‹ Ich setzte mich ihm gegenüber. Ich habe mich nachher erinnert, daß ich gesehen, daß er seine Hand mit der anderen hielt. Ich glaubte, das käme von ungefähr. Klopstock hat mir aber gesagt, er habe gezittert und hätte mir das Zittern dadurch verbergen wollen. Er hätte sich sehr darüber gewundert, daß er zitterte, weil er's nicht gewohnt wäre und auch keine Ursache hätte finden können.«

Hinter Klopstock lag damals, muß man wissen, seine lange Liebesgeschichte mit der »Fanny« seiner frühen Liebeslyrik, seiner Kusine Maria Sophia Schmidt aus Langensalza, die ihn schmachten ließ. Auch während seiner Schweizer Reise hatte er die Erinnerung an sie nicht verdrängen können. Nun half ihm die zart aufkeimende Liebe zu Meta Moller entscheidend dabei, die ihn bedrängenden Schatten des jungen Mädchens, die er durch seine Gedichte unsterblich gemacht hatte, zu verscheuchen.

Die eher zurückhaltende Hamburgerin hatte sein Herz auf

*3 Meta Klopstock geb. Moller*

Anhieb gewonnen. Meta war eben 23 Jahre alt, als sie dem vier Jahre älteren Dichter begegnete. Zweifellos entsprach sie keineswegs dem Schönheitsideal des ausgehenden Rokoko. Eine Schönheit war sie jedenfalls nicht, wie Klopstock selbst feststellte. Das einzige Porträt, das sich von ihr erhalten hat, stellt sie in Rokoko-Tracht dar. Doch strahlt sie eine unbefangene Natürlichkeit aus, die zeitlos wirkt.

Klopstock muß vom ersten Augenblick an der Faszination ihres ungezwungenen Wesens verfallen sein. Wie er selbst bekannte, hatten ihn die kritischen, hellen Augen der Hamburgerin unter einer hohen Stirn, hinter der er große Gedanken vermutete, verzaubert. Der lebensvolle große Mund, um den immer ein leises Lächeln spielte, hatte es ihm vor allem angetan. Der tiefe Kleiderausschnitt blieb nicht ohne Wirkung auf den Dichter, der es schwer hatte, den Ruf eines »seraphischen« jungen Mannes wieder loszuwerden.

Seine Begeisterung für Metas Wespentaille, die so ganz dem Schönheitsideal jener Zeit entsprach, verrät eine gesunde Sinnlichkeit. »Denn daß die Taille meiner Meta eine rare Taille ist, das kannst du gar nicht leugnen«, schwärmt der junge Liebhaber einem Fremden gegenüber. »Sie ist gewiß die schönste Taille, die jemals die Folge von irgendeiner verdorbenen Taille gewesen ist.« Offenbar hat der »Messias«-Dichter noch keineswegs die erotische Tändelei des Rokoko überwunden. Er war wohl doch ein Kind seiner Zeit, und eben das hatte Bodmer so sehr enttäuscht.

Nach der ersten denkwürdigen Begegnung in Hamburg beginnt ein Briefwechsel zwischen Klopstock und seiner »Mollerin«, der zu den bedeutendsten unserer Literatur überhaupt gehört. Klopstocks Gefühl bricht in diesen Zeugnissen eines empfindsamen Herzens elementar durch. Auch diese Briefe verraten seine einzigartige Sprachkraft. Viele von ihnen geraten ihm unter der Hand zu schwungvollen Prosagedichten, zu Hymnen einer großen Liebe, die das einmalige Dichtertum Klopstocks verraten. In beiden Liebenden, stellt man erstaunt fest, verbinden sich echte Liebe mit tiefem religiösen Empfinden, das nichts mehr mit den Tändeleien der literarischen Anakreotik gemein hat. Denn auch Meta verströmt ihr ganzes Wesen in ihren Briefen, die, alles in allem, ein nicht alltägliches schriftstellerisches Talent verraten.

Überraschend bleibt immer, daß man keine Orgien des Gefühls nach dem Geschmack jener empfindsamen Zeit begeht. Immer wieder holt die Geliebte den Mann ihrer Wahl auf diese Erde zurück, auf der sich beide bewähren müssen. Klopstock hat sich selbst eingestanden, wie sehr er sich durch diese Hamburgerin verwandelt fühlte. Er hat sich nicht nur als Mensch, sondern auch als Dichter gehäutet. Sie steigert sich immer mehr zu seiner Muse, die ihn inspiriert. Seine bekannten Cidli-Oden besingen diese Frau, die seinem Herzen immer näher rückt. Wie in einem elementaren Durchbruch zu neuen dichterischen Ufern besingt er diese Metamorphose seines Wesens, die er durch sie erleben durfte:

»Dich zu finden, ach dich, lernt' ich die Liebe, sie,
Die mein steigendes Herz himmlisch erweiterte,
Nun in süßeren Träumen
Mich in Edens Gefilde trägt.«

Aber auch Meta steigert sich in ihren Briefen zu einer Ausdrucksfähigkeit, die sie sich wahrscheinlich selbst nicht zugetraut hätte. Da sie trotz aller dichterischen Aufschwünge als echte Hanseatin auch immer auf dem Boden der Tatsachen bleibt, stellen diese Briefe in ihrer Sachbezogenheit wertvolle kulturhistorische Dokumente dar.

»Es sind wunderliche Dinger, meine Briefe«, reflektiert sie selbst über ihre Briefe, die sie nicht sorglos aus ihren Händen läßt, ohne den letzten Schliff an sie gelegt zu haben. »Ich mache sie manchmal aus einer närrischen Ursache noch wunderlicher. Ich denke nämlich, es könnte wohl einmal ein Enkel unserer Enkel, der meine Briefe fände, sich's einfallen lassen, sie zu drucken. Wenn sie dann doch auch gar zu natürlich sind, so wird der Schurke das Drucken wohl bleibenlassen.«

So souverän und distanziert tritt die spätere Frau eines unserer bedeutendsten Sprachschöpfer sich selbst gegenüber auf. Sie überlegt sich mit Blick auf die Nachwelt jedes Wort, das sie dem Papier anvertraut. Schließlich ist ja der Adressat ihrer Briefe einer der namhaftesten Dichter ihrer Zeit.

Trotzdem hat die Spontanität dieser Briefe unter der ständigen Kontrolle keinen Schaden gelitten. Der Eindruck ihrer Frische und Unmittelbarkeit ist an keiner Stelle getrübt. Klopstock selbst hat die Briefe der Geliebten als »natürliche Kunst« empfunden, für deren Reize dieses empfindsame Zeitalter ein durchaus geschärftes Organ besaß.

»Ich habe solche Briefe noch nicht gesehen, worin so viel Natur im eigentlichen Verstande, und zwar soviel gute Natur gewesen wäre«, äußert er sich nicht ohne Stolz Bodmer gegenüber. Er besitzt also durchaus ein Gespür dafür, daß Meta sich nicht ängstlich an den Briefstil ihrer Zeit klammert, sondern sich mit einem besonderen geistigen Elan hoch darüber erhebt. Sie ist eben das, was man im Sprachgebrauch ihrer Zeit eine »Natur« zu nennen pflegte. Hier spricht sich, das spürt man gleich, ein menschlich empfindendes Herz aus, dem auch die große Leidenschaft nicht fremd ist.

Meta Mollers erster Brief an den Dichter des »Messias« vom 13. April 1751 verrät bei aller noch jungmädchenhafter Zurückhaltung bereits eine ausgeprägte Stilistin. »Ihr Brief, den ich lange noch nicht erwarten konnte«, heißt es da, »hat meine Freundschaft zu Ihnen gewiß viele Jahre älter gemacht. Sie haben es wohl gemerkt, daß ich schon große Lust hatte, wie Sie in Hamburg waren, Sie nicht als einen Freund anzusehen. Ich mußte mir aber doch Gewalt antun, mich dieser Lust nicht sogleich zu überlassen, weil es doch möglich war, daß die guten Eigenschaften, die ich an Ihnen bemerkte, nur so schienen. Ist es recht wahr, daß Sie mir gut sind? Ich glaube es beinahe. Sie sind so gut gewesen, alle Zeit, die Ihnen nur möglich war, bei mir zuzubringen, und schreiben schon den Tag nach Ihrer Abreise an mich. Ob ich Ihnen gut bin, das wissen Sie wohl, und ich sehe es nunmehr wohl ein, daß es nur aus einer kleinen Eitelkeit hergekommen, wenn Sie mich so oft darum gefragt. Machen Sie nur nicht, daß ich es einmal bereue, daß ich jetzt zum ersten Mal in meinem Leben jemand so geschwind gut geworden. In der Entfernung, wie wir jetzo sind, können Sie das schon dadurch verhüten, daß Sie fleißig an mich schreiben.«

Klopstocks Anwort vom 17. April ist eher noch herzlicher und spontaner: »Diesen Morgen empfange ich von dem kleinen, süßen Mädchen einen lieben Brief, und diesen Morgen schon muß ich dem süßen Mädchen wieder antworten. Willkommener ist dem Anakreon sein Liebling, die weiße Taube, nicht auf die Leier geflogen, als mir der Brief von der kleinen Mollerin. Wie sagt noch Anakreon davon? Ich möchte mich fast noch einmal an Ihnen rächen und es Ihnen sagen, wie Anakreon sagt. Nicht für die Mannsperson, der Sie so böse sind, mich wieder zu erinnern, sondern dafür, daß Sie mich Herrn Klopstock heißen; und dann auch vornehmlich deswegen, daß ich Ihnen nicht einen einzigen Kuß habe geben dürfen. Kleines Mädchen, das werden Sie in Ihrem Leben nicht verantworten können, daß Sie das getan haben.«

Metas nächster Brief fällt dann auch entsprechend lockerer und gelöster aus: »Mein lieber, lieber Klopstock! Sie sind gewiß ein süßer Freund. Schon zwei Briefe, und Sie sind noch nicht einmal in Kopenhagen! Ihr zweiter Brief hat mir eine rechte Freude gemacht. Ich bekam ihn eben zu einer Zeit, da ich recht imstande war, die Freude zu fühlen. Sie raten doch wohl, daß es des Nachts um drei war? Ich kam von einer Gesellschaft nach Hause, wo ich zwar viele Menschengesichter hatte um mich dulden müssen, wo ich aber auch meine liebste Freundin gefunden hatte. Sie denken es wohl, daß ich mich nur allein bei ihr aufhielt. Dieses Vergnügen bereitete mich recht auf die Freude vor, die mich noch erwartete, Ihren Brief auf meinem Nachttische zu finden. So lieb es mir auch ist, daß Sie auch auf dem Belte an mich denken, so fürchterlich ist es mir doch, wenn ich Sie mir da vorstelle. Der Wind fängt an, und Sie freuen sich, weil Sie nun hoffen, bald überzukommen. Aber ich, ich fürchte mich. Wenn der Wind nun zu stark würde? Wenn Sie nur gar... Oh, ich mag nicht daran denken.

Ich hoffe, Sie sind nun glücklich in Kopenhagen. Schreiben Sie mir doch bald, daß Sie es sind. Schreiben Sie mir auch, daß Sie gesund sind und daß der Belt Sie nicht krank gemacht hat. ... Ich habe Ihnen von Giseken und von meiner Schwester sehr freundschaftliche Grüße zu bestellen. Ich habe mich bei Giseke erkundigt, ob ich Ihnen wohl völlig so gut sein dürfte, als ich bin, und weil er sagt, daß ich es ohne Skrupel sein dürfte, so bin ich Ihre ganz außerordentlich starke Freundin.«

Von Klopstock läßt sich in dieser Zeit sagen, daß sich die ihm so liebgewordene Erscheinung der jungen Hamburgerin vor das so lange von ihm verklärte Bild seiner Kusine, seiner »Fanny«, zu schieben beginnt. Er wird von nun an keine Oden mehr an sie richten, sondern hat sich eine andere Adressatin seiner Liebesgedichte ausgedacht, eben jene »Cidli«, hinter der sich seine neue Freundin verbirgt, die ihn so tief beeindruckt hat, daß er sie einfach nicht mehr vergessen kann. Zuweilen gewinnt wieder einmal der Poet Gewalt über seine herzlichen Gefühle, und dann entsteht eine seiner Oden, die dann bald genug über Hamburg den Weg in die literarische Öffentlichkeit finden. Seine Mollerin hat ihm auch als Poeten neue Impulse verschafft. Sie hat eine ganz neue Saite in seinem bewegten Inneren zum Klingen gebracht.

Als die Muse eines unserer bedeutendsten Dichter ist Meta Moller in unsere Literaturgeschichte eingegangen. Auch ihre Briefe zeugen von einem neuen Aufbruch in einem empfindsamen Zeitalter, das wieder auf eine neue Klassizität deutscher Dichtung nach den Verheerungen des großen Krieges in Deutschland hoffen läßt.

Klopstock fühlt sich durch den geistigen Austausch mit der Hamburgerin, deren geistigem Charme er immer mehr verfällt, nach der unerwiderten Liebe zu seiner Kusine wie erlöst. Meta hat zweifellos seine Zunge wieder gelockert. Seine Briefe an sie sind ein wichtiges Dokument eines neuen Impulses in unserer Literatur. Er fühlt sich offenbar als ein Verwandelter. Jedenfalls verleiht er einem Gedicht aus dieser Zeit den vielsagenden Titel »Der Verwandelte«:

»Darum liebe mich, Cidli,
Denn ich lernte die Liebe dir!

Dich zu finden, ach, dich lernt ich die Liebe, sie,
Die mein steigendes Herz himmlisch erweiterte,
Nun in süßeren Träumen
Mich in Edens Gefilde trägt.«

Es bedeutet für unsere Literatur einen besonderen Glücksfall, daß Klopstock über Jahre hin sich am Kopenhagener Hof aufhält. Dieser Trennung von der Geliebten verdanken wir den bedeutsamen Briefwechsel mit ihr. Erfreulicherweise sind die meisten von Metas Briefen erhalten geblieben. Man kann sie ohne alle Einschränkung als kleine Kunstwerke bezeichnen, in denen sich ein Herz ausspricht. Immer sind sie bis aufs letzte durchgestaltet. Sie bestechen auch heute noch durch eine Natürlichkeit, die gerade in dieser manirierten Zeit überraschen muß. Diese literarischen Zeugnisse, die in den persönlichen Bereich jener Zeit eher dezent hineinleuchten, sind so ganz dem elementaren Verlangen einer allerdings nicht alltäglichen Frau nach geistigem Austausch zu verdanken. Diese Frau war eben selbst ein Stück unverfälschter Natur. Daher erreichen uns diese kleinen Sprachkunstwerke auch heute noch in ihrer ganzen Frische und Unmittelbarkeit.

Auch Klopstock muß schon bald herausgefunden haben, daß diese Briefe so ganz aus dem Rahmen des sonst Üblichen herausfielen. Ganz in diesem Sinne schrieb er im Dezember 1752 an Bodmer nach Zürich: »Ich habe solche Briefe noch nicht gesehen, worin soviel Natur im eigentlichen Verstande, und zwar soviel gute Natur gewesen wäre.«

Das ist das Besondere an der Mollerin, daß sie ein Kind ihrer Zeit war und dennoch über ihre Epoche kühn hinauswuchs. Die Sprachfloskeln des Rokoko, die sich längst überlebt hatten, sind überwunden. Hier spricht ein Herz sich auf eine völlig ungezwungene und unkonventionelle Weise aus. Man bewegt sich durchaus immer wieder auf dem Boden der Realitäten. Wo der Poet sich einmal in seine Phantasiewelt verliert, holt die Geliebte ihn immer wieder auf diese Erde zurück. Das schließt aber keineswegs aus, daß sie mit aller Leidenschaft ihres noch jungen Herzens zu jubeln, aber auch zu klagen versteht.

In diesen Briefen lebt die Frau eines weit entlegenen Jahrhunderts wieder auf, die eines der größten deutschen Genies ein Wegstück begleiten durfte. Diese Briefe machen nicht nur die zarten Beziehungen zweier keineswegs gewöhnlicher Menschen transparent, sie machen uns auch mit einigen Randfiguren jener Zeit bekannt, mit denen die Klopstocks in der kurzen Zeit, die ihnen zum Zusammenleben vergönnt war, in Verbindung traten.

Am 1. Mai 1751, also nicht einmal einen Monat nach dem ersten Zusammentreffen in Hamburg, berichtet Klopstock seinem Freund Gleim begeistert über seine neue Liebe, die nun sein Herz beflügelt: »Jetzt habe ich Ihnen etwas zu sagen, das ich aber Ihnen, mein Gleim, merken Sie sich das wohl! nur ganz allein sage. Vielleicht haben Sie von Giseken in Braunschweig die Mollerin von Hamburg nennen hören. Bei diesem Mädchen habe ich meine meiste Zeit, die ich in Hamburg gewesen bin, zugebracht. Dieses Mädchen ist im eigentlichsten Verstande so liebenswürdig und so voller Reize, daß ich mich bisweilen kaum enthalten konnte, ihr insgeheim denjenigen Namen zu geben, der mir der teuerste auf der Welt ist. Ich bin oft und lange bei ihr allein gewesen. Ich habe ihr viel von meiner melancholischen Geschichte erzählen müssen. Wenn Sie, mein Gleim, hätten sehen sollen, wie sie mir zuhörte, wie sie mich manchmal unterbrach, wie sie weinte ... und wie sehr sie meine Freundin geworden ist. Dieses Mädchen litt so viel, so unaussprechlich viel, und sie war doch diejenige nicht, um derentwillen ich soviel gelitten habe. Was muß sie für ein Herz haben!

Wenn ich die geheimsten Empfindungen meines Herzens hierbei nachforsche, so finde ich zuletzt, daß ich noch unglücklicher bin, als ich vorher war. Und dies deswegen, weil mich dies edle Mädchen durch ihr sanftes Mitleiden auf eine so starke Art an meine alte Traurigkeit erinnert hat, daß ich's von neuem in seinem ganzen Umfange fühle, wie unglücklich ich bin. O, könnten Sie mir Nachrichten geben, die dies nur einigermaßen widerlegten! Geben Sie mir Nachrichten, sie seien von welcher Art auch immer.«

Während sich in Hambrug Metas Herz immer mehr für ihren Klopstock erwärmt, verbringt dieser die Frühlingstage des Jahres 1751 im königlichen Schloß Fredensborg, das heute noch die Frühjahrs- und Herbstresidenz der dänischen Königsfamilie ist. Er erlebt diesen Frühling mit besonderer Aufgeschlossenheit für das Erwachen der Natur und zeigt sich vor allem auch über den Schloßpark mit seinen vielen Skulpturen und seinen Ausblicken auf den Esrum-See begeistert, wie er seiner Freundin gesteht.

Nachdem er vier Briefe Metas in seinen Händen hält, sieht er Grund genug, Gleim gegenüber von der profunden Bildung der kleinen Hamburgerin zu schwärmen. Sie beherrscht, wie er diesem versichert, nicht nur Deutsch, Französisch, Englisch, Italienisch und Latein, sondern »wohl auch gar das Griechische«.

In einem Brief vom 11. Juni, den sie aus dem väterlichen Sommerhaus in Burg-Esch schreibt, gibt Meta sich eher noch lockerer und zutraulicher. »Da haben Sie nun meine Rosenblätter«, präludiert sie ganz ungezwungen darauflos. »In jedem Blatte haben Sie einen Kuß. Ich schicke Ihnen mit Fleiß so viele, mein lieber Klopstock, auf daß Sie ganz damit bestreut werden, wenn Sie meinen Brief aufbrechen. Und auch daß Ihnen immer einige bleiben, wenn Sie gleich viele davon verlieren. Ich rate Ihnen aber, verlieren Sie mir nicht alle. Bewahren Sie wenigstens eines, wenn Sie gleich die anderen wegwerfen.

Ich bin hier recht sehr vergnügt, zumal wenn ich Briefe von Ihnen habe und wenn ich dann allein bin, daß mich niemand in meinen Gedanken stört. Wie ungemein viel vergnügter aber würde ich sein, wenn Sie, mein süßer Freund, mich hier dann und wann besuchten! Ach, mein lieber Klopstock, ich bin nicht gemacht, zu hoffen. Sie sollten diesen Sommer noch kommen!

So fröhlich, als mich Ihr Brief machte, so sehr schlug das Ende mich nieder. Sie verfallen wieder in eine dunkle Melancholie? Mein lieber, armer Klopstock! Das ist traurig, daß *Sie* in solche Melancholie verfallen müssen! Schicken Sie mir ja Ihre traurige Ode, wenn Sie nach Kopenhagen kommen. So traurig Sie mich auch machen wird, so will ich doch lieber mit Ihnen traurig sein als für mich allein fröhlich.«

Als vorübergehend der Briefwechsel mit Klopstock ins Stokken gerät, zeigt sich Meta ernstlich besorgt. »Um des Himmels willen, Klopstock, warum schreiben Sie denn nicht?« beschwört sie ihn aus übervollem Herzen. »Sind Sie krank? Wenn Sie nur nicht krank sind! Sind Sie mir böse? Was habe ich Ihnen getan? Es ist nicht möglich, daß ich Ihnen was getan habe. Ich bin Ihnen viel zu gut. Ich kann Sie auch nicht dem Scheine nach beleidigt haben. Sind Sie denn überdrüssig geworden, so oft an mich zu schreiben? Dienstag tröstete meine Schwester mich damit, daß Sie vielleicht deswegen nicht geschrieben haben, weil Sie heute selbst kämen und wollten mir dadurch eine unvermutete Freude machen. Aber, lieber Gott, wie ist die Hoffnung ausgefallen! Nicht Sie und auch nicht einmal ein Brief von Ihnen! Wenn Sie nur nicht krank sind, so will ich das andere alles noch ertragen, so schlimm es auch ist.«

Aber auch Klopstock scheint in diesen Tagen vor Sehnsucht dahinzuschmelzen, wenn die Post mit Nachrichten von Meta einmal ausbleibt. »Hören Sie doch, mein kleines, süßes Mädchen«, beschwört er sie am 18. September, »warum bekam ich denn mit der gestrigen Post keinen Brief von Ihnen? Ich habe Ihnen doch nichts getan, meine Mollerin? Nein, das habe ich gewiß nicht. Haben Sie etwa soviel republikanische Sorgen, ihr großes Wasser wegzubringen, daß Sie mir deswegen nicht schreiben? Wenn Sie wüßten, wie ich auf einen Brief von Ihnen gehofft hatte! ›Ob ich mich fürchte, Sie so lieb zu haben, als ich kann?‹ Sie wissen's doch noch. Sie fragten mich dies. Freilich fürchte ich mich, dies zu tun. Müßte ich nicht besorgen, Sie würden, wie Sie schon einmal getan haben, mich an die Freunde dort erinnern? Zwar weiß ich schon, was ich dann tun würde. Ich hätte Sie dennoch lieber als Sie mich, ob Sie gleich immer solche Erinnerungen gäben ... Sie sagen mir: ›Sie hätten es gewiß gewußt, daß Sie, wenn ich zu Ihnen gekommen wäre, mich zu lieb gehabt haben würden.‹ Zu lieb! Sie sind doch ein böses Mädchen, so gut Sie sich stellen. Wenn Sie mich lieb haben, so darf ich Ihnen die Hand küssen, und wenn Sie mich zu lieb haben, beide. Das wird wohl der ganz große Unterschied sein. Hören Sie doch! Hierbei fällt mir ein, daß ich Ihren Händen gar nicht gut bin, keiner nicht, so klein und artig sie auch sind. Und den Augen vollends nicht. Ich wollte, daß der Maler sie so kaltsinnig malte, als sie immer gegen mich waren. Und dem Herzen? Wir wollen sehen, ob es recht klopstockisch sein wird. Und also der ganzen kleinen Mollern? Der bin ich erstaunlich gut. Wie Ihr Mädchen es mit uns macht. Wir wollten gern mit Euch zanken und können nicht.«

Unentwegt geht die Post zwischen Hamburg und Kopenhagen hin und her. Was bei dieser intensiven Korrespondenz am Ende herausspringt, ist alles andere als die leerlaufende und nichtssagende »Tändelei« einer auslaufenden Ära, die sich mit neuem Leben erfüllen muß. Hier haben sich zwei Menschen mit einer geradezu karmischen Zwanghaftigkeit gefunden, die nun nicht mehr voneinander zu trennen sind, falls nicht der Tod ihrem Zusammenleben ein gewaltsames Ende setzt.

Klopstock hält bei Gelegenheit Gerichtstag über sein Ich und findet dabei heraus, daß seine Leidenschaft für seine Langensalzaer Kusine jäh im Schwinden begriffen ist. Seine Gedanken konzentrieren sich mit einer auffälligen Entschiedenheit auf seine Hamburger Freundin, die in sein Leben getreten ist und inzwischen von ihm Besitz ergriffen hat.

Als Klopstock dann im Juli 1752, also ein gutes Jahr nach seiner ersten Begegnung mit Meta, wieder in Hamburg weilt, verloben sich die beiden. Am 8. Juli kann der überglückliche Bräutigam seinem Freund Gleim berichten: »Ich sage Ihnen, daß ich unaussprechlich glücklich bin, daß ich die kleine Moller liebe, von der ich Ihnen vor einem Jahre einmal schrieb, daß sie mich so sehr liebt, als sie geliebt wird, und daß sie die geliebteste unter allen geliebten Mädchen ist.«

Während einer Schreibpause fügt Meta diesem Brief an den ihr noch völlig unbekannten Halberstädter Dichter die neckischen Worte hinzu: »Hätten Sie wohl gedacht, mein lieber Herr Gleim, daß die Moller in Hamburg so glücklich sein würde? Nein, das dachten Sie wohl nicht, daß Klopstock noch einmal so ein Mädchen lieben würde. O, wenn Sie wüßten, wie er geliebt wird! Das übertrifft alles, auch sogar Klopstocks Liebe selbst (aber nur ein klein bißchen, denn er liebt mich recht sehr). Wundern Sie sich nicht, daß ich Ihnen dies schreibe, da Sie mich nicht einmal kennen. Ich konnte der Versuchung kaum widerstehen, da Klopstock hinausgegangen ist. Es ist gar zu süß, wenn er einmal nicht bei mir ist, daß ich doch von ihm sprechen kann. – Er kommt wieder. Ich bin Ihre Dienerin M. Moller.«

Am 15. Juli 1753 reist Klopstock schon wieder über Braunschweig zu seinen Eltern nach Quedlinburg. Meta fährt am gleichen Tag nach Billwärder, um sich dort in der frischen Landluft zu erholen. Hier in ländlicher Abgeschiedenheit überläßt sie sich ganz ihrem Abschiedsschmerz.

»Nun bist Du fort! – Ach! – O, ich kann nicht schreiben. Ich bin noch ganz beklommen«, heißt es in einem Brief von diesem Tag. »Vor einem Augenblick saßest Du hier noch bei mir. Ach, mein Klopstock! – Ich kann noch nicht zum Weinen kommen; ich weiß nicht, wie das ist. Ich bin sehr, sehr beklommen. Aber unserm Gott, wie Du sagtest, unserm Gott empfehle ich Dich auch. O ja, Deine Reise ist gewiß glücklich. Sei meinetwegen nur nicht besorgt. Ich will mich schon aufrichten. Du liebst mich ja – ich liebe Dich. Und ich sehe Dich bald wieder.«

Ganz im seligen Nachklang an die mit seiner Meta verbrachten Tage dichtet Klopstock auf seiner Reise durch Holstein und über den kleinen Belt eine seiner bekanntesten Oden, die »Furcht der Geliebten«:

»Cidli, du weinst, und ich schlummre sicher,
Wo im Sande der Weg verzogen fortschleicht;
Auch wenn stille Nacht ihn umschattet decket,
Schlummre ich sicher.
Wo er sich endet, wo ein Strom das Meer wird,

Gleite ich über den Strom, der sanfter aufschwillt:
Denn, der mich begleitet, der Gott, gebot's ihm.
Weine nicht, Cidli!«

Das ganze Glück, das ihm seine Begegnung mit Meta Moller geschenkt hat, beschwingt den Dichter Klopstock, als er am 27. Juli gegen zwölf Uhr, wie er minuziös datiert, folgende Empfindungen dem Papier anvertraut: »Glücklich bin ich! Sie ist die beste unter allen Mädchen, die jemals gen Himmel gesehen haben. Sie ist meine Einzige! Mein, mein ist sie, ganz mein! O du, der du, auch hier schon, von Besseren, der Namenlose genannt wirst, mit ihr soll ich dich einst in deiner, und dann näheren Herrlichkeit sehen. Wie schön ist deine Schöpfung, und wie sanft ist es, geschaffen zu sein! Großer, Großer! mein, mein Schöpfer!«

Klopstock heiratete seine Meta am 10. Juni 1754 in der Hamburger Petrikirche. Ehe das junge Paar nach Kopenhagen aufbrach, besuchte es noch Klopstocks Eltern in Quedlinburg. In Kopenhagen werden sie von zahlreichen Freunden fast emphatisch begrüßt. Man empfindet die junge Hamburgerin als einen wichtigen Zuwachs der kulturellen Szene der Stadt. Allerdings reißt mit dem Zusammenleben der Briefwechsel Klopstocks mit Meta mit einem Schlage ab. Um so farbiger aber fallen die Berichte aus, die Meta als junge Ehefrau aus Kopenhagen ihren Schwestern in Hamburg zugehen läßt.

Meta hat sich in den beiden folgenden Jahren, die ihr noch beschieden sind, mit Deutschlands großem Dichter zusammenzuleben, ganz in dessen Welt eingelebt. Sie hat die Druckfahnen der neu entstandenen »Messias«-Ausgaben korrigiert, den Briefwechsel mit seinen Freunden gepflegt und sogar eine ausführliche Korrespondenz mit dem englischen Romancier Samuel Richardson geführt, der gerade auf dem Kontinent gehörig Furore machte und ein neues Zeitalter der Empfindsamkeit mit herausführen half.

Die Jahre seiner so überaus glücklichen Ehe mit Meta Moller sahen auch den Dichter Klopstock auf der Höhe seines Schaffens. 1755 lag der zehnte Gesang des »Messias« vor und erschien in doppelter Ausgabe. Um die gleiche Zeit entstanden auch Klopstocks erste Abhandlungen über poetologische Themen in einem geschliffenen Deutsch. Sicherlich hat er mit seiner Frau über die Themen ausgiebig diskutieren können. Auch der erste dramatische Versuch fiel in diese Zeit: »Tod Adams«. Besonders reichlich aber fiel damals die Ernte an geistlichen Liedern aus.

Im Herbst 1757 siedeln die Klopstocks nach Hamburg über. Dort ist ihnen noch ein Jahr ungetrübten Zusammenlebens beschieden. Anfang August 1758 tritt Klopstock noch einmal eine Reise nach Kopenhagen an, seine Frau, die ein Kind erwartet, in Hamburg zurücklassend. Am 12. August meldet er seine Ankunft auf dem Schloß seines großen Gönners, des Grafen Bernstorff.

»Ich bin, unserem Gott sei Dank«, heißt es da, »schon seit ehegestern Nachmittag hier angekommen. Wie zärtlich ich Dich und Dein Kind küsse! Ich weiß nicht, ich habe seit meiner Abreise eine ganz besonders feste Hoffnung, daß Dir unser Gott ein gutes Wochenbett geben wird.«

Ende Oktober schifft sich Klopstock wieder in Kopenhagen zur Heimreise ein, um mit dem beginnenden neunten Schwangerschaftsmonat in der Nähe seiner Frau zu sein. Am 26. September schreibt Meta ihren letzten Brief an ihren Mann nach Lübeck: »Ich muß meinen Einfall ausführen und Dir nach Lübeck schreiben. Denn nach Kopenhagen nun nicht mehr, nun nicht mehr! – Unser Gott wird mit Dir sein. Ich habe eben mit meiner vollen Zuversicht für Dich gebetet. – Eben kriegte ich Deinen Brief, wie ich anfing, recht traurig zu werden. Ich habe nicht Zeit, Dir viel zu schreiben. Ich würde Dir jetzt alle Tage nach Wandsbeck entgegenfahren, wenn ich nicht seit einigen Tagen Fluß auf den Augen und Schnupfen hätte. Das wird meinen Anblick nicht so heiter machen, als wenn Du vorige Woche gekommen wärst. Sonst befinde ich mich aber ganz vortrefflich.«

Nach Klopstocks Rückkehr sehen beide mit froher Erwartung der Geburt ihres ersten Kindes entgegen. Am 28. November bricht dann aber die Tragödie über das Leben des Dichters herein, die seinem Dasein eine völlig neue Richtung verleihen wird: Meta Klopstock stirbt bei der Geburt eines toten Sohnes. Eine Woche später schreibt der verzweifelte Klopstock seinem Kopenhagener Freund Cramer vom Ende seines irdischen Glücks: »Dem Gott des Trostes sei für alle seine Gnade gedankt. Danken Sie unserem Gott mit mir, mein Cramer. Jetzt will ich versuchen, ob ich Ihnen eine etwas verständlichere Nachricht geben kann. Von Freitag bis Dienstagnachmittag gegen vier haben ihre Leiden gedauert. Am stärksten aber sind sie am Montagabend um acht Uhr gewesen. Am Sonntagmorgen richtete ich vornehmlich mich und dann auch sie damit auf, daß ich ihr wiederholte, daß ohne unseres Vaters Wille kein Haar von ihrem Haupte fallen könnte. Auch sagte ich ihr, mehr als einmal folgende Zeilen aus meinen neuesten Liedern vor. Einmal war ich so bewegt, daß ich bei jeder Zeile einhalten mußte.

›Nah ist meines Helfers Rechte,
Sieht sie gleich mein Auge nicht!
Weiter hin im Tal der Nächte
Ist mein Retter und sein Licht!
Ja! dort wird mir Gott begegnen!
Dort wird mich sein Antlitz segnen!
In der trüben Stunde Graun
Lehre mich gen Himmel schaun!‹

Nein, gewisse rührende Umstände muß ich auslassen. Da ich an ihrem Leben zu zweifeln anfing, und ich fing früher als alle anderen damit an, da sagte ich ihr von Zeit zu Zeit etwas von Gott ins Ohr, doch so, daß ich ihr nicht merken ließ, daß ich an ihrem Leben zweifelte. Ich weiß wenig von dem, was ich ihr sagte, aber soviel weiß ich überhaupt, daß ich wiederholte, wie sehr ich durch die Gnade einer so außerordentlichen Standhaftigkeit, die ihr widerführe, gestärkt würde, und daß ich sie nur an das erinnere, wozu wir uns beide vorher so oft aufgemuntert hätten, nämlich an eine völlige Unterwerfung...

Nach einigen schmerzhaften Empfindungen in ihrem Gesicht ist ihr Gesicht wieder ganz heiter geworden, und so ist sie gestorben. – Ich will nicht klagen, mein Cramer, ich will danken, daß mich Gott bei dieser großen Prüfung so sehr gestärkt hat. Beim Abschiednehmen sagte sie sehr süß zu mir: ›Du wirst mir folgen.‹ Mein Ende sei wie ihr Ende! – Ach, möchte ich jetzt einen Augenblick an ihrem Herzen weinen können. Denn ganz kann ich mich des Weinens nicht enthalten. Und das fordert auch mein Gott nicht von mir.«

Nach diesem Schicksalsschlag, der die glücklichste Phase seines Lebens an der Seite einer ihm ganz ergebenen Frau beendete, ist Klopstock zunächst wie gelähmt. Es vergehen viele Wochen und Monate, ehe er wieder imstande ist, zu seiner Kunst zurückzukehren und einen produktiven Gedanken zu fassen. Cidli war der Mittelpunkt seines Dichtens und Trachtens geworden. Sie wird es auch für den Rest seines Lebens bleiben. Noch viele Jahre nach ihrem Tod schrieb er die folgende Ode zum Gedächtnis an sie:

Das Wiedersehen

Der Weltraum fernt mich weit von dir,
so fernt mich nicht die Zeit.
Wer überlebt das Siebzigste
schon hat, ist nah bei dir.

Lang sah ich, Meta, schon dein Grab
und seine Linde wehn.
Die Linde wehet einst auch mir,
Streut ihre Blum' auch mir.

Als Klopstock am 14. März 1802 in Hamburg sein Leben beendet hatte, hielt die Stadt den Atem an. Keinem deutschen Dichter wurde je eine Totenfeier zuteil wie jene, die Hamburg ihrem größten Bürger ausrichtete. Die Glocken läuteten von allen Türmen, und die Gesandten der großen Länder schritten hinter dem Sarg des verblichenen Barden drein. Der Trauerzug bewegte sich nach Ottensen. Hier setzte man den großen Klopstock an der Stelle bei, an der er zeit seines Lebens ruhen wollte: unter der Linde auf dem Dorffriedhof an der Seite seiner Cidli.

# *Gotthold Ephraim Lessing und Eva König*

Im April 1767 hatte Lessing in überstürzter Hast Berlin, diese »verzweifelte Galeere«, wie er die Stadt nach soviel schlimmen Erfahrungen zu nennen pflegte, verlassen. Er kehrte damit geradezu demonstrativ einer menschlichen Siedlung den Rücken, der vor allem er einen unverkennbaren geistigen Stempel aufgedrückt hatte. Der König hatte keinerlei Verwendung für den kritischsten Kopf in seinem Königreich. Die Chance, an dem neu aus der Taufe gehobenen Hamburger Nationaltheater als Berater Fuß zu fassen und Entscheidendes für die Renaissance der deutschen Schaubühnen beizutragen, erleichterte ihm damals den Abschied von der preußischen Metropole erheblich.

Sein vierter Versuch, in Berlin Fuß zu fassen, war kläglich gescheitert. Er schied nicht ohne berechtigten Groll von der Stadt, die ihm soviel verdankte. Obwohl sein Ruhm weit über die Grenzen des deutschen Sprachgebiets hinausgedrungen war, gab es für ihn leider kaum eine Möglichkeit, das Leben eines freien Schriftstellers auch materiell abzusichern.

Seine ehrenvolle Berufung als »Konsulent« eines der spektakulärsten deutschen Theater hatte er daher ohne weiteres angenommen. Dabei war er sich dessen gewiß, daß er wiederum einem höchst zweifelhaften Schicksal entgegentrieb. Vielleicht gab es wenigstens an der Alster einflußreiche Männer, die von seinem Genie überzeugt waren und seine Anwesenheit in der Stadt als eine nicht unwesentliche Bereicherung der kulturellen Szene betrachteten.

Lessings kommunikative Fähigkeiten reichten dann auch aus, um auch in der Hansestadt wieder einen illustren Kreis von ungewöhnlichen Menschen um sich zu versammeln. So traf er

*4 Gotthold Ephraim Lessing (1729–1781)*

wieder mit Philipp Emanuel Bach, dem Sohn des großen Johann Sebastian, zusammen, einem Freund aus frühen Berliner Tagen, der nun als Generalmusikdirektor in der Hansestadt wirkte. Auch die Begegnung mit dem noch jungen Matthias Claudius schien ihm nicht ganz gleichgültig gewesen zu sein.

Jedenfalls gehörte er zu den ersten, die den angehenden Poeten in diesem Holsteiner witterten.

Schließlich und endlich nahm Lessing auch Beziehungen zur Familie des Kaufmanns Engelbert König auf, die sein Hausherr, der Kommissionsrat Schmidt, vermittelt hatte. Bei König muß es sich um einen weltgewandten Unternehmer gehandelt haben, in dessen Haus sich Lessing nach eigenem Bekunden ungemein wohl gefühlt hat. Der ausstrahlende süddeutsche Charme der Hausherrin zog ihn offenbar immer wieder unwiderstehlich an. Die Heidelbergerin war seit 1756 mit König verheiratet. Von den sieben Kindern der Familie waren vier noch am Leben.

Schicksalhafte Dimensionen erlangte die Beziehung Lessings zu der Frau des Hauses allerdings erst, als König zu einer längeren Auslandsreise aufbrach und wahrscheinlich in banger Vorahnung seines Todes Lessing dringend ans Herz legte, für Frau und Kinder zu sorgen, falls ihm auf seiner Geschäftsreise etwas zustoßen sollte. In der Tat sollte er Hamburg nicht wiedersehen. Als er sich nämlich auf dem meerumspülten Lido von Venedig, wo er einen grandiosen Sonnenuntergang betrachten wollte, eine Erkältung zugezogen hatte, ging es mit ihm unerwartet schnell zu Ende. Lessing nahm sich damals in der Tat seiner 34jährigen Witwe an. Er konnte zu jenem Zeitpunkt noch nicht ahnen, daß damit eine der großen Schicksalsfügungen seines Lebens ihren Anfang nahm.

Nach dem Fiasko des mit so hochgeschraubten Erwartungen aus der Taufe gehobenen Hamburger Nationaltheaters und dem Bankrott einer eigenen Druckerei, stand Lessing wieder einmal da, wo er bereits in seinen letzten Berliner Jahren gestanden hatte: vor dem Nichts. Alles, worauf er in diesen Hamburger Jahren seine Hoffnung gespannt hatte, sollte sich als Chimäre herausstellen.

Als schließlich der Braunschweigische Erbprinz den berühmten Lessing zum Verwalter der Wolfenbütteler Bibliothek beruft, die zu den bedeutendsten im ganzen Lande zählt, muß er sich wohl oder übel auch von Eva König und deren Kindern

*5 Die Herzogliche Bibliothek zu Wolfenbüttel*

trennen, die ihm eng ans Herz gewachsen sind. Er muß die junge Witwe, die inzwischen als seine »verlobte Braut« gilt, mit all ihren geschäftlichen Miseren in Hamburg zurücklassen. Sie machte sich dann allerdings bald auf die Reise, um ihre komplizierten Vermögensverhältnisse vor allem im süddeutschen Raum und in Österreich zu klären.

In den ersten Briefen seiner Wolfenbütteler Amtszeit, während er im Wolfenbütteler Schloß sein Domizil bezogen hatte, schwingt stets noch ein elegischer, um nicht zu sagen ein leicht resignierter Unterton mit. Immer wieder nutzt er die Gelegenheit, seiner Braut sein bedrängtes Herz auszuschütten. Sie hatte offenbar die undankbare Aufgabe einer Beichtigerin für ihn übernommen. Dementsprechend heißt es dann auch in einem seiner Briefe: »Ich bin den ganzen Tag unruhig, wenn ich nach Hamburg schreibe und drei Tage vergehen, ehe mir alles wieder so recht gefällt, als es mir gefallen soll. Sie dürfen zwar nicht meinen, als ob ich nicht vergnügt hier wäre. Nur wenn man sich erinnert, daß man anderswo oft sehr vergnügt gewesen, kann man sich kaum überreden, daß man es noch ist... Sie mit Ihrer Familie befinden sich doch wohl? Was macht Malchen, und was macht mein Pate? Es ist jetzt alles so weitläufig und öde um mich, daß ich zu mancher Stunde gern viel darum geben würde, wenigstens von meinen kleinen Gesellschaftern in Hamburg etwas um mich zu haben.«

Eine wesentliche Besserung seiner verständlichen hypochondrischen Anwandlungen war im provinziellen Wolfenbüttel so bald nicht zu erwarten. In einem Brief vom 26. Oktober 1772 an Eva König heißt es nicht geradezu ermutigend: »Ich bin schlimmer als krank gewesen: mißvergnügt, wider mich und die ganze Welt aufgebracht – Sie allein ausgenommen.«

Und weiter: »Sie wissen, meine Liebe, was ich Ihnen oft gestanden habe, daß ich es auf der Länge hier unmöglich aushalten kann. Ich werde in der Einsamkeit, in der ich hier leben muß, von Tag zu Tag dümmer und schlimmer. Ich muß wieder unter Menschen, von denen ich hier so gut wie gänzlich abgesondert bin. Denn was hilft es mir, daß ich hier in Braunschweig diesen oder jenen besuchen kann? Besuche sind kein Umgang, und ich fühlte es, daß ich notwendig Umgang mit Leuten haben muß, die mir nicht gleichgültig sind, wenn noch ein Funken Gutes an mir bleiben soll. Ohne Umgang schlafe ich ein und erwache bloß dann und wann, um eine Sottise zu begehen.«

Jahrelang muß der damals prominenteste deutsche Schriftsteller als Bibliotheksbeamter eines nicht gerade bedeutenden Kleinstaates ohne angemessene Honorierung sein Dasein fristen. Obwohl er sich bereits im September 1771 offiziell mit Eva König verlobt hatte, muß er wegen unzureichender finanzieller Absicherung die Eheschließung von Jahr zu Jahr immer wieder hinausschieben.

An eine Verbesserung seiner Bezüge ist vorerst trotz aller Eingaben an höchster Stelle nicht zu denken. In seinen Briefen an Eva entlädt sich daher sein nicht unberechtigter Zorn auf den Braunschweiger Hof immer spontaner. So heißt es im Frühjahr 1773: »Schlechterdings will ich in der schlechten Lage, in der ich mich befinde, kein Jahr mehr aushalten. Der Unbeständigkeit dürfen mich meine Freunde darum nicht beschuldigen. Es ist nie mein Wille gewesen, an einem Orte wie Wolfenbüttel, von allem Umgang, wie ich ihn brauche, entfernt, zeit meines Lebens Bücher zu hüten. Morgen tue ich es schon vier Jahre, und da ich es nur allzu sehr empfinde, wieviel trockener und stumpfer ich an Geist und Sinnen diese vier Jahre trotz meiner sonst erweiterten historischen Kenntnisse geworden bin, so möchte ich es um alles in der Welt nicht noch vier Jahre tun. Du wirst diese Messe auch nicht von mir lesen; denn ich habe den ganzen Winter nichts getan und bin sehr zufrieden, daß ich nur das eine große Werk von Philosophie zustandegebracht, daß ich noch lebe. Gott helfe mir in diesem edlen Werke, welches wert ist, daß man alle Tage darum ißt und trinkt.«

Ein Lichtblick für den völlig vereinsamten Lessing bedeutet es immerhin, daß Eva sich auf der Reise nach Wien mit ihm in Braunschweig treffen kann. Es soll allerdings ein Abschied für drei weitere Jahre werden. Die Abwicklung ihrer Geschäfte ziehen sich qualvoll über einen so langen Zeitraum hin.

Der sonst so quicke und stets kampfbereite Lessing läßt unter diesen Umständen resigniert die Flügel hängen. Im November ist sein Stimmungsbarometer wieder einmal beängstigend tief gesunken. »Ich sehe meinen Untergang hier vor Augen und ergebe mich endlich drein«, schreibt er damals nicht gerade ermutigend für die Braut. Er hat den deprimierenden Eindruck, er werde in Wolfenbüttel unter lauter verstaubten Schwarten vermodern. Jeder dichterische Elan, klagt er, ist wie verflogen.

Dann aber läßt er sich Anfang 1775 von seinem Herzog Urlaub geben und reist über Berlin, Leipzig, Dresden und Prag nach Wien, wo er am 31. März wieder Eva begegnet. Die nun folgenden Tage in Wien scheinen für Lessing unter einem besonders günstigen Stern zu stehen. Evas Gegenwart beflügelt ihn ungemein. Nicht ohne Stolz und Genugtuung erlebt sie, mit welcher Hochachtung ihr Verlobter überall in der österreichischen Metropole empfangen und gefeiert wird. Nach Lessings Abreise kann der Staatsrat von Gebler dem deutschen Literaturpapst Nicolai nach Berlin berichten: »Noch nie ist ein deut-

*6 Eva Lessing*

scher Gelehrter hier mit solcher Distinktion aufgenommen worden als unser vortrefflicher gemeinsamer Freund – und das von unsern Souveräns angefangen bis auf das allgemeine Publikum herab.«

Kaiserin Maria Theresia gewährte dem Magister Lessing

eine Audienz, und im Theater führte man in seiner und Evas Gegenwart »Emilia Galotti« und »Minna von Barnhelm« auf. Lessing erlebte nicht ohne Rührung, daß er inzwischen so etwas wie eine europäische Größe geworden war.

Zu seiner gehobenen Stimmung trug auch noch entscheidend bei, daß Evas Verhandlungen vor dem Abschluß standen. Nun, endlich, konnte man ernsthaft an die gemeinsame Zukunft denken und Heiratspläne schmieden. Doch selbst diesmal, als Lessing sich seinem Ziele schon greifbar nahe weiß, spielt wieder einmal die unsichtbare Hand des Schicksals eine verwirrende Regie. Als er sich gerade anschickt, gemeinsam mit seiner Braut die Rückreise anzutreten, taucht völlig unverhofft der 23jährige Prinz Leopold von Braunschweig in Wien auf und entführt Lessing als seinen Reisebegleiter nach Italien. Zu keinem Zeitpunkt hätte eine solche Reise ins Land seiner geheimen Sehnsüchte weniger in sein Lebenskonzept gepaßt als in diesem Augenblick.

Wieder einmal muß Lessing Abschied von Eva nehmen und auf ihre ihm so wohltuende Gegenwart verzichten. Während sie zu ihren Kindern in den Norden reist, entführt die Equipage ihren Verlobten am 25. April 1775 über die Alpen. Wehmütig schickt Eva ein Billett mit den vielsagenden Worten hinter ihm drein: »Gott möge es Ihrem Prinzen Leopold verzeihen, daß er mich um Ihre Gesellschaft gebracht hat; ich verzeihe es ihm nimmermehr.«

Die italienische Reise, von der Lessing jahrelang geträumt hatte, ließ er nun ohne rechte innere Beteiligung mit all den Museumsbesuchen und Empfängen über sich ergehen. Am meisten schmerzt ihn, daß in diesen Wochen und Monaten der Briefwechsel mit Eva König völlig abgerissen ist. Er macht sich daher berechtigte Sorgen, sie könnte erkrankt oder am Ende schon gestorben sein. Später wird sich dann herausstellen, daß seine Wiener Vermittler in maßloser Schlampigkeit Evas Briefe einfach nicht weiterbefördert, sondern lediglich bei sich gestapelt haben.

Nach seiner Rückkehr wird Lessing von seinem Erbprinzen

doch noch die erbetene Zulage von 200 Talern gewährt. Nun kann er nach siebenjähriger Verlobungszeit endlich an eine Heirat denken. Er kann sich dabei ganz auf sein untrügliches Gefühl verlassen, die einzige Frau für sich gewonnen zu haben, mit der es lohnte, sein Leben zu teilen, wie er seinem Bruder mitteilt.

Immerhin hat er mit seinen 47 Jahren bereits den Zenit seines Lebens überschritten. Er ist in einem Alter, in dem man schon die Summe seines Lebens zieht. Sicherlich hat er so manche Spur hinterlassen, die auch die Zeit nicht verwehen wird. Für diesen ersten freien Schriftsteller auf deutschem Boden war das Leben recht eigentlich nur ein einziger Kampf ums Überleben gewesen. Nun hoffte er an der Seite Evas zum Höchsten ausholen zu können, wozu er noch bestimmt war. Eva König, so hat er den Eindruck, hat ihm ein guter Geist über den Weg geschickt. Sie scheint alle Voraussetzungen zu erfüllen, ihm endlich jenes Stück Heimat zu schaffen, das er zeit seines Lebens gesucht hat. Schließlich glaubt er nach alledem auch ein Anrecht darauf erheben zu können, es auch einmal so gut wie andere zu haben.

Der Trennung während der langen Verlobungszeit verdankt die Nachwelt immerhin einen Briefwechsel, den man nicht entbehren möchte. Um was geht es dabei eigentlich? Zwei reife Menschen, hinter denen bereits ein ganzes abgeschlossenes Menschenleben liegt, entdecken, daß sie wie unter dem Zwang eines höheren Gesetzes zueinander gehören. Der Dialog, der sich zwischen ihnen anbahnt, stellt sich dann als von einer zeitlosen Gültigkeit heraus.

Lessings Bruder Karl hat später nach Lessings Tod die Briefe dieser abgeklärten Liebe der Öffentlichkeit vorgelegt und damit sogleich ein elementares Interesse erweckt. Und wirklich: An keiner Stelle beschleicht den Leser das Gefühl peinlicher Indiskretion. Im Gegenteil überrascht die Sachlichkeit und betonte Kühle dieser Briefe, die beide Partner in die Welt hinausgehen ließen und die den Stempel literarischer Vollkommenheit tragen. Der Mensch Lessing zeigt sich in ihnen in einem gänzlich neuen Licht. Aber auch Eva tritt mit diesen Aufzeichnungen den Beweis für ihren besonderen geistigen Rang an.

Unter dem Titel »Freundschaftlicher Briefwechsel zwischen Gotthold Ephraim Lessing und seiner Frau« lag diese bewegende Korrespondenz zweier nicht alltäglicher Liebenden als menschliches Dokument bereits 1799 auf dem Buchmarkt vor. Von Eva enthält der stattliche Band etwa hundert, von Lessing achtzig Briefe, die sich durchaus nicht nur im moderaten Ton freundschaftlicher Gefühle bewegen, wie der Titel wahrhaben will. Daß es immer und überall Liebe ist, die den beiden Partnern die Feder führt, hat man bald schon herausgefunden.

So zeigte sich beispielsweise Charlotte von Schiller von diesem Briefwechsel merklich angerührt und bewegt. Jedenfalls äußerte sie sich Schiller gegenüber: »Ich habe Lessings Briefwechsel mit seiner Frau auch gelesen, und er hat mir viel Freude gemacht. Lessings Geist ist mir sehr interessant und ist es mir noch mehr geworden. Er hat so eine gewisse Feinheit gegen seine Frau. Auch ihre Briefe haben mir gefallen. Sie muß erstaunend viel Tätigkeit gehabt haben und vielen Verstand. Ich möchte mit jemandem über die beiden Menschen sprechen, der sie genau gekannt hat, und recht viel von ihnen hören.«

Selbst Hegel genoß die Lektüre dieser Briefe mit höchstem Behagen. Er stellt diese authentischen Zeugnisse der Liebe zweier bedeutender und herausragender Menschen hoch über alle Romanliteratur, die immer nur Literatur aus zweiter Hand sein kann. »Nach einem langen Romanlesen kann nichts erwünschter kommen als so eine ganz dem wirklichen Leben entnommene Unterhaltung«, merkt er überzeugend an. »Man ist immer auf die Entwicklung begierig. Obgleich keine Intrige und große Hindernisse die Entwicklung aufhalten ..., so fehlt doch das Interesse nie und ist um soviel herzlicher und teilnehmender, weil die Umstände so ganz natürlich und menschlich sind.«

Im Grunde hat Eva König natürlich nicht weniger unter der langen Trennung gelitten als Lessing selbst, der immer wieder sein scheues Herz der Frau seines Lebens öffnet.

»Die ganze verflossene Zeit meines Lebens kann ich ruhig zurückdenken, bis auf den Augenblick, worin ich schwach genug war, eine Neigung zu gestehen, die ich zu verbergen so fest beschlossen hatte, wenigstens so lange, bis meine Umstände eine glückliche Wendung nähmen«, gestand er Eva. »Ich bin überzeugt, Sie würden dennoch einen freundlichen Anteil an allem genommen haben, was mir begegnet wäre. Allein, Sie hätten nicht eine Angelegenheit zu Ihrer eigenen gemacht, wie Sie jetzt tun, ob Sie es gleich nicht tun sollten. Denn der Vorsatz bleibt unumstößlich: bin ich glücklich, so bleibe ich allein, und Ihr Schicksal wird nicht mit dem meinigen verflochten... Fragen Sie Ihr Herz, ob es im nämlichen Fall nicht so handeln würde, und antwortet es Ihnen Nein, so glauben Sie nur, daß Sie mich nicht halb so sehr lieben, als ich sie liebe.«

Evas Briefe beweisen immer wieder ihr unverkennbares literarisches Talent. Sie versteht sich exzellent darauf, ungemein anschaulich und lebendig zu erzählen. So vermittelt sie etwa in einem Brief vom 30. August 1770 einige Impressionen von ihrer Reise dem einsamen Eremiten in Wolfenbüttel.

»Von Ilmenau werden Sie meinen Brief erhalten haben, wo ich endlich des Nachts um 12 Uhr wegkam mit einem besoffenen Postillon und einem Halbblinden, der mir leuchtete, der aber nach einer Viertelstunde kein Licht mehr hatte«, lautet eine Passage dieses Briefes. »Und just im Thüringer Wald, wo man auf zwei Meilen keine Hütte trifft und wo solche Wege sind, die man am Tage mit Lebensgefahr passiert! Nun glauben Sie, daß mir der Mut gefallen sei? Wahrhaftig nicht! Ich stieg aus und suchte Tannenzapfen, die steckten wir an, und so halfen wir uns fort.«

In Salzburg erlebt Eva auf der gleichen abenteuerlichen Reise noch weit Schlimmeres, als ihr Dienstmädchen sich mit einem Hausknecht des Gasthofes betrinkt und sie selbst für den weiteren Fortgang der Dinge zu sorgen hat.

»Mein Mädchen war entsetzlich besoffen«, beschreibt sie den Zwischenfall. »Ich bin ihre Wärterin. Eine angenehme Beschäftigung! Da ich obendrein vor nichts in der Welt mehr Abscheu habe als vor Betrunkenen. Eben ist sie eingeschlafen. Ich wünsche nur, daß wir abreisen können. Das Schönste ist, ich habe mir die größten Sottisen müssen vorsagen lassen... Sie brauchen deswegen nicht zu denken, daß ich des Reisens müde bin, nein, ich treffe überall soviel gute Leute, die mich alles wieder vergessen machen.«

Als Lessing bei Gelegenheit einmal seiner Braut berichtet, Klopstock habe sich mit einem beachtlichen Damenflor umgeben, dem er das Schlittschuhlaufen beizubringen sich in den Kopf gesetzt habe, verfällt Eva in den gleichen leicht ironischen Tonfall und schreibt ihm unter dem 16. März 1771: »Die Klopstockschen Schlittschuh- und Lesegesellschaften haben mich herzlich lachen gemacht. Meine Imagination stellte mir gleich den ganzen Kreis von Damen vor und ihn mitten darin voller Entzückung, indem er bei einer rührenden Stelle die Tränen von den Wangen seiner Zuhörerinnen herunterrollen sah. Was ich aber befürchte, war, daß er einigen nach Hause folgen und da Entdeckungen machen möchte, die seine Zufriedenheit stören könnten. Was sagen Sie dazu, hatte ich recht? Und habe ich recht, wenn ich Sie bitte, sich um kein Patent für mich zu bemühen? Es würde Sie viel kosten; denn Klopstock nimmt gewiß lauter hübsche Frauen auf – und am Ende möchte ich doch nur eine schlichte Rolle unter ihnen spielen.«

Mitunter auch fällt Evas betont burschikoser Ton aus dem Rahmen des sonst Gewohnten. So ermuntert sie beispielsweise Lessing zu einem Besuch bei ihr mit der gutgemeinten Drohung: »Mein lieber Freund, machen Sie, daß Sie bald kommen, sonst kommt eine ganze Wagenladung Frauenzimmer, um Sie abzuholen! Ich denke, das ist die härteste Drohung, die ich Ihnen machen kann. Denn eben lege ich Ihre Sinngedichte aus den Händen und bin in meiner längst gehegten Meinung, Sie seien ein Erzweiberfeind, nun völlig bestärkt. Ist es aber nicht recht gottlos, daß Sie uns bei allen Gelegenheiten so heruntermachen? Sie müssen an verzweifelt böse Weiber geraten sein. Ist dieses, so verzeihe ich Ihnen, sonst aber müssen Sie, wahrhaftig! für alle die Bosheit, die Sie an uns ausüben, noch gestraft werden. Das Mädchen, das Sie sich wünschen, sollen Sie wenigstens nie finden.«

»Aber im Ernste: Wann kommen Sie denn?« fährt sie dann fort. »Sie müssen es mir wirklich schreiben. Ich verspreche Ihnen nicht entgegenzukommen, wenn Sie es nicht haben wollen, und es auch keinem Menschen zu sagen. Ich wollte es nur wissen, um mich auf den gewissen Tag recht freuen zu können.«

Immer mehr paßt sich Eva Lessings Duktus an. Immer wieder blitzen in ihren Sätzen geistvolle und witzige Antithesen auf. So heißt es in einem ihrer lesenswerten Reiseberichte: »Mein lieber Herr Lessing! Ich bin unschlüssig, ob ich an Sie schreiben oder mich mit dem Postmeister zanken soll. Das eine geschieht auf Ihre Unkosten, das andere auf meine. Ich will dieses Mal uneigennützig sein und Ihnen lieber einige Minuten verderben, als meiner Gesundheit schaden. Das Heimweh stellt sich nun schon ein, es muß sich aber wieder verlieren, sonst geht es mir nimmer gut.

Hier will ich abbrechen, ich möchte sonst wunderliches Zeug sagen, und mir fällt die Erinnerung ein, die Sie mir gaben: daß man sich nicht vorstellen müßte, was man nicht erfüllt zu sehen wünschte. Ich denke, ich lege mich zu Bette, denn noch ist kein Pferd zu sehen, und am Ende möchte ich doch noch Lust kriegen, mich mit dem Postmeister zu zanken. Schlafen Sie wohl und bitten Sie den Himmel, daß ich ins künftige geschwinder befördert werde, so bleiben Sie von meinen Briefen verschont.«

In die Verlobungszeit mit Eva fällt auch die höchst seltsame Episode Lessings mit der Leipziger Professorenfrau Ernestine Christine Reiske, deren heftigen Werbungen er standhaft widerstanden hat. Reiske war ein Orientalist von internationalem Ruf. Er hatte Lessing mit seiner temperamentvollen Frau, die sich übrigens hervorragend in die wissenschaftliche Disziplin ihres Mannes eingearbeitet hatte und ihm bei seinen Arbeiten fachkundig zur Hand ging, im August 1771 in Wolfenbüttel aufgesucht und sich mit dem berühmten Bibliothekar der Augustana geistig ausgetauscht.

»Meine Frau läßt Euer Wohlgeboren Ihrer Hochachtung versichern«, hatte Reiske vor Antritt der Reise an Lessing geschrieben. »Sie hauptsächlich ist an dieser Reise schuld. Sie freut sich darauf wie ein Kind auf den heiligen Christ.«

Die erst 35jährige Professorengattin kommt also voller Erwartungen nach Wolfenbüttel, und Lessing scheint sie nicht enttäuscht zu haben. Ihre Begegnung mit ihm war, wie sie beteuert, ein faszinierendes Erlebnis. Lessing schien von der interessanten Frau ebenfalls nicht unberührt geblieben zu sein.

»Meine Frau denkt oft an Sie und betrachtet Ihr Porträt von Bause, ob es Ihnen gleich wenig ähnlich sieht«, amüsiert sich der Professor noch Ende 1772 über das auffallende Interesse seiner Frau an Lessing. Aber bei dieser wohlwollenden Betrachtung der Affäre bleibt es nicht lange. Ein paar Wochen später nimmt Reiske das Ganze keineswegs mehr auf die leichte Schulter.

»Ihnen ins Ohr gesagt, liebster Lessing«, tönt er da schon ein wenig aggressiv. »Sie stehen bei meiner Frau sehr wohl angeschrieben. Sie bekennt es Ihnen ja selber, daß sie Sie liebt. Was wollen Sie mehr? Ich werde darüber nicht eifersüchtig. Hier hat es allemal nichts zu bedeuten. Und Sie dürfen nicht eben sehr stolz auf diese Zuneigung sein. Das Ding hat Absichten. Durch Sie und unter Ihrer Maske liebt sie sich nämlich selber. Eine Hand wäscht die andere. Doch vielleicht tue ich der guten Frau Unrecht. Meine Frau hat freilich, wie leicht zu denken ist, wider Ihre Flatterien nichts einzuwenden. Ich aber dagegen desto mehr. Ich habe Ursache, darüber zu zürnen und auf Sie zu schmähen. Denn sie verderben und verführen mir meine Frau. Unangemessene Lobsprüche rücken immer gerne dem Frauenzimmer den Kopf von der rechten Seite weg.«

Reiske starb bereits im Sommer 1774. Wahrscheinlich hat seine junge Witwe noch eine Zeitlang ihre Korrespondenz mit Lessing fortgesetzt. Offenbar hielt sie die ganze Angelegenheit nicht für völlig hoffnungslos. Auf seiner Rundreise im Frühjahr 1775, als Lessing auch in Leipzig Station machte, sahen sich die beiden wieder. Ernestine Reiske hat dann auch von dieser Begegnung ihrem gemeinsamen Bekannten Ebert nach Braunschweig folgendes berichtet.

»Recht unerwartet und angenehm war mir die Ankunft des mir so sehr teuren Freundes«, läßt sie sich über diesen Besuch aus. »Allein, nun ist meine Glückseligkeit wieder aus. Was hilft es mir, daß ich einige Augenblicke höchst selig war? Ich war es nur und bin es nicht mehr. Meine Freude, meine herzinnige Freude war nur ein schöner Traum. Nun bin ich erwacht und beweine die Vergänglichkeit der irdischen Freuden.

Den Freund zu sehen, den man über alles schätzt, welch Entzücken muß nicht ein zärtliches Herz da fühlen! Allein, sich sogleich wieder zu trennen, welcher Schmerz! Was bleibt alsdann noch übrig? Nichts als eine verschmachtende Sehnsucht nach einem Gute, das uns auf immer versagt ist. Wäre es nicht besser, man hätte die Vortrefflichkeit eines Gutes, das man nie besitzen kann, nicht kennengelernt?«

Lessing hatte also den Sirenengesängen der attraktiven Professorenwitwe sehr wohl widerstanden. Im Gegenteil, sein Umgangston zu Eva wird gerade in diesen Tagen immer vertraulicher. Hatte seine Anrede bis dahin noch »Meine Liebe« gelautet, so steigerte er sich nun in die geradezu enthusiastische Form »Meine liebste, beste, einzige Freundin«.

Kaum war er nach dieser so erlebnisreichen Reise wieder im heimischen Wolfenbüttel angelangt, findet er einen überaus innigen Brief von Eva vor, wie er ihn vorher nie zu erwarten gewagt hätte. »Nicht wahr, Sie sind überzeugt, ob Sie gleich zuweilen daran zu zweifeln scheinen, daß ich Sie über alles liebe, über alles hochschätze, und kein Glück für mich in der Welt ist, wenn ich es nicht mit Ihnen teilen soll?« bekommt er da zu lesen. »Möchten doch alle die Hindernisse, die uns trennen, behoben werden können, wie wollte ich der Vorsehung mit freudigem Herzen danken... Eben da ich zu Bette gehen wollte, fiel mir ein, daß morgen früh die Post abgeht. Ich schließe diesen Brief also in der Nacht um zwölf Uhr, wo ich Sie mir, ermüdet von der Reise, im tiefsten Schlafe denke und Ihnen von ganzem Herzen die angenehmste Ruhe wünsche, mir aber die baldige Versicherung, daß Sie sich von den Anstrengungen der Reise erholt, recht gesund und vergnügt befinden. Sie können dem noch wohl etwas hinzufügen, was mir eben nicht zuwider sein wird. Aber, aber! es müssen lauter Worte sein, die aus Ihrem Herzen kommen.«

Natürlich hatte auch Eva von Lessings Italienreise keine Post erhalten. »Sie böser Mann«, verfällt sie wieder einmal in ihren burschikosen Tonfall. »Zuletzt wird die ganze Welt über Sie schimpfen, und ich werde nicht mehr schimpfen, aber weinen. Gewiß, wenn Sie wüßten, wie sehr Sie mich durch Ihr Stillschweigen quälen, Sie würden sich dem größten Vergnügen entziehen, um sich mit mir zu unterhalten und mich zu beruhigen. Das kann ja mit so wenig Worten geschehen. Sagen Sie mir nur: Ich bin gesund und Ihr Freund, so bin ich zufrieden.«

Offenbar ist Eva auch die Affäre mit Ernestine Reiske zu Ohren gekommen. Und so fragt sie unverblümt: »In Parenthese muß ich Sie doch fragen, ob die Neuigkeit wahr ist, die ich aus Leipzig gehört habe. Die allgemeine Lage dorten sei: Ein gewisser Mann, den Sie leicht erraten werden, heirate die Wittib des P. R.?«

Lessing hat keinen Grund, sich in dieser Frage zu rechtfertigen. Man kann sie vergessen. Statt dessen treibt er die Hochzeitsvorbereitungen nun zügig voran. Zu Michaeli 1777 bezieht er ein ihm bereitgestelltes Haus im Wolfenbütteler Schloßpark, das später als Lessinghaus in die Stadtgeschichte dieser Residenz eingehen wird.

»Mein angewiesenes Haus war erst vor Michaelis leer«, unterrichtet er seine Braut. »Und dies alles wohl überlegt, habe ich für das Beste befunden, gleich da hineinzuziehen, als mich in einem fremden Haus herumzusielen. In Ordnung, sobald es leer ist, soll es bald sein. Denn da es jetzt auch sehr gut möbliert und mit Hausgerät versehen ist, so ist meine Meinung, alles, was wir ungefähr nötig haben, auf der Auktion zu erstehen: Spiegel, Stühle, Schränke, kurz alles, was gut und nicht eben teuer ist, als wenn man es neu anschaffte. Auf eine gute Köchin stelle ich überall aus, und gestern ist mir eine vorgeschlagen worden, die sehr gut sein soll, aber dreißig Taler verlangt. Wenn ich nicht bald eine ebenso gute wohlfeiler finde, so miete ich sie. Einem Mädchen pflegt man hier zehn bis zwölf Taler und vier bis fünf Taler Biergeld, wenn sie sich gut führt, zum heiligen Christ zu geben.«

Während sich Lessing mit den höchst profanen Problemen seines neuen Hausstandes herumschlägt, drängt Eva immer stürmischer auf eine Erledigung der Hochzeitsformalitäten. »Ich kann mir nicht helfen«, fährt es recht leidenschaftlich aus ihr heraus, »mein Blut ist in solcher Wallung, daß mir die Hände wie Espenlaub zittern. Ich bin jetzo eine fatale Kreatur, die nicht viel ausrichten kann... Meine Kinder küssen Ihnen die Hand, und ich umarme Sie tausendmal in Gedanken und sehne mich recht sehr nach dem Tage, da ich es wirklich tun kann.«

Dieser so erfrischend spontane Brief widerlegt schlagend die Legende von der Vernunftsehe, die Lessing eingegangen sein soll. Davon kann natürlich ganz und gar keine Rede sein. Auf beiden Seiten war zweifellos echte Leidenschaft mit im Spiele. Beide können den Zeitpunkt ihres endgültigen Zusammenlebens kaum noch erwarten. Lessing möchte die Hochzeitsfeier so schnell wie möglich hinter sich bringen und den Kreis der daran Beteiligten so klein wie möglich halten. Angesichts des bevorstehenden Wechsels seines Lebensumkreises und der Vorstellung, von nun an sein Eremitendasein mit einer Frau und vier Kindern teilen zu sollen, gerät er ein wenig ins Schleudern. Daher auch sein Wunsch, sich nach vollzogener Trauung so bald wie möglich wieder in sein Gehäuse zurückzuziehen. Falls Eva mit den Hochzeitsgästen noch längere Zeit zusammenbleiben möchte, stellt er ihr anheim, ihm erst einige Tage später nach Wolfenbüttel nachzufolgen.

»Das ist doch wohl nicht Ihr wahrer Ernst, wenn Sie vorschlagen, vor mir abreisen zu wollen«, erteilt sie Lessing auf diesen Vorschlag hin eine unmißverständliche Abfuhr. »Was sollte mich wohl in York halten, wenn Sie nicht mehr da wären! Der konfuse Empfang schreckt mich auch nicht. Ich bin nun fast neun Jahre an ein konfuses Leben gewöhnt, so daß ich es auch noch wohl eine Weile aushalten kann.«

Gleichzeitig zeigt sich Eva geradezu hausmütterlich um Lessings äußere Erscheinung besorgt. Endlich kümmert sich jemand um das äußere Leben des ewigen Junggesellen. Ganz in diesem Sinn schreibt sie ihm: »Eine neue Weste und Beinkleider finden Sie vor. Malchen hat zwar sehr gebeten, es Ihnen nicht zu schreiben. Ich tue es aber, wenn Sie allenfalls noch einen neuen Rock wollten machen oder die Knöpfe müßten ändern lassen. Denn ich weiß nicht mehr, ob Gold oder Silber darauf war – ich sah Ihnen nicht nach dem Kleide.«

Am 18. Oktober 1776 wird in York im Alten Land hinter Hamburg geheiratet. Der Hamburger Konsul Schuback hat sein Haus für diesen Zweck zur Verfügung gestellt. Bekannte aus Hamburg haben die Hochzeit dann liebevoll ausgerichtet. Von den Verwandten war lediglich Evas Schwager zugereist. Lessing selbst hatte seine Angehörigen über den bevorstehenden Hochzeitstermin gar nicht benachrichtigt. Erst am 19. Dezember schreibt er an seinen Bruder Karl: »Meine Frau kennst Du, obwohl Du gleich Ihrer Dich wohl schwerlich erinnern wirst, weil sie Dich nur ein einziges Mal gesehen und sie es mir oft vorwirft, daß ich Dich damals nicht in ihr Haus gebracht. Wenn ich Dich versichere, daß ich sie immer für die einzige Frau in der Welt gehalten, mit welcher ich mich zu leben getraue, so wirst Du wohl glauben, daß sie alles hat, was ich an einer Frau suche. Wenn ich also nicht glücklich mit ihr bin, so würde ich gewiß mit jeder anderen noch unglücklicher geworden sein.«

Daß Lessings Ehe einen ungemein harmonischen Verlauf nahm, haben seine Freunde, die ihn in der Zeit seiner jungen Ehe aufsuchten, übereinstimmend bestätigt, am überzeugendsten vielleicht Johann Joachim Eschenburg, der am 26. Oktober 1776 über Lessings Ehe folgendes zu Protokoll gab: »Unser Lessing ist, wie Sie vermutlich wissen, seit vierzehn Tagen Ehemann. Ich weiß nicht, ob Sie seine Frau, die gewesene Madame König, persönlich kennen. Wenn das ist, so darf ich's Ihnen nicht erst sagen, daß sie eine sehr verehrungswürdige Frau ist. Sie hat ihm fünf Kinder zugebracht, wovon er drei bei sich hat. Ich weissage ihm nach allem Anschein ein glückliches Leben.«

Ein glückliches Leben konnte, wie sich nur zu bald herausstellen sollte, einer Kämpfernatur wie Lessing aber offenbar nicht beschieden sein. Sowohl Eva als auch er selbst sehnten sich nach enervierenden Jahren der Trennung nach nichts mehr als nach Ruhe und relativer Behaglichkeit. Für sich selbst erhoffte der Dichter nun neue schriftstellerische Impulse. In den zurückliegenden Jahren hatte er Projekte, an die er brennend gerne letzte Hand gelegt hätte, vor sich herschieben oder gänzlich zurückstellen müssen. Nun aber schien endlich der Weg frei für Leistungen, mit denen er an seine früheren Arbeiten anknüpfen konnte.

In dem glücklichsten Jahr seines Lebens, das nun begann, erlebt Lessing jedoch auch eine bittere Enttäuschung. Man hatte ihn durch Vermittlung des Mannheimer Buchhändlers Schwan aufgefordert, beim Aufbau des Mannheimer Nationaltheaters seine Hamburger Erfahrungen mit einzubringen. Aber auf einer Reise nach Mannheim geriet er ohne seine Schuld in ein geradezu betäubendes Verwirrspiel von Intrigen und Hofkabalen, so daß er grollend die Rückreise antrat und froh war, sich wieder in sein Wolfenbütteler Dorado an der Seite Evas zurückziehen zu können. Wieder einmal war ein ungewöhnlicher Mann an der Kläglichkeit deutscher Verhältnisse gescheitert. Dem damals bedeutendsten deutschen Dramatiker war damit jede weitere Möglichkeit entzogen, gestaltend an der Entwicklung der deutschen Schaubühne mitzuwirken.

Um so lieber zog er sich von nun an in sein Wolfenbütteler Haus zurück. Er hatte sich darin für seine Verhältnisse ungemein komfortabel eingerichtet. Da Eva nicht nur eine exzellente Hausfrau war, sondern auch über die Gabe ungezwungenen Konversierens verfügte, herrschte im Hause des neuernannten Braunschweigischen Hofrates auch schon bald eine heitere und gelöste Geselligkeit, die sich wohltuend von der lastenden Einsamkeit der letzten Jahre unterschied.

Der Historiker Spittler, der damals in Lessings Bibliothek Studien betrieb und oft als Gast in dessen Haus weilte, überlieferte den sicher überzeugendsten Zustandsbericht aus Lessings Ehezeit.

»In Wolfenbüttel war ich fast drei Wochen, und es waren drei der glücklichsten und lehrreichsten meines Lebens, da mir Lessing einen völlig freien Zutritt in sein Haus und einen ebenso ungehinderten Gebrauch der dasigen Bibliothek gestattete. Ich weiß nicht, ob Sie Lessing persönlich kennen. Ich darf Sie versichern, daß er der größte Menschenfreund, der tätigste Beförderer aller Gelehrsamkeit, der hilfreichste Gönner ist. Man wird unvermerkt so vertraut mit ihm, daß man schlechterdings vergessen muß, mit welch großem Manne man umgeht, und wenn es möglich wäre, mehr Menschenliebe, mehr tätiges Wohlwollen irgendwo anzutreffen als bei Lessing, so wär's bei Lessings Gattin. Eine solche Frau hoffe ich nimmermehr kennenzulernen. Die unstudierte Güte ihres Herzens immer voll von der göttlichen Seelenruhe, die sie auch durch die bezaubernde Sympathie allen mitteilt, welche mit ihr umzugehen das Glück haben. Das Beispiel dieser großen, würdigen Frau hat meine Begriffe von ihrem Geschlecht unendlich erhöht, und vielleicht bin ich noch viel zu kurz in Wolfenbüttel gewesen, um sie nach allen ihren Vorzügen kennenzulernen.«

Einiges von Evas Ruhe scheint auf den immer unrastigen Lessing ausgestrahlt zu sein. Sogar seine Berliner Freunde verspüren aus der Entfernung, daß mit dem immer streitbaren Lessing sich ein Wandel vollzogen haben muß. Moses Mendelssohn stellt sogar seinen Besuch in Aussicht und meint: »Ich muß Sie in dieser besseren Lage Ihres Gemütes notwendig sprechen, wäre es auch nur, um mich zu belehren, was am besten zu dieser Besänftigung beigetragen: die Frau oder die Freimaurerei, bessere Vernunft oder reifere Jahre.«

Lessing hat nun durchaus keinen Grund mehr zum Klagen. Er wohnt feudal in einem Miniaturschloß, das für den Kammerdiener der Herzogs gebaut worden war. In einem Flügel dieses Atriumhauses hat der Hausherr seine literarische Werkstatt eingerichtet. Hier arbeitet er abgeschirmt von allem Tageslärm. Hier auch kann er endlich in aller Ruhe seinen Gedanken nachhängen und sie wie immer meisterlich formulieren.

Dann aber bricht mitten in dieses trügerische Idyll die Katastrophe über Lessing herein. Weihnachten 1777 wird sein Sohn geboren. Er lebt jedoch nur 24 Stunden. Eva selbst liegt zehn Tage ohne Bewußtsein. Einmal meint Lessing allerdings noch einige Hoffnung für ihr Überleben schöpfen zu können. Dann aber greift der Tod doch unerbittlich zu. Eva Lessing stirbt am 10. Januar 1778 nur wenige Tage nach der Geburt ihres Kindes und läßt ihren Mann in einer ausweglosen Einsamkeit zurück. Zwar versucht er in den Briefen, in denen er seinen Freunden über diesen vernichtenden Schicksalsschlag berichtet, Haltung zu bewahren. Dann aber bricht der Schmerz elementar aus ihm heraus.

Lessings Briefe an Eschenburg, der damals seinem Herzen am nächsten stand, sind bis heute ein erschütterndes menschliches Dokument geblieben. Sie sind zu Recht als die bewegendsten Briefe eines deutschen Dichters in die Literaturgeschichte eingegangen. Während Lessing, noch zwischen Hoffnung und Verzweiflung hin und her schwankend, Tag und Nacht an Evas Lager wacht, schreibt er am letzten Tag seines glücklichsten Jahres an den Freund: »Ich ergreife den Augenblick, da meine Frau ganz ohne Bewußtsein, um Ihnen für Ihren gütigen Anteil zu danken. Meine Freude war nur kurz. Und ich verlor ihn so ungern, diesen Sohn! Denn er hatte so viel Verstand! So viel Verstand! Glauben Sie nicht, daß die wenigen Stunden meiner Vaterschaft mich schon zu einem Affen von Vater gemacht haben! Ich weiß, was ich sage. – War es nicht Verstand, daß man ihn mit eisernen Zangen auf die Welt ziehen mußte? Daß er so bald Unrat merkte? War es nicht Verstand, daß er die erste Gelegenheit ergriff, sich wieder davonzumachen? Freilich zerrt mir der kleine Ruschelkopf auch die Mutter mit fort! – Denn noch ist wenig Hoffnung, daß ich sie behalten werde. – Ich wollte es auch einmal so gut haben wie andere Menschen. Aber es ist mir schlecht bekommen.«

Am 10. Januar heißt es dann in einem ebenfalls an Eschenburg gerichteten Brief: »Meine Frau ist tot, und diese Erfahrung habe ich nun auch gemacht. Ich freue mich, daß mir viel dergleichen Erfahrungen nicht übrig sein können zu machen, und bin ganz leicht. – Auch tut es mir wohl, daß ich mich Ihres und unserer übrigen Freunde in Braunschweig Beileids versichert sein darf.«

An Karl Lessing ging zu einem Zeitpunkt, als die Katastrophe noch ausstand, folgende Nachricht nach Berlin hinüber: »Ich lief Gefahr, meine Frau zu verlieren, welcher Verlust, der mir den Rest meines Lebens verbittert haben würde. Sie ward entbunden und machte mich zum Vater eines recht hübschen Jungen, der gesund und munter war. Er blieb es aber nur 24 Stunden und war hernach das Opfer der grausamen Art, mit welcher er auf die Welt gezogen werden mußte. Oder versprach er sich von dem Mahle nicht viel, zu dem man ihn so gewaltsam einlud, und schlich sich von selbst davon? Kurz, ich weiß kaum, daß ich Vater gewesen bin. Die Freude war so kurz, und die Betrübnis ward von der größten Besorgnis so überschrien! Denn die Mutter lag ganze zehn Tage ohne Verstand, und alle Tage, alle Nächte jagte man mich ein paar Mal von ihrem Bette mit dem Bedeuten, daß ich ihr den letzten Augenblick nur sauer mache. Denn mich kannte sie noch bei aller Abwesenheit des Geistes. Endlich hat sich die Krankheit auf einmal umgeschlagen, und seit drei Tagen habe ich die zuversichtliche Hoffnung, daß ich sie diesmal noch behalten werde, deren Umgang mir jede Stunde, auch in ihrer gegenwärtigen Lage, immer unentbehrlicher wird.«

Am 12. Januar trug Lessing auch seine Frau zu Grabe. Er stand mit ihren Kindern wie verloren an der frischen Gruft. Den Tag darauf schrieb er sich die folgenden Worte vom Herzen: »Wenn ich nur mit der einen Hälfte meiner übrigen Tage das Glück erkaufen könnte, die andere Hälfte in Gesellschaft dieser Frau zu erleben, wie gern wollt' ich es tun. Aber das geht nicht, und ich muß nun wieder anfangen, meinen Weg allein fortzusetzen.«

Mit dieser erschütternden Einsicht in die Unabdingbarkeit des menschlichen Schicksals endet eines der erregendsten Kapitel im Leben des erstaunlichen Mannes Gotthold Ephraim Lessing.

# *Matthias Claudius und Rebecca Behn*

Gegen Ende des Jahres 1770 setzt Matthias Claudius zum ersten Mal seinen Fuß auf Wandsbecker Boden. Niemand hätte zu diesem Zeitpunkt ahnen können, daß dieser namenlose 31jährige Journalist es sein wird, der dem Namen dieser menschlichen Siedlung für alle Zeiten einen unverwechselbaren Klang verleihen wird. Das Leben dieses Reinfelder Pfarrersohnes hat bis dahin keine jener hochgespannten Erwartungen erfüllt, die man anfangs auf ihn gesetzt hat. Er hat sein Theologiestudium in Jena ohne annehmbare Gründe abgebrochen. Statt dessen hat er es vorgezogen, sich mit der riskanten Existenz eines Homme de lettres einzulassen. Dabei ist er bisher über zaghafte schriftstellerische Etüden und Fingerübungen nicht hinausgelangt. Seine »Tändeleien«, mit denen er noch einmal einen Neuaufguß der längst in den literarischen Mottenkisten abgelegten Anakreontik versucht hat, brachten ihm zu Recht eigentlich nichts als entmutigende Verrisse ein. Seitdem hat er eine Zeitlang in Kopenhagen als Sekretär des Grafen Holstein sein Leben gefristet, war dann als Redakteur der »Hamburger Adreß-Comptoir-Nachrichten« nach Brot gegangen, indem er eigentlich nichts als journalistische Kärrnerarbeit verrichtete. Aber immerhin lagen bei seinem Abstecher nach Wandsbeck bereits entscheidende Begegnungen mit Herder und Lessing hinter ihm. Beide mochten in diesem Holsteiner Pfarrerssohn bereits den kommenden Poeten gewittert haben, der wie ein verzauberter Prinz sich unter lauter profanen Menschen bewegte und der in Geduld auf seine große Stunde warten konnte.

Immerhin hatte dieser Claudius bereits einige staunenswerte Verse zustande gebracht und wurde unter Literaturexperten

*7 Das Schimmelmannsche Schloß in Wandsbeck*

als Geheimtip gehandelt, von dem noch einiges zu erwarten war. Nun wollte es der Zufall, daß der in Wandsbeck residierende Graf Schimmelmann für sein Lokalblättchen einen neuen Redakteur suchte, dem man zutrauen konnte, einigen frischen Wind in die vergilbten Seiten dieser Zeitung zu bringen und ihm womöglich einen überregionalen Rang zu verleihen.

Der ehrgeizige Graf hatte sich in der Wahl seines Redakteurs, wie sich bald zeigen sollte, keineswegs geirrt. Er wohnt in einem nicht eben pompösen Schloß zu Wandsbeck, das mit seinen hundert Häusern durchaus keinen besonderen elitären Anspruch erheben kann. Immerhin hat Schimmelmann sich in den Kopf gesetzt, durch Sozialreformen diesen Flecken zu einer Mustergemeinde zu entwickeln. Schließlich ist das Wandsbecker Gehölz für die geschäftigen Hamburger ein besonders beliebtes sonntägliches Ausflugsziel. Grund genug, nunmehr auch dem »Wandsbecker Merkur« neue Impulse zu verleihen und ihn ins Bewußtsein einer breiteren Öffentlichkeit zu rücken. Wie so viele beabsichtigte er nicht mehr oder weniger, als auch hier im hohen deutschen Norden der Aufklärung ein Sprachrohr zu verschaffen, um die Bildung der Massen zu heben. Daß dieser junge Claudius für eine solche volkspädagogische Aufgabe der rechte Mann am rechten Platz ist, beginnt man immer mehr einzusehen. Er ist weiß Gott kein arroganter Intellektueller, sondern eher ein Mann des Volkes, der es noch keineswegs verlernt hat, den Leuten aufs Maul zu schauen. Er versteht es, auch ohne Niveaueinbuße die Sprache der Menschen seiner holsteinischen Heimat zu sprechen. Daß seine Art von Journalistik ganz auf Breitenwirkung hin veranlagt ist, wird sich schon bald herausstellen.

Mit dem Jahre 1771 wird das weltverlorene Wandsbeck dann in der Tat aus seiner provinziellen Anonymität heraustreten. Man wird von diesem Zeitpunkt an den Namen dieses Dorfes mit dem Titel einer Zeitschrift identifizieren, die man ernst zu nehmen sich angewöhnt hat. Der »Wandsbecker Bothe« wird wie nichts anderes den Genius loci dieses Dorfes in aller Welt personifizieren. Seltsamerweise hatte der junge Claudius mit der Übernahme der Redaktion die eigentliche Aufgabe seines Lebens gefunden. Seitdem bezieht er in unserer Literaturgeschichte einen der vorderen Plätze.

Bis auf ein einjähriges Darmstädter Zwischenspiel wird Matthias Claudius seinen Wohnsitz in Wandsbeck nie wieder aufgeben. Das stille Dorf inmitten einer idyllischen Landschaft entsprach so ganz seinem auf Ausgleich gestimmten Naturell. Große emotionale Aufschwünge waren von ihm ohnehin nicht zu erwarten, dafür aber um so mehr gedämpfte Gefühle und Empfindungen, die ihn als Lyriker mit durchaus eigener Handschrift auswiesen.

In diesem Umfeld seiner holsteinischen Heimat fühlte sich Claudius sogleich wie zu Hause. Hier konnte er über ein langes Menschenleben hin ein literarisches Werk zuwege bringen, das wie kaum ein anderes sich schließlich dem Bewußtsein der

Deutschen einprägte. Wenn überhaupt einer, so hatte er das Zeug zum Volksschriftsteller. Bei einer Fahndung quer durch unsere Literaturgeschichte nach Zeugen für die Möglichkeiten echter literarischer Volkstümlichkeit, kann man die eher unauffällige Gestalt des Wandsbecker Bothen einfach nicht übersehen. Er war sozusagen selbst ein dichtendes Stück Volk und brachte es fertig, was nur den wenigsten gelang, nämlich Gedichte abzuliefern, die in den Schatz echter Volkslieder eingegangen sind. Ohne sein Wandsbecker Umfeld wäre es Claudius vielleicht nicht so ohne weiteres gelungen, sich in die vorderste Reihe deutscher Lyriker zu schreiben. Keine Anthologie deutscher Gedichte kann seitdem auf Beiträge von ihm verzichten.

Offenbar war es eine höhere Fügung, die Claudius an diesen entlegenen Ort im Holsteinischen geführt hatte. Gleich bei der Suche nach geeigneten Redaktionsräumen begegnete er dann auch schon der Frau seines Lebens. Zumindest die Claudius-Legende will wissen, daß ihm der Schlüssel für sein neues Domizil von der erst sechzehnjährigen Tochter des Gastwirts und Zimmermanns Behn überreicht wurde. Man mußte sogar erst einen verschlossenen Wandschrank aufbrechen, heißt es in der weiter ausgesponnenen Anekdote, um zu diesem Schlüssel zu gelangen. Rebecca führte den jungen Redakteur dann durch idyllische Gärten in das etwas verfallene Haus, das auf Anhieb den Beifall des Dichters findet. Hier also wird er sich sofort häuslich niederlassen.

Für Claudius muß dieses eher zufällige Zusammentreffen wohl Liebe auf den ersten Blick gewesen sein. Offenbar stand mit einem Male seine »Philine«, die er so oft schon besungen hatte, leibhaftig vor ihm, ein Naturkind, ein »Bauernmädchen«, wie er es sich stets als Gefährtin seines in jeder Hinsicht ungesicherten Lebens ersehnt hatte.

»Ich war erst sechzehn Jahre alt, unschuldig und nichts weiter, und kannte nichts als unsern Wald, als Blumen, Gras und Kräuter«, hatte Claudius sein Idealbild von einer Frau ganz noch im Nachklang der bereits zum literarischen Schema er-

*8 Matthias Claudius (1740–1815).*

starrten Anakreontik besungen. Nun war seine kühne Imagination blühendes Leben geworden.

Alles in allem: Matthias Claudius verliebte sich an seinem ersten Wandsbecker Tag so sehr, daß ihm, wie er sich auszudrücken beliebte, »die Fußsohlen für Liebe glühten«. Und doch: Diese Rebecca ist fast noch ein Kind, und so bleibt Claudius nichts weiter übrig, als seine Leidenschaft noch ein wenig zu zügeln und sich in Geduld zu üben. Außerdem fließen seine Einnahmen aus seiner redaktionellen Arbeit so spärlich, daß er vorerst nicht ernsthaft an eine Familiengründung denken kann. Sonst zweifelt Claudius keinen Augenblick daran, in dieser jungen Rebecca Behn die Frau seines Lebens gefunden zu haben. Es ist ihm offenbar ein Bedürfnis, sein neues Glück aus sich herauszujubeln. In diesem Sinne schreibt er so ganz in einem hektischen Sturm-und-Drang-Stil an seinen dichtenden Freund Gerstenberg nach Kopenhagen: »A horse! another horse! bind up my wounds; denn mein itziges Pferd kann uns nicht beide tragen, und sie muß mit mir. Ich habe mir nämlich die unnötige Mühe gemacht, ein unbedeutendes Bauernmädchen liebzugewinnen, und ich habe mit ehrlichem Blut und Hirn beschlossen, sie zur Männin zu machen, wenn mir irgendwo auf dem Lande eine kleine Amtsverwalterstelle werden könnte, im Dänischen oder im Deutschen, gleich gut!«

Aber auch der ihm inzwischen so sehr ans Herz gewachsene Herder, der damals in Bückeburg als Konsistorialrat amtiert, bekommt von dem jugendlichen Liebhaber, der seine Gefühle kaum bändigen kann, zu hören: »Ich habe ein Mädchen liebgewonnen, ein einfältiges, ungekünsteltes Bauernmädchen. – Wenn Sie mir dort eine kleine Stätte auf dem Lande bereiten könnten (welche es auch sei, Sie wissen, was für Künste ich kann), wenn Du es kannst, so sei darum gebeten, Du pro tempore Bändiger des Bucephalus der bückebergischen Geistlichkeit, Du – es geben sich verschiedene hierzulande meinethalben Mühe, aber ich weiß nicht, das Herz schlägt mir stärker, wenn ich daran denke, wo dieser Brief über ein Kleines sein wird... Bei der Einfalt und Unschuld, beim Genie, das in Euch wohnt, lacht, wenn Ihr diesen Brief gelesen habt, aber tu mehr als lachen und bedenke, daß Gott erschaffen hat ein Männlein und ein Fräulein.«

Natürlich kann niemand dem stürmischen Claudius, der

eigentlich nichts Rechtes gelernt hat, aus dem man Kapital schlagen könnte, zu ausreichenden Einnahmen verhelfen. Aber er ist nun einmal verliebt und möchte um alles in der Welt nicht allzuviel Zeit verstreichen lassen, ehe er seine Rebecca heimführt. Im naiven Vertrauen auf den lieben Gott wird die Verlobung kurzentschlossen auf den 16. September 1771 angesetzt. Und um sein »Bauernmädchen« nun für immer an sich zu binden, wird am 16. März des folgenden Jahres in der Wandsbecker Kirche die Hochzeitszeremonie vollzogen.

Claudius ist sich dabei durchaus seiner Verantwortung bewußt. Er konzentriert von nun an all seine Kräfte auf die Redaktionsarbeit am »Wandsbecker Bothen«, natürlich immer in der Hoffnung, er könnte sich damit eine solide materielle Grundlage für eine Familiengründung schaffen. Sein Blättchen kommt nicht gerade anspruchsvoll daher. Es ist auf miserablem Papier gedruckt und geht mit einer Eule und einem flötenblasenden Genius im Titelkopf in alle Welt hinaus. Denn soviel hat Claudius immerhin erreicht, daß nicht nur die Wandsbekker das Blatt zu ihrer Information lesen.

Claudius profitiert nicht eben wenig von seinem wachsenden Ruhm als Lyriker. Er hat beizeiten wichtige literarische Kontakte angebahnt, und so gewinnt er so illustre Mitarbeiter wie Lessing, Klopstock, Gerstenberg, Herder und die Mitglieder des Göttlichen Hain zur Mitarbeit. Seine Menschlichkeit rührt sie alle, und sie lassen ihm unentgeltlich ihre Beiträge zukommen.

Und doch kann man sich bei der bescheidenen Auflage von ein paar hundert Exemplaren das Leben des jungen Paares nicht dürftig genug vorstellen. Immer wieder versucht der an sich so erfolgreiche Journalist seine Beziehungen spielen zu lassen, um einen einträglicheren Posten zu erhalten. Aber schon heißt es bereits im ersten Jahrgang in einem Brandbrief an Herder: »Mit dem Wandsbecker Boten will's nicht recht fort, und ich glaube, daß er's nicht lange mehr aushält. Wenn Sie etwas für mich auftreiben, so lassen Sie es mich bald wissen.«

Natürlich kann Herder kein Amt für seinen Freund herbei-

*9 Anna Rebecca Claudius geb. Behn*

zaubern. Die Nachricht von dessen Heirat hat ihn zunächst einmal düpiert. Sogleich schreibt er an seine Braut nach Darmstadt: »Claudius hat geheiratet! Der nackte, arme, dürftige Claudius! Seine Betty ist sein, schreibt er, und alles Wasser ihm Wein. So rast er fort und singt seinem Hymen Loblieder.«

Auch Freund Voß, der Homerübersetzer aus Eutin, kann nichts für Claudius tun. Doch wendet er sich an den immer hilfreichen Kanonikus Gleim nach Halberstadt und lobt den

»Wandsbecker Bothen« über den grünen Klee. Es handele sich dabei, versichert er, um das neben den »Frankfurter Gelehrten Anzeigen« lesenswerteste Blatt in ganz Deutschland überhaupt.

Indessen schwelgt Claudius in seiner fröhlichen Armut und seinem jungen Glück. Rebecca stellt sich in der Tat als der »goldene Engel« heraus, als den er sie in seinem Poem zur silbernen Hochzeit besingen wird. Sie ist durchaus eine eigenständige Natur und erfüllt das bescheidene Haus am Wandsbecker Steindamm mit ihrem durchschlagenden Temperament. Im Grunde hat sie auf der Wandsbecker Dorfschule nur ein wenig Lesen, Schreiben und Rechnen gelernt, aber das reicht offenbar, um tiefsinnige Gespräche mit ihr zu führen. Da sie lernfähig ist, schwindet der Bildungsabstand zwischen dem »Bauernmädchen« und dem Polyhistor Claudius, der sich mit soviel Prominenten im Lande ständig austauscht, immer mehr. Claudius bescheinigt ihr sogar ihre Überlegenheit in allen praktischen Fragen des Lebens. Sie wird ihm den inneren Frieden verschaffen, den er zum Arbeiten braucht. Nur so konnte er in 43 Ehejahren ein immerhin imponierendes literarisches Werk zustande bringen.

Den ersten Schicksalsschlag hatte das junge Paar zu überstehen, als Rebecca am 30. September 1772 ihr erstes Kind zur Welt bringt. Es ist ein Junge, und er sollte den Namen des Vaters tragen, aber er zieht es vor, dieser Welt so schnell wie möglich wieder den Rücken zu kehren und die bestürzten Eltern allein zurückzulassen.

»Er ging«, vermerkt der tiefbetrübte Vater nicht ohne Bitternis, »nachdem er sich hier sattgeweint hatte, wieder heim. Gott gebe ihm Freude in der andern Welt.« Und Freund Herder berichtet er über das schmerzliche Ereignis kurz und bündig: »Mein Bauernmädchen hat schon einen kleinen Bauernjungen geboren, zwei Monate zu früh. Er hat nur einmal in ihrem Arm zum Mond bitterlich aufgeweint, dann ging er wieder heim.« Rebecca ist gerade 18 Jahre alt, als sie ihre erste bittere Erfahrung von der Vergänglichkeit alles Irdischen machen muß.

Asmus omnia sua secum portans,

oder

Sämmtliche Werke

des

Wandsbecker Bothen,

I. und II. Theil.

Hamburg und Wandsbeck. 1775.

Obwohl man eigentlich nur von der Hand in den Mund lebt, hat man sich das Klagen über irdische Miseren beizeiten abgewöhnt. Claudius erweist sich als Lebenskünstler. Er tröstet sich über seine Besitzlosigkeit mit der Einsicht hinweg, Not wäre ein probates Mittel, jedes erschlaffende Ingenium wieder anzufeuern. In der Tat geht ihm die schriftstellerische Arbeit mühelos in diesen Jahren von der Hand. Natürlich unterläßt er nichts, seine Fühler in jeder Richtung auszustrecken, immer in der Hoffnung, irgendein freundlicher Zufall könnte ihm merkliche Einkommensverbesserungen bescheren. Da dieser Zufall auf sich warten läßt, kommt er selbst auf die naheliegende Idee, seine Beiträge aus dem »Wandsbecker Bothen« zu sammeln, sie in Buchform den Lesern vorzulegen und auf diese Weise noch ein wenig Kapital aus ihnen zu schlagen. Er beabsichtigt, sobald er einen Verleger dafür findet, sie unter dem pompösen Titel »Sämtliche Werke des Wandsbecker Bothen« herauszugeben.

Es lag sicher nicht an Claudius selbst, daß sein Lokalblättchen nicht recht leben oder sterben konnte. Seine Herausgeber legten ihm schließlich noch den Titel »Der deutsche, sonst Wandsbecker Bote« zu, um ihm wenigstens damit ein wenig mehr Resonanz im deutschen Sprachraum zu verschaffen. Aber über die verflixten 400 Exemplare ist man dann eben doch nicht hinausgekommen. Kein Wunder also, daß der Verleger Bode schließlich resigniert das Handtuch warf und kurzerhand den Vertrieb einstellte. Bei aller herzlichen Freundschaft, die ihn mit dem Redakteur verbindet, der sich weiß Gott alle Mühe gegeben hatte, mußte er ihn entlassen. Mit einem Wort: Claudius saß auf der Straße und mußte zusehen, daß das Leben nicht allzu erbarmungslos mit ihm verfuhr.

Immerhin hatte sich all die Mühe, die er in seine Zeitung investiert hatte, irgendwie doch ausgezahlt. Auf jeden Fall war er wenigstens in Kennerkreisen so etwas wie eine literarische Berühmtheit geworden. Man hatte nicht nur begriffen, daß er sein journalistisches Handwerk perfekt beherrschte. Ihm war auch die seltene Gabe verliehen, sich der Masse potentieller Leser verständlich zu machen. Als Lyriker aber war er bereits in die oberen Ränge der zeitgenössischen Literatur eingerückt. Es gab einige literarische Perlen aus seiner Hand, die man sich aus der deutschen Literatur nicht mehr wegdenken konnte.

Trotz aller materiellen Sorgen bestand der junge Ehemann

darauf, es weiterhin mit der brotlosen Kunst der Schriftstellerei zu versuchen und im übrigen seinem guten Stern zu vertrauen. An Gottvertrauen hatte es diesem verkrachten Theologen eigentlich nie gefehlt. Es hat ihn dann auch wirklich durch ein nicht ganz leichtes Leben getragen.

Unentwegt setzte er seine Sammlung der literarischen Miszellen, die er aus seiner Werkstatt entließ, fort. Er brachte es mit seinen »Sämtlichen Werken« noch zu sieben weiteren Folgen. Und immer konnte er mit einer stillen Gemeinde von Lesern rechnen, die ein Organ für den heimlichen geistigen Charme dieses Norddeutschen besaßen. In jedem Fall verschaffte ihm dieses Opus nicht nur wertvolle Beziehungen zu den Wortführern der damaligen Literatur, die keinen Augenblick an seiner Gleichrangigkeit zweifelten. Er gehörte mit Sicherheit zu den wenigen Männern des literarischen Lebens, bei denen es zwischen Mensch und Autor keine Diskrepanzen gab. Auf jeden Fall jedoch läßt sich von ihm sagen, daß er unter allen deutschen Autoren das wahrscheinlich harmonischste Familienleben geführt hat. Die Übereinstimmung mit seinem »Bauernmädchen« riß zeit seines Lebens nie ab.

Einen Eindruck von diesem Idyll in Wandsbeck vermittelte ein Bericht von Johann Heinrich Voß, der Claudius eines Tages von Eutin aus besuchte und von diesem Besuch folgendes zu berichten wußte: »Vorgestern war ich mit Bode und Cramer bei Claudius in Wandsbeck und blieb die Nacht daselbst. Wir gingen in dem kleinen Holze spazieren, wo es überaus angenehm ist. Die Nachtigallen sangen wunderschön. Wir lagerten uns im Grase und hörten ihnen eine halbe Stunde zu. Claudius wurde von der Nachtigall gerührt und erzählte mir seine Geschichte mit seiner Frau. Er hat ein vortreffliches Herz und verdiente, glücklicher zu sein.

Seine Frau ist wirklich sehr artig, und sie lieben sich beide aufs äußerste. Aber heiraten hätt' er noch nicht sollen. Die Zeitung trägt nicht soviel, daß eine Familie davon leben kann. Indes ist Claudius immer zufrieden und munter und seine Frau auch. Wechselweise wiegen sie ihre Tochter oder tragen sie auf dem Arm herum. Ich habe mich gewundert, wie schön der Bote Wiegenlieder singen kann.«

Am 7. Februar 1774 war die Tochter Maria Caroline Elisabeth geboren worden. Schon kurz darauf kann der Bote wiederum an Herder berichten: »Mein Bauernmädchen, das Gott gesegne, ist erträglich wohl und kriegt von vorne wieder so ein formidables Aussehen. Ich gerate daher fast auf den Gedanken, daß sie sich mit einem Manne gemein gemacht habe und daß Euer Edlen sich wieder auf einen Gevatterstand gefaßt machen können, wie ich denn nicht ermangeln werde, solange ich lebe, Ew. Edlen in Gevattersachen immer warm zu halten.«

Nicht weniger als zwölfmal im Verlauf von zweiundzwanzig Ehejahren war der »Adebär« ins Haus gekommen. Die ersten fünf Claudius-Kinder waren Mädchen. Endlich konnte man 1783 den langersehnten Stammhalter in den Armen halten. Es handelte sich bei ihm um jenen Johannes, an den der Vater später seine berühmten Sentenzen zur Lebensweisheit gerichtet hat. Rebeccas Gesundheit muß eisern gewesen sein, um all diese vielen Geburten zu überstehen.

»Du kannst nicht glauben«, schrieb Claudius im »Bothen« an einen fiktiven Adressaten, »was für ein Fest es für mich ist, wenn der Adebär ein neues Kind bringt und die Sache nun gründlich getan ist und ich's Kind im Arm habe. Kann sich keine Truthenne mehr freuen, wenn die Küchlein unter ihr aus den Eiern hüpfen. ›Da bist Du, liebes Kind‹, sag' ich dann. ›Da bist Du! Sei uns willkommen! Es steht Dir nicht an der Stirne geschrieben, was in dieser Welt über Dich verhängt ist, und ich weiß nicht, wie es Dir gehen wird, aber gottlob, daß Du da bist! Und für das übrige mag der Vater im Himmel sorgen.‹ Dann herz' ich's, beseh's von hinten und von vorn und bring's der Mutter hin, die nicht mehr denket der Angst.«

Gleichwohl: Die schiere Not brennt der jungen Familie eigentlich unablässig auf den Nägeln. Mit »Sämtlichen Werken«, auch wenn sie zuweilen eine zweite Auflage erfordern, und mit gelegentlichen Übersetzungsaufgaben kann man sich eben nur notdürftig über Wasser halten. Daher auch gehört es zu den ständigen Ritualen des jungen Ehemannes, an alle seine Bekannten und Freunde Notrufe zu versenden. Gelegentlich greifen ihm auch Herder, der bereits in Amt und Würden sitzt, und der Kanonikus Gleim unter die Arme. Erstaunlicherweise läßt sich Claudius in seiner Gottergebenheit nie aus der Fassung bringen. Er bleibt, wie er war: herzlich, liebevoll, sorglos und im übrigen immer gottergeben. Neben seiner Frau hält er offenbar ein fröhliches Herz für den wertvollsten Besitz.

Ginge es nach ihm, würde Claudius am liebsten bis ans Ende seiner Tage in Wandsbeck bleiben, so sehr ist ihm der Ort ans Herz gewachsen. Hier, in Rebeccas Geburtsort, genießt er längst Heimatrecht. Hier kann der Dichter, den man kennt und schätzt, in einer schöpferischen Zurückgezogenheit leben. Davon hatte er immer schon geträumt. Nur ein einziges Mal zwingt ihn die schiere Not, den Schauplatz seines Lebens zu ändern, als es Herder gelungen ist, Claudius in Darmstadt die Stellung eines Privatsekretärs beim Ersten Staatsminister Friedrich Karl von Moser zu verschaffen.

»Ihr seid sehr expedit, Freund Herder«, bedankt sich Claudius bei ihm. »Der Präsident Moser muß sehr gütig sein, daß er auf das Wort eines bekannten Mannes einen unbekannten so ehren will. Also geheimer Kanzleisekretär? Ich weiß nicht ganz genau, was ein geheimer Kanzleisekretär in Darmstadt zu tun hat, aber ich kann rechnen und schreiben, finde mich leicht in etwas und arbeite schnell, habe ehedem wohl Italienisch schreiben können, schreibe noch Französisch, grammatikalisch, aber nicht delikat, verstehe Griechisch, Lateinisch, Englisch, Dänisch, Holländisch, Deutsch, etwas Schwedisch und Spanisch, bin ehrlich und lasse mich nicht bestechen. Vor Frühling kann ich aber nicht nach Darmstadt gehen; mein Bauernmädchen soll im Oktober ein Kind gebären, und im Winter läßt sich mit einem schwangeren Mädchen und jungem Kinde so weit nicht reisen. Diesen Winter denke ich noch in Wandsbeck zu bleiben; wir haben nur kleine Münde und Magens, wird sich ja so viel finden, daß sie voll werden.«

Am 12. November 1775 wird die Tochter Christiane geboren. Natürlich hatte man im Hause Claudius sich wieder einmal auf einen Stammhalter gespitzt. Aber nun sind alle froh, daß alles ohne Komplikationen verlaufen ist und Claudius das Kind wie gewohnt auf den Arm nehmen kann. Im März taucht dann noch einmal ein unerwarteter Besuch in Wandsbeck auf. Klopstock hatte sich von Hamburg aufgemacht, um die ländliche Stille von Wandsbeck zu genießen. Er hatte einen jungen Poeten mitgebracht, den Münsterländer Anton Matthias Sprickmann, der später noch besondere literarische Meriten als Mentor der jungen Annette von Droste-Hülshoff erwerben soll. Sprickmann ist von Wandsbeck und der jungen Familie offenbar so beeindruckt gewesen, daß er einen längeren Bericht von der gemeinsamen Reise mit Klopstock verfertigt.

»Seine Frau – ein Engel! – empfing uns mit der offenherzigen Freundschaft, die sogleich ankettet«, heißt es da. »Ich hätte sie meine Schwester nennen mögen. Sie hat den schönsten Umriß von Gesicht, den ich je gesehen, ist gebaut wie eine Grazie, rote blühende Wangen, einen Hals, blondes Haar und – Augen! Das läßt sich nicht sagen. Kurz, ich kann nicht sagen, eine regelmäßig schönere Figur gesehen zu haben. Dazu ein offenes heiteres Wesen! Ihre Kleidung ist so voll Geschmack und Einfalt. Sie frug nicht, wer ich war, aber schien mich seit Jahren zu kennen. Sie machte uns Kaffee, und Klopstock und ich spielten indes mit den Kindern.

Wir tranken; nun kam ein Junge herein von etwa dreißig Jahren, das Haar glatt gekämmt, an der Seite lang herunterhängend, in einem alten Flausrock, eine schwarze Weste darunter. Ich sah ihn für einen reisenden Handwerker an, und es war Claudius!

Der simpelste Mann, der sich denken läßt. Man gab sich die Hand, küßte sich, und ich machte alles so mit, als wenn ich da zu Hause wäre.«

Sprickmann fällt es offensichtlich schwer, sich von dem Familienidyll, das er in Wandsbeck vorgefunden hatte, wieder zu trennen. Dabei war der Haushalt bereits aufgelöst und der meiste Hausrat verkauft. Man hatte die Absicht, sich in Darmstadt neu einzurichten. Am Abend vor der Abreise ging Sprickmann noch einmal mit den beiden Claudius durch Wandsbeck. »Da zeigten sie mir alle Örter, wo sie sich zuerst gesagt, daß sie sich liebten – da stand sie oft vorn im Dorf und sah ihm entgegen, wenn er so aus der Stadt kam – da war der Zeuge des ersten Kusses – da wurde jener Zweifel behoben und hier ein anderer – sie zeigten mir alles das und hielten sich umschlungen und weinten zusammen, und dann tröstete sie ihn doch wieder, daß auch da, wo sie jetzt sein sollten, sie noch beisammen sein würden.«

Am Nachmittag des 16. April 1776 haben Claudius und seine Familie mit gemischten Gefühlen endlich Darmstadt erreicht. Damit beginnt ein einjähriges Intermezzo in der Biographie des Dichters, das sich seltsam aus dem sonst so geruhsamen Ablauf seines äußeren Lebens heraushebt. Ein Jahr lang bewegen sich diese Holsteiner in einer Welt, die ihnen völlig fremd ist. Sie haben keine Freunde in Darmstadt. Nur der Kriegsrat Johann Heinrich Merck, Goethes Jugendfreund, nimmt sich rührend der Verlorenen an und bewährt sich als Retter in der Not.

»Wir haben Claudius hier«, schreibt er nur wenige Tage nach der Ankunft der Fremdlinge aus dem hohen Norden an Wieland. »Ein trefflicher, sehr selbständiger Mensch, so ungefähr wie Klopstock im Äußeren, nur mehr poetische Laune und Leichtigkeit. Er ist derb, kalt und schlägt allen Leuten in die Augen, das freut mich nun von ganzem Herzen; denn ich gehe unter des Menschen Anomalie mit der meinigen wie unter einer herrlichen Dachtraufe.«

Über Rebecca äußert sich Merck dann weiter so: »Ein schönes, schönes Weibchen hat er, existiert ganz in seinen Kindern. Wenn die Visiten kommen, setzt er die Kinder aufs Häfchen – weiß übrigens nicht, was Geld und Gut ist, und ist überhaupt sehr brav – nichts von der weisen, garstigen Almanachie und dem Totengewimmer, sondern ist sehr lustig, geht ohne Stock und Degen und Puder mit dem bloßen Cadogan zum Präsidenten, und der kann's doch nicht übelnehmen, spielt ein herrliches Klavier.«

Claudius erwies sich in seiner neuen Position keineswegs als ein Meister der Anpassung. Es begann damit, daß er sich rücksichtslos über alle höfische Etikette hinwegsetzte. Damit aber war sein Scheitern in dieser neuen Umwelt bereits vorprogrammiert. Zwar brauchte er nun zum ersten Mal in seinem Leben nicht jeden Groschen in seinen Fingern umzudrehen, ehe er ihn ausgab. Auch die neue Wohnung ist, verglichen mit seinen Wandsbecker Verhältnissen, geradezu luxuriös.

»Wir wohnen in dem ersten Haus am Tor und sehen alles ein- und ausgehen und hören alle vier bis fünf Stunden die Trommel, die hier gar meisterlich geschlagen wird«, schreibt Claudius an Voß in Eutin. »Wir haben einen großen Saal für Fremde, eine gute Stube für uns und eine andere, wo der Nachttopf steht, und noch eine für Stina und eine Küche, darin viel gebraten werden kann und wenig gebraten wird, und einen Keller, wo kein Wein drin ist, und einen Holzstall und keinen Garten, und so hol' der Henker den großen Saal und die Stube und Keller und Waschhaus. Lieber Voß, als wir noch in Wandsbeck waren, das war eine Zeit!«

Claudius versuchte trotzdem, seinen Landsmann Voß nach Darmstadt nachzuziehen, um wenigstens einen Freund, mit dem er sich austauschen könnte, in der Nähe zu haben. Aber er machte im übrigen kein Hehl daraus, daß es ihn unwiderstehlich in seine holsteinische Heimat zurückdrängte. Hier in dieser fremden Erde konnte er keine Wurzeln schlagen.

Auch in seinem Amt verlief nicht alles zum Besten. Er hatte sich von seiner geistlosen Kommissionstätigkeit entbinden lassen, zu der er weiß Gott nicht geschaffen war. Man war ihm weit entgegengekommen und hatte ihm die Herausgabe einer Zeitung mit betont volkspädagogischen Tendenzen übertragen. Aber selbst bei dieser Tätigkeit bewegte er sich keineswegs im abgesteckten Rahmen des Konventionellen. Die soziale Kritik, die in diesem Nachrichtenblatt zu üben er sich nicht verkneifen konnte, war in ihrer Unverblühmtheit so ganz und gar nicht nach Mosers Geschmack. Kam noch hinzu, daß er im März 1777 an einer Rippenfellentzündung erkrankte, die ihn bis an den Rand des Todes brachte. Das war für ihn dann das letzte und entscheidende Signal, so schnell wie möglich das etwas tollkühne Darmstädter Unternehmen hinter sich zu bringen und wieder heimatliche Gefilde anzusteuern.

Darmstadt, wollte ihm scheinen, hatte ihm wenig Glück gebracht. Zwar hatte man einige Monate die Wonnen des Reichtums auskosten können. Aber nun wußte man, wenn es nicht schon längst vorher festgestanden hätte, daß Reichtum nicht glücklich macht. Die innere Entwurzelung und das dauernde Heimweh hatte merklich an den Kräften gezehrt. Auch Rebecca und die Kinder kränkelten, ohne daß man einen zureichenden Grund dafür gefunden hatte. Und dann: Ohne einen Garten kann man einfach nicht leben. Vor allem aber fehlen die Menschen, an deren menschlicher Wärme man aufleben kann. Das eher südliche Naturell der Hessen bleibt den Holsteinern fremd und unergründlich. Und schließlich empfinden Claudius und seine Rebecca den gesellschaftlichen Zwang, dem sie sich zu unterwerfen haben, auf die Dauer wie eine Art von Freiheitsberaubung.

»So sehr am rechten Ort als in Wandsbeck bin ich hier nicht«, packt Claudius Voß gegenüber sein bedrängtes Herz aus. »So gute Luft für meine Brust und so gute Freunde für mein Herz habe ich hier auch nicht. Sonst kann ich nicht klagen, aber ich ginge lieber zurück, und meine Rebecca träumt auch immer von Wandsbeck und Reinfeld und Lübeck und Lütjenburg und Hamburg.«

Am 21. April 1777 ist es dann wirklich soweit, daß die Claudius ihr hessisches Zwischenspiel beenden können. Sie machen sich auf die lange Reise nach Norden, und am 4. Mai um fünf Uhr nachmittags bekommen sie endlich wieder den hohen Wandsbecker Kirchturm zu Gesicht und fallen sich jubelnd in die Arme. Nun sind sie sicher, daß sie ohne Not Wandsbeck zeit ihres Lebens nicht wieder verlassen werden.

Man bezieht wieder das gleiche bescheidene Haus und richtet den verwilderten Garten liebevoll her. Am 6. Juni bringt Rebecca dann wieder ein Kind zur Welt, doch wieder keinen

Jungen, sondern die dritte Tochter Anna Friederike Petrine. »Man muß vorlieb nehmen«, tröstet sich der glückliche Vater und fügt stolz hinzu: »Sonst ist's aber eine herrliche Art Mädchen, die meine Frau gebiert.«

Und wieder macht sich Claudius mit Eifer an die gewohnte Arbeit. Eben bosselt er am dritten Band seiner »Sämtlichen Werke«, dessen Erscheinen für Ostern 1778 angekündigt wird. Daß die literarische Ausbeute seiner Darmstädter Zeit nicht gerade opulent ausgefallen ist, ist für Claudius natürlich bedauerlich. Um so mehr Grund zur Freude hat er aber dann, als er erfährt, daß von seiner Neuerscheinung in kurzer Zeit 1500 Exemplare abgesetzt worden sind. Der schlichte Mann aus Wandsbeck ist aus dem literarischen Leben in Deutschland einfach nicht mehr fortzudenken.

Daheim nimmt man die alten Verbindungen wieder auf. Man trifft sich in der Wandsbecker Gaststätte, die von Rebeccas Mutter und deren Töchtern geführt wird. Nach wie vor geht es in der Wandsbecker Gesellschaft so einfach wie nur möglich zu. Kaffee und Tee sind grundsätzlich verpönt. Man beschränkt sich auf Kaltenhöfer Bier und Mineralwasser.

Im Hause Claudius wird im übrigen ausgiebig Musik getrieben. Hier findet sich hin und wieder sogar ein kleines Orchester zusammen, in dem Rebecca das Cello spielt. Vor allem haben sich die Kontakte zu Voß intensiviert. Man besucht sich hin und wieder, und als Ernestine Voß einen Jungen zur Welt bringt, rafft sich Rebecca zu einem Glückwunschschreiben auf, in dem es heißt: »Daß Sie lauter Buben kriegen und ich Mädchen, das ist auch nur halb recht. Ich habe meinen Teil zu schaffen unter meinen vier Mädchen. Sie singen und springen und schreien um mich herum, daß mir alles rund im Kopf geht. Caroline bedauerte heute noch, daß Voß nicht mehr hier wohnte, da könnte sie noch manchmal hingehen und essen und trinken. Christiane sieht immer noch aus als eine kleine Klosternonne, ist aber doch recht lose dabei. Anna ist eine gewaltige Dirne und macht uns viel Freude. Gustgen ist recht ruhig und fromm und wird gottlob gut gedeihen, und Claudius und ich auch.«

Als Familienvater kann Claudius seine gesellschaftlichen Talente voll entfalten. Er versteht sich auf die Kunst, Feste zu feiern, und er feiert sie, wie sie gerade fallen. Selbst in festlosen Zeiten erfindet er neue, etwa den »Herbstling« oder den »Eiszäpfel«. Daniel Chodowiecki, der große Berliner Kupferstecher, hat das »Bratäpfelfest« der Familie Claudius festgehalten und dabei auch nicht die Freudensprünge des Hausherrn vergessen. Man lebt, alles in allem, ein echtes Stück deutscher Familienidyllik vor.

Ohne seinen festen christlichen Glauben ist diese Harmonie im Hause Claudius nicht zu verstehen. Die Ehe mit Rebecca war für ihn von allem Anfang an die Erfüllung aller Glücksmöglichkeiten, die diese Erde überhaupt zu bieten hat. Beide waren von einem Fortleben nach dem Tode, und selbstredend auch von einem Wiedersehen jenseits des Grabes, fest überzeugt.

Als den beiden am 2. Juli 1796 die 21jährige Tochter Christiane stirbt, überläßt man sich nicht dumpf der Trauer. Damals schreibt Claudius eines der ergreifendsten Trauergedichte unserer deutschen Lyrik überhaupt.

Christiane

Es stand ein Stern am Himmel,
  Ein Sternlein guter Art;
Das tät so lieblich scheinen,
  So lieblich und so zart.

Ich wußte seine Stelle,
  Am Himmel, wo es stand;
Trat abends vor die Schwelle
  Und suchte, bis ich's fand.

Und blieb dann lange stehen.
  Hatt' große Freud in mir,
Das Sternlein anzusehen,
  Und dankte Gott dafür.

Das Sternlein ist verschwunden;
  Ich suche hin und her,
Wo ich es einst gefunden,
  Und find es nun nicht mehr.

Ein Gedicht wie dieses haben Achim von Arnim und Clemens Brentano mit gutem Recht in ihre Volksliedersammlung »Des Knaben Wunderhorn« unter dem Titel »Der verlorene Stern« mit aufgenommen. Es erfüllt in der Tat alle Voraussetzungen eines echten Volksliedes. Mit nie nachlassender Zärtlichkeit hat sich Claudius seiner Rebecca über 43 Ehejahre hin verbunden gefühlt. Das »Bauernmädchen« hatte keine Mühe, mit den prominenten Freunden ihres Mannes umzugehen. Viele von ihnen haben sie geschätzt und verehrt.

Zur Silbernen Hochzeit stattet Claudius seiner Rebecca, der Mutter seiner Kinder und der Gefährtin seines Lebens, seinen Dank ab, indem er ihr die folgenden Verse liebevoll ans Herz legte:

»Ich habe Dich geliebt und will Dich lieben,
  Solang Du goldner Engel bist;
In diesem wüsten Lande hier, und drüben
  Im Lande, wo es besser ist.

Ich danke Dir mein Wohl, mein Glück in diesem Leben.
  Ich war wohl klug, daß ich Dich fand;
Doch ich fand nicht. Gott hat Dich mir gegeben;
  So segnet keine andre Hand.

Sein Tun ist je und je großmütig und verborgen;
  Und darum hoff' ich, fromm und blind,
Er werde auch für unsere Kinder sorgen,
  Die unser Schatz und Reichtum sind.

Und hat gewogt die Freude, wie es wogt und flutet
  Im Meer, so weit und breit und hoch! –

Doch manchmal auch hat uns das Herz geblutet,
  Geblutet, ach, und blutet noch.

Heut aber schlag ich aus dem Sinn mir alles Trübe,
  Vergesse allen meinen Schmerz;
Und drücke fröhlich Euch mit voller Liebe
  Vor Gottes Antlitz an mein Herz.«

Dann wieder beschäftigt ihn auch der Gedanke, warum in aller Welt er nicht schon um Rebecca, die der Himmel doch für ihn bestimmt hatte, geworben hat, als sie noch in der Wiege lag.

»Wo war ich doch vor dreißig Jahr,
Als Deine Mutter Dich gebar?
  Wär ich doch dagewesen! –
Gelauert hätt ich vor der Tür
Auf Dein Geschrei, und für und für
  Gebetet und gelesen.

Und kam's Geschrei – nun marsch hinein
»Du kleines, liebes Mägdelein,
  Mein Reisgefährt, willkommen!«
Und hätte Dich dann weich und warm
Zum ersten Mal in meinem Arm
  Mit Leib und Seel genommen.«

Mit den Jahren verließen die Töchter das Wandsbecker Haus. Caroline hat später den bekannten Verleger Friedrich Christoph Perthes in Hamburg geheiratet, Anna den Arzt Max Jacobi, den Sohn des namhaften Schriftstellers Friedrich Heinrich Jacobi, und Rebecca den Wandsbecker Pfarrer Schröder. Anna, des Vaters Liebling, zog mit ihrem Mann nach München.

Die beiden Alten bleiben in ihrer Wandsbecker Behausung zurück. Sie leben dort wie eh und je in stiller Eintracht und Zurückgezogenheit. Am 35. Hochzeitstag legt Claudius seiner

*11 Grabstätte von Matthias und Rebecca Claudius in Wandsbeck*

Frau das folgende Bekenntnis ab: »Ich danke Dir noch heute diesen Tag für das, was Du mir am Abend vor 35 Jahren sagtest, und schicke Dir dafür ein Myrthen-Kränzchen, das die Myrthe diesen zarten Angelegenheiten geheiligt ist. Die Alten bedienten sich derselben, um Freude und Leid auszudrücken, und so soll obhandenes Kränzlein auf was Dir seit jenem Abend Angenehmes widerfahren ist, jubilieren, was Dir Unangenehmes geschehen, klagen.«

Als dann 1803 der siebente Band der »Sämtlichen Werke« erscheint, liegt bereits so etwas wie eine Abschiedsstimmung über dem Buch. »Und somit will ich Feierabend machen und von meinen Lesern Abschied nehmen und zu guter Letzt noch einmal Hand geben«, heißt es da. »Ich habe als einfältiger Bote nichts Großes bringen wollen, sondern nur etwas Kleines. Das aber habe ich nach meinem besten Gewissen gebracht, und ich sage in allen Treuen, daß ich nichts Besseres bringen konnte.«

So lebt er Jahr für Jahr mit seiner Rebecca ungestört sein Leben. Erst als die Franzosen ins Land kommen, begibt man sich vor ihnen auf die Flucht, zuerst nach Kiel, später nach Lübeck. Angesichts der Strapazen lassen die Kräfte des Dichters merklich nach. Er hat nun das siebzigste Jahr überschritten. Die Heimatlosigkeit hat auch seinen dichterischen Elan gelähmt.

»Ja, wir haben ein hartes Jahr verlebt«, berichtet Rebecca Ernestine Voß nach der Heimkehr. »Doch ich will nicht klagen. Der liebe Gott hat geholfen. Ich habe meinen lieben Matthias wieder lebendig hier, welches ich in Lübeck nicht hoffen konnte.«

So recht hat sich Claudius von diesen Anstrengungen allerdings nicht mehr erholt. Der alte Bote ist lebenssatt geworden. Man schafft ihn schließlich nach Hamburg zu Perthes, wo er in besserer ärztlicher Fürsorge ist. Aber er kommt nur, um in der Hansestadt zu sterben. Und wirklich: Eigentlich wartet er nun nur noch auf Freund Hain, dem er schon vor so vielen Jahren seine gesammelten Schriften gewidmet hatte. Er fürchtet ihn längst nicht mehr. Er weiß sich stets in Gottes Hand gut aufgehoben.

»Mein ganzes Leben hindurch habe ich an diesen Stunden studiert«, bekennt er dem Schwiegersohn. »Nun sind sie da, aber noch begreife ich so wenig als in den gesündesten Tagen, auf welchem Wege es zu Ende gehen wird.«

Am 15. Januar 1815 schlägt auch ihm die Stunde. Zehn Tage später wird Matthias Claudius an der Seite seiner Tochter Christiane in Wandsbeck beigesetzt. Rebecca wird ihn um siebzehn Jahre überleben. Sie stirbt am 26. Juli 1832 in ihrem Wandsbecker Haus.

# *Johann Wolfgang von Goethe und Christiane Vulpius*

Der Goethe, der nach seiner italienischen Reise wieder seine heimatlichen Gefilde ansteuerte, war ein ganz anderer als jener, der zwei Jahre zuvor die Flucht vor sich selbst angetreten hatte. Er war reifer geworden und sinnenfroher, wie sich bald herausstellte. Die südliche Sonne hatte Eigenschaften in ihm entwickelt, die ihn immer mehr von der konventionellen Weimarer Gesellschaft entfernten. Es gelang ihm unter diesen Umständen nicht, die Fäden dort wieder anzuknüpfen, wo er sie im Zuge der Ereignisse hatte fallen lassen.

Nun geht er gegenüber seinen einstigen Freunden merklich auf Distanz. Man hat sich nur noch wenig zu sagen. Mit Ausnahme des Herzogs ist man sich fremd geworden. Immer mehr vermißt der Romreisende jene Wärme, ohne die er kaum noch leben und atmen kann. Auch sein Verhältnis zu Charlotte von Stein hatte sich erheblich abgekühlt. Sie findet keinen neuen Zugang zu ihm. Das Leben, das sie gemeinsam gelebt hatten, ist unwiderruflich zu Ende gegangen.

»Aus Italien, dem formreichen, war ich in das gestaltlose Deutschland zurückgewiesen, heiteren Himmel mit einem düsteren zu vertauschen«, klagt Goethe. »Die Freunde, statt mich zu trösten und wieder an sich zu ziehen, brachten mich zur Verzweiflung. Mein Entzücken über entfernte, kaum bekannte Gegenstände, meine Leiden, meine Klagen über das Verlorene schien sie zu beleidigen. Ich vermißte jede Teilnahme. Niemand verstand meine Sprache.«

Mit den gepflegten Teestunden im Hause der Frau von Stein war es nun endgültig vorbei. Was er suchte und brauchte, war Wärme. Er glaubte unter den Menschen seiner alten Umgebung geradezu zu erfrieren. Allerdings war seine zwanghafte

Zuneigung zu Charlotte vom Stein schon vor seiner Flucht in den Süden erloschen. Er fühlte sich in ihrer Treibhausatmosphäre eher bedrückt als erlöst. Damit war der Bruch nicht mehr aufzuhalten gewesen. Schon im August 1784 hatte er ihr offen bekannt: »Meine Liebe für Dich ist keine Leidenschaft mehr, sie ist eine Krankheit.«

Mit einigem Unbehagen hatte Goethe schon von Italien aus über sein künftiges Leben meditiert. Nur soviel schien ihm sicher: In seine alten Ämter wird er nun nicht wieder einrücken. Was ihm vorschwebt, ist vielmehr die Erfüllung des Wunsches, sich nunmehr als »Universalmensch« produktiv zu betätigen. Als Dichter, Schriftsteller und nicht zuletzt als Naturforscher will er sich bewähren. Er will dem Poeten in sich einen größeren Spielraum lassen. Denn soviel steht für ihn fest: Nach dem Reifungsprozeß im Süden wird er zu den eigentlichen und entscheidenden Taten seines Geistes ausholen. Noch hat er schließlich den Zenit seines Lebens nicht überschritten.

»Nehmen Sie mich als Gast auf«, ergeht daher seine Bitte aus Rom an den Herzog, »lassen Sie mich an Ihrer Seite das ganze Maß meiner Existenz ausfüllen und des Lebens genießen, so wird meine Kraft wie eine nun geöffnete, gesammelte, gereinigte Quelle von einer Höhe nach Ihrem Willen leicht dahin und dorthin zu leiten sein.«

Es sind demnach keineswegs geringe Erwartungen, die Goethe an sein künftiges Leben knüpft. Der Herzog zeigt sich großzügig: er befreit ihn von seinen Amtspflichten und gewährt ihm trotzdem sein Gehalt. Gleichwohl weiß man in Weimar, was man ohnehin an diesem Goethe hat, den man so lange entbehren mußte.

Obwohl er viele neue Erfahrungen einsammeln konnte und den alten Freunden viel von der Welt da draußen zu erzählen hätte, stellt sich nun heraus, daß kaum einer ein offenes Ohr für ihn hat. Offenbar ist die Zeit inzwischen rüstig vorangeschritten und hat andere Probleme nach oben geschwemmt, die bewältigt sein wollen. Von einer geistigen Lebensgemeinschaft, wie sie ihn mit seinen römischen Freunden verbunden hatte, kann

*12 Johann Wolfgang von Goethe (1749–1832)*

hier in Weimar überhaupt nicht die Rede sein. Karoline Herder brachte es dann auch auf ihre mokante Weise auf den Punkt, indem sie schrieb: »Er will durchaus nicht mehr für seine

*13 Goethes Gartenhaus im Park von Weimar*

Freunde da sein ... Für Weimar taugt er nicht mehr.« So allerdings konnte man es auch sehen.

Irgendwie fühlte sich Goethe in der Abgeschlossenheit seines weltentlegenen Gartenhauses so ganz am Ziel seiner Wünsche. Mit seinen vierzig Jahren befand er sich in einem Alter, wo er mit dem Behagen eines berühmten Dichters, auf dessen Stimme zu hören die Welt sich gewöhnt hatte, sich seinen ureigenen Interessen widmen, also im besten Sinne privatisieren konnte. Nun kann er seine Sammlungen ordnen und ergänzen, sich mit Helfern und Sekretären umgeben, die ihm bei seinen Arbeiten zur Hand gehen können.

Es zeigt sich nun, daß er in einer anderen Welt eine festere, selbstsichere Statur gewonnen hatte. Es fällt den alten Freunden sichtlich schwer, sich auf diesen neuen Goethe einzustellen. Selbst Charlotte von Stein tut sich schwer, den alten Freund wieder in ihm zu erkennen. Der alte vertrauliche Ton will sich nicht mehr einstellen. An einem platonischen Gedankenaustausch mit den Damen der Gesellschaft ist Goethe in dieser Phase seiner Entwicklung überhaupt nichts gelegen. Die

Dame, die Frau von Welt, entspricht nun längst nicht mehr seinem Frauenideal. Als er am 3. September 1786 nachts um drei Uhr heimlich in Weimar die Postkutsche bestieg, einem noch unbekannten Ziel entgegenfiebernd, wußte er noch nicht, welche Neugeburt sich an ihm vollziehen sollte.

Charlotte, sich bereits den Fünfzigern nähernd und leicht kränkelnd, begreift, daß sie den Freund nicht länger an sich fesseln kann, der so lange Jahre der eigentliche Inhalt ihres Lebens war. Goethe hatte ihr ohne alle Umschweife versichert, sie werde es nun schwerhaben mit seinem »so zerstreuten, ich will nicht sagen, zerrissenem Wesen«. Die Entfremdung, die sie befürchtet hatte, ist eingetreten. »Er ist mir nun wie ein schöner Stern, der mir vom Himmel gefallen ist«, schreibt sie damals an Charlotte von Lengefeld, Schillers Verlobte.

Und wieder einmal ist es das Schicksal, das führend in Goethes Leben eingreift. Es schickt ihm eine junge, erblühende Frau über den Weg, deren Existenz er nicht nur so beiläufig zur Kenntnis nimmt. Kommt hinzu, daß sie in vielem den Vorstellungen entspricht, die er sich seit seinen mit der Römerin Faustina verbrachten Tagen und Nächten von einer künftigen Geliebten gemacht hat. Hier war jemand in sein Leben getreten, der in allem und jedem dazu geschaffen schien, seine Einsamkeit mit ihm zu teilen.

Nur wenige Tage nach seiner Heimkehr aus Italien tritt im Park an der Ilm eine junge Frau an ihn heran. Sie naht sich ihm als Bittstellerin. Ihr Bruder, stellt sich heraus, steht bei einem Nürnberger Baron als Sekretär in Diensten, wird aber so gering entlohnt, daß er die verarmte Familie in Weimar nicht mehr unterstützen kann. Nun bittet sie ihn, er möchte seinen nicht geringen Einfluß dafür einsetzen, um diesen sicherlich begabten Bruder in einer lukrativen Stellung unterzubringen.

Bei diesem jungen Mann handelt es sich um Christian August Vulpius, der sich bereits erste schriftstellerische Meriten erworben hat und der einmal als Autor vielgelesener Ritter-

*14 Christiane von Goethe geb. Vulpius. Kreidezeichnung von Goethe 1788*

und Räuberromane Furore machen wird. Jedenfalls wird er als Bestsellerautor der Räuberpistole »Rinaldo Rinaldini« Goethe glatt in den Schatten stellen.

Seine Schwester Christiane, eben 23 Jahre alt, muß den einflußreichen Staatsminister sogleich fasziniert haben. Er ist vom Eindruck dieser kleinen und zierlichen Person mit den großen dunklen Augen und den schönen braunen Locken über der niedrigen Stirn geradezu verzaubert. Ihre Frische und unbefangene Naivität beeindrucken ihn tief. Es spricht für sie, daß sie sich tatkräftig für den Unterhalt der Familie einsetzt. Sie gehört zu den jungen Weimaranerinnen, die sich in Bertuchs Blumenfabrik einiges hinzuverdienen. Der ehemalige Schatullensekretär des Herzogs, Friedrich Justin Bertuch, hat nämlich einiges unternehmerische Geschick bewiesen und betreibt in der Mansarde seines Hauses die Herstellung von künstlichen Blumen aus Taft- und Seidenabfällen.

Goethe läßt die junge Vulpius, deren Vater früh verstorben ist, nicht mehr aus den Augen. Er fördert ihren Bruder, der schließlich zum Bibliothekar an der Weimarer Bibliothek avanciert. Es stört ihn nicht, daß er sich aufs Schreiben von Trivialliteratur verlegt hat.

»Wir erschrecken über unsere eigenen Sünden, wenn wir sie an anderen erblicken«, bemerkt er allerdings sarkastisch in Hinblick auf den Bruder seiner Geliebten seinem Düsseldorfer Freund Jacobi gegenüber. Das Bertuchsche »Blumenmädchen« aber wird nun seine Geliebte. Er empfindet sie im kühlen Norden, der ihn wieder umfängt, als ein kleines »Naturwunder« das ihm hilft, seine Schwere zu überwinden und seine dichterische Produktivität wieder zu beleben.

Was sich im verborgenen Gartenhaus an der Ilm nun abspielt, entzieht sich dem Einblick der Umwelt. Aber auf die Dauer läßt sich nicht verheimlichen, wer nun die Geliebte des Staatsministers ist und die Stelle der Frau von Stein eingenommen hat. Goethe lebt mit Christiane nicht anders als mit der legendären Römerin Faustina, mit der er auch Tisch und Lager geteilt hat. Verständlich, daß die Weimarer Gerüchteküche in wilden Aufruhr gerät.

Christiane Vulpius stammt keineswegs, wie Frau vom Stein es wissen will, aus einer »Pöbelfamilie«. Unter ihren Vorfahren befanden sich durchaus Geistliche, Kantoren und Advokaten. Ihr Vater allerdings schien etwas schief ins Leben gebaut gewesen zu sein. Er hat sich schließlich nach einem glanzlosen Leben zu Tode getrunken.

Für Goethe zählt das Gerede der Weimarer Klatschmäuler überhaupt nicht. Er braucht diese junge Frau, die seine neu erwachte Sinnlichkeit wie keine sonst befriedigt. Die Liebe zu ihr beflügelt ihn, letzte Hand an seine »Römischen Elegien« und an die »Venezianischen Epigramme« zu legen. In den »Elegien« finden sich dann auch Verse, die das ungetrübte Glück widerspiegeln, das Christiane ihm geschenkt hat:

»Einst erschien sie auch mir,
ein bräunlich Mädchen, die Haare
Fielen ihr dunkel und reich
über die Stirne herab,
Kurze Locken ringelten sich
ums zierliche Hälschen.
Ungeflochtenes Haar krauste
vom Scheitel sich auf,
Und ich verkannte sie nicht,
ergriff die Eilende; lieblich
gab sie Umarmung und Kuß
bald mir gelehrig zurück.«

In die Tage der ersten Begegnung fallen dann auch volksliedhafte Verse, wie die von jenem Blümlein, das er im Schatten des Waldes erblickt und das nicht zum Welken gebrochen sein wollte.

»Ich grub es mit allen
den Würzlein aus,
zum Garten trug ich's
am hübschen Haus.
Und pflanzt es wieder
am stillen Ort.

Nun zweigt es immer
und blüht so fort.«

Im Dezember 1789 bringt Christiane einen Sohn zur Welt, jenen unglückseligen August, der Goethes einziges Kind bleiben wird. Vier andere Kinder, die Christiane austrägt, sterben schon bald nach der Geburt. Natürlich belastet das ewige Sterben auch Goethes Gemüt. Aber die natürliche Herzlichkeit, die beide verbindet, bricht immer wieder spontan durch. Goethe schreibt damals seine unbeschwertesten Verse. Die natürliche Munterkeit seines »Bettschatzes«, wie Goethes Mutter Christiane in ihrem unverblümten Stil ohne jeden abschätzigen Hintergedanken zu bezeichnen pflegt, inspiriert ihn immer wieder. Außerdem verschafft sie ihm jene freundlich erwärmte Häuslichkeit, die er sich so lange schon ersehnt hat und die er braucht, um dann und wann daraus auszubrechen, wenn ihn das Fernweh wieder einmal packt.

Natürlich flaut diese schöne Gewohnheit mit den Jahren ab. Aber immerhin fühlen sie sich fast dreißig Jahre ihres Lebens eng verbunden. Kaum einer hat damals nachempfinden können, was ihm das Zusammenleben mit einem unverbildeten Menschen bedeutete. Beide fühlten sich unlösbar, wie vom Schicksal zusammengeschmiedet, verbunden. Goethe rätselt selbst an dieser Verbindung herum und gelangt zu dem Schluß: »Es ist eine eigene Betrachtung wert, daß die Gewohnheit sich vollkommen an die Stelle der Liebesleidenschaft setzen kann; sie fordert sowohl eine anmutige als bequeme Gegenwart; alsdann aber ist sie unüberwindlich. Es gehört viel dazu, ein gewohntes Verhältnis aufzugeben, es besteht gegen alles Widerwärtige.«

Während Goethe das Glück der Nähe auskostet und sein Mädchen im Gartenhaus aus- und eingeht, während sie ihn durch ihre Gegenwart bei Tag erfreut und bei Nacht beglückt, entrüstet sich Weimar über die Eskapaden des großen Dichters, der sich sozial offenbar tief unter sein Niveau begeben hatte. Vielleicht hat die Residenz in ihm immer so etwas wie einen Halbgott gesehen. Nun ist er durch seinen Umgang mit der »Vulpiussen« hart auf die Erde zurückgefallen.

Charlotte von Stein erfährt durch ihren Sohn Fritz, dessen Erziehung Goethe übernommen hat, zuerst von dem fragwürdigen Gast in Goethes Gartenhaus. Sie sorgt dafür, daß sich diese Nachricht in Weimar herumspricht. An Goethe scheint das alles nicht mehr heranzureichen. »Welch ein Verhältnis ist es?« fragt er sich. »Wer wird dadurch verkürzt? Wer macht Anspruch auf die Empfindungen, die ich dem armen Geschöpf gönne? Wer an die Stunden, die ich mit ihr verbringe?«

Noch versucht er wenigstens die Freundschaft mit Charlotte zu retten und beschwört sie: »Sieh die Sache aus einem natürlichen Gesichtspunkte an, erlaube mir, Dir ein gelassenes wahres Wort darüber zu sagen, und ich kann hoffen, es soll sich alles zwischen uns rein und gut herstellen.«

Trotz des tausendzüngigen Weimarer Stadtklatsches geht Goethe seinen Weg mit erstaunlicher Folgerichtigkeit, auch wenn er immer wieder zu hören bekommt, er hätte sich von der Höhe einer eher spirituellen Liebe nur der reinen Sinnlichkeit ergeben und seiner animalischen Natur zuviel Spielraum gegönnt. Seitdem Goethe mit einer »gewöhnlichen Person« liiert ist, bringt man ihm nicht mehr die abgöttische Bewunderung entgegen, die er von den Weimarern gewöhnt war.

Selbst Schiller äußert sich im November 1790 seinem Leipziger Freund Körner gegenüber folgendermaßen über Goethe und dessen Geliebte: »Sein Mädchen ist eine Mamsell Vulpius, die ein Kind von ihm hat und die in seinem Hause fast so gut wie etabliert ist. Es ist sehr wahrscheinlich, daß er sie in wenigen Jahren heiratet. Sein Kind soll er sehr lieb haben, und er wird sich bereden, daß, wenn er das Mädchen heiratet, es dem Kinde zu Liebe geschähe.«

Indessen hat Goethe seine helle Freude an den hausfraulichen Tugenden seiner Christiane. Er hat ihr das gesamte Hauswesen am Frauenplan anvertraut und weiß, daß er sich voll und ganz auf sie verlassen kann. Er läßt es ihr gegenüber auch nicht an Lob fehlen: »Im Hause geht alles ordentlich und zu meiner

Zufriedenheit. Dein Geistchen scheint darin umzugehen und alles anzuordnen.«

Später hilft ihm Christiane sogar beim Ordnen seiner botanischen und geologischen Sammlungen. Dabei kann er sich stets auf ihr gesundes Urteil verlassen. Als seine Mutter gestorben ist, weiß er niemanden, der besser dafür geeignet ist, die Erbschaftsregelungen in Frankfurt zu übernehmen. Schließlich überträgt Goethe seiner Christiane sogar die Bewirtschaftung des 1798 erworbenen Kleingutes Ober-Roßla an der Ilm.

Dieser Arbeitseinsatz läßt in jedem Fall auf eine überdurchschnittliche Intelligenz schließen. Immer wieder muß ihre Frische, aber auch ihr Humor befreiend auf den Melancholiker Goethe gewirkt haben. In vielem berührt sie sich in dieser Hinsicht mit Goethes Mutter, die auch eine »Natur« war und deren Originalität viele geradezu entwaffnete. »Mit Deiner Arbeit ist es schön«, hält Christiane Goethe einmal vor. »Was Du einmal gemacht hast, bleibt ewig. Aber mit uns armen Schindludern ist es ganz anders. Ich hatte den Haushalt sehr in Ordnung und alles gepflanzt. In einer Nacht haben mir die Schnecken beinahe alles aufgefressen. Meine schönen Gurken sind fast alle weg. Doch was hilft es? Ich will es wieder machen; man hat ja nichts ohne Mühe. Es soll mir meinen guten Humor nicht verderben.«

Ihren gesunden Menschenverstand haben Christiane selbst die nicht absprechen können, die ihr nicht besonders wohlwollten. Wenigstens in dieser Hinsicht war sie allen Frauen, denen Goethe im Laufe seines Lebens begegnete, weit überlegen. Knebels Frau zeigte sich von Christianes hellem Verstand merklich beeindruckt und schrieb: »Sie war keine sehr ausgebildete Frau, aber sie hatte sehr vielen natürlichen Verstand. Goethe hat uns oft gesagt, daß, wenn er mit einer Sache in seinem Geiste beschäftigt wäre und die Ideen zu stark ihn drängten, er dann manchmal zu weit käme und sich selbst nicht mehr zurechtfinden könne; wie er dann zu ihr ginge, ihr einfach die Sache vorlege und oft erstaunen müßte, wie sie mit ihrem einfachen und natürlichen Scharfblick immer gleich das Richtige herauszufinden wisse.«

*15 Christiane und ihr Sohn August*

Goethes Mutter war, als sich ihr Sohn endlich dazu herabließ, ihr fünf Jahre nach der Geburt seines Sohnes seine Liaison zu beichten, voller Verständnis für diese Eskapade ihres »Hätschelhansen«, wie sie ihn zu nennen pflegte. Sie fand ihn bei Christiane gut aufgehoben und versorgt. Sie gönnte ihm durchaus diesen »Bettschatz«, den sie angesichtes seiner zeitweiligen depressiven Stimmungen geradezu für notwendig hielt. Als man ihr später hinterbrachte, die »Vulpia« wäre von einer wahren Tanzleidenschaft ergriffen, ermunterte sie diese eher noch, auf dieses Vergnügen auf keinen Fall zu verzichten. »Tanzen Sie immer, liebes Weibchen«, redete sie ihr gut zu. »Fröhliche Menschen, die mag ich gern.«

Daß die Weimarer Gesellschaft in diesem Punkt extrem anderer Meinung war, kümmerte Goethe immer weniger. Er hatte sich ohnehin von ihr distanziert und führte in Weimar ein eher zurückgezogenes Leben. Es war in der Tat das Leben eines Privatiers, der seine Interessen forcierte und im übrigen nach niemandem fragte.

Er hat sich damit abgefunden, Christianes ausstrahlende Wärme und ihre eher kindliche Unbekümmertheit zu genießen. Geistige Probleme hatte er selbst genug in seinem Inneren auszutragen. Zum Ausgleich dazu benötigte er nichts dringender als die ansteckende Fröhlichkeit eines noch unverdorbenen Menschen, der noch nicht durch dauerndes Reflektieren für einen ungezwungenen Umgang verloren war. In ihrer Gegenwart kann er den Geheimrat vergessen, den er sonst gern herauskehrt, um sich unerwünschte Besucher vom Leibe zu halten. Immer mehr verabscheut er auch die üblichen Gesellschaften. Als ihn der Herzog darum bittet, seine Mutter nach Italien zu begleiten, kontert er mit dem Hinweis, seine Italienbegeisterung könnte bei einem solchen Unternehmen irreparablen Schaden nehmen. Und er fügt hinzu: »Dazu kommt meine Neigung zu dem zurückgelassenen Eroticon und dem kleinen Geschöpf in den Windeln, die ich Ihnen beide herzlich empfehle.«

Christianes Spontaneität fasziniert ihn auch noch nach Jahren. Ihre Briefe entbehren nicht einer gewissen Originalität, die er sehr wohl zu schätzen weiß. So beschreibt sie dem wieder einmal abwesenden Geheimrat ihren Hausgarten folgendermaßen: »Mein Garten steht gegenwärtig in seiner höchsten Pracht, und es macht wirklich verdrießlich, daß die üble Witterung so wenig im Freien zu sein erlaubt. Die Apfelbäume blühen in höchster Fülle, es steht Blüte an Blüte, die Rabatten vor

Deinem Fenster schmücken die schönsten gefüllten Tulipanen, deren schöne Farben die stolzen Kaiserkronen verdunkeln, und trotz der geringen Wärme und der kühlen Nächte reift doch alles der Vollkommenheit entgegen. Möge Dich die schöne Blüte in Jena für diese Entbehrung reichlich entschädigen.«

Eine solche Direktheit der Aussage verbindet Christiane mit Goethes Mutter, die sie dann auch sogleich bei ihrem Besuch fest in ihr weites Herz schließt. Beide fühlen, daß sie das Herz auf dem rechten Fleck haben und daß ihre Urwüchsigkeit so manchen Bildungsmangel ersetzt. Frau Aja wußte als ausgepichte Menschenkennerin an der Geliebten ihres Sohnes nichts auszusetzen. Über viele Jahre gehen die Briefe der beiden Frauen, die ihre Privatorthographie schreiben, unermüdlich zwischen Frankfurt und Weimar hin und her.

Nach einem kurzen Besuch Christianes in Frankfurt im Jahre 1807 schrieb die Mutter ihrem Sohn: »Du kannst Gott danken. So ein liebes, herrliches, unverdorbenes Gottesgeschöpf findet man sehr selten. Wie beruhigt bin ich jetzt, da ich sie genau kenne, über alles, was Dich angeht. Und was mir unaussprechlich wohl tat, war, daß alle Menschen, all meine Bekannten sie liebten. Es war eine solche Herzlichkeit unter ihnen, wie nach zehnjähriger Bekanntschaft nicht hätte sein können. Mit einem Wort, es war ein glücklicher Gedanke, sie mir und allen meinen Freunden zu zeigen. Alle vereinigen sich mit mir, Dich glücklich zu preisen, und wünschen Euch Leben, Gesundheit und alles Gute, was Euch vergnügt und froh machen kann. Amen.«

Karl August, der Herzog, ist einer der wenigen in Weimar, die die neue Freundin Goethes restlos bejahen. Als dann der Sohn August geboren wird, versteht es sich für den Herzog von selbst, die Patenschaft zu übernehmen. Die Gesellschaft der Residenz aber kann Goethe lange nicht seine »Mesalliance« verzeihen. Und man muß es Johanna Schopenhauer, selbst arrivierte Schriftstellerin und Mutter des großen Philosophen, hoch anrechnen, daß sie Christiane, in der sie einen »weiblichen Dionysos« erblickt, als erste zum Tee einlädt. Die resolute Danzigerin ist der Überzeugung, wenn Goethe dieser Frau seinen Namen gäbe, so könne sie ihr wenigstens eine Tasse Tee reichen. Goethe hat ihr diese Generosität nie vergessen. Denn allmählich lassen sich auch die anderen Damen der Weimarer Gesellschaft dazu herab, Goethes »dicker Hälfte« ihre Häuser zu öffnen. Unter der Hand aber kolportieren sie das Gerücht, bei Goethes Frau handele es sich um eine Trinkerin. Es hieß sogar, sie habe ihren Sohn zum Trinken verleitet, das ihm dann später zum Verhängnis wurde.

Christiane erledigte ihre gesellschaftlichen Verpflichtungen mit der Unbefangenheit eines Naturtalents und der Instinktsicherheit einer noch unverbildeten Frau. Wenn ihr andere auch eine gewisse unverkennbare proletarische Attitüde nachsagten, so fand Goethe in dieser Hinsicht nichts an ihr zu bemängeln. Er unterließ es überhaupt aus Grundsatz, an ihr herumzuerziehen. Wahrscheinlich fürchtete er, ihre Spontaneität zu beschädigen. Für ihn waren ihre Briefe, die sie während seiner Abwesenheit mit ihm austauschte, immer höchst erfrischend. Der thüringische Tonfall in ihnen blieb bis zuletzt unverkennbar. Sie war ein fester und unveräußerlicher Inhalt seines Lebens geworden. Bereits im August 1792, als Goethe sich an der Seite seines Herzogs auf die Kampagne gegen die Sansculotten begeben hatte, versicherte er ihr aus Trier: »Man weiß gar nicht, was man hat, wenn man zusammen ist. Ich vermisse Dich sehr und liebe Dich von ganzem Herzen. Adieu, mein lieber Engel, ich bin ganz Dein.«

Und ein andermal schreibt er aus Schlesien an Herder: »Es ist überall Lumperei und Lauserei, und ich habe gewiß keine vergnügte Stunde, bis ich mit Euch zur Nacht gegessen und bei meinem Mädchen geschlafen habe. Wenn Ihr mich lieb behaltet, wenige Gute mir geneigt bleiben, mein Mädchen mir treu ist, mein Kind lebt, mein großer Ofen gut heizt, so hab ich weiter nichts zu wünschen.« Christiane ist ihm also längst unentbehrlich geworden. Sie verschafft ihm die Behaglichkeit, um ungestört seinen Lebensplan so minuziös zu erfüllen, wie er es sich vorgenommen hat.

»Behalt mich lieb«, beschwört er sie. »Denn ich bin manchmal in Gedanken eifersüchtig und stelle mir vor, daß Dir ein anderer besser gefallen könnte, weil ich viele Männer hübscher und angenehmer finde als mich selbst. Das mußt Du aber nicht sehen, sondern Du mußt mich für den besten halten, weil ich Dich ganz entsetzlich lieb habe und mir außer Dir nichts gefällt. Ich träume oft von Dir, allerlei konfuses Zeug, doch immer, daß wir uns liebhaben. Und dabei mag es bleiben.«

Im Mai 1797 schickt Goethe seiner Christiane aus Jena ein Billet, in dem er ihr noch einmal seine Liebe gesteht. »Lebe wohl«, schließt er dieses Lebenszeichen. »Sobald ich nur kann, komme ich zurück. Wenn ich aufrichtig sein soll, ist mir hier noch kein Tag wohl geworden.«

Die gleiche herzliche Verbundenheit artikulieren auch Christianes Briefe an ihren Geheimrat: »Ganz zufrieden bin ich freilich nicht, daß Du, mein Lieber, nicht bei mir bist. Ich will mich aber recht gut aufführen und nicht gramseln und mir immer denken, wie lieb Du mich hast und wie gut Du es mit mir meinst. Ich danke Dir für alle Liebe und Güte.«

Die temperamentvolle Thüringerin verfügt auch über eine gute Portion von Lebensklugheit, die sie alle Situationen bewältigen läßt. Auch jeden Ärger weiß sie schnell wegzustecken. So heißt es in einem Brief vom Oktober 1799: »Ich will mich also darüber hinwegsetzen und meinen Weg vor mich gehen, meine Haushaltung gut versehen und meinen Schatz liebhaben und meine Freude an dem Buben haben und manchmal eine steife Kaffeevisite machen. Denn ich glaube, wenn Du wiederkommst, kommt auch meine frohe Laune wieder... Ich freue mich diesen Winter auf die Komödie, wenn wir auf der Bank zusammen sitzen werden, und überhaupt auf die Winterabende, wenn wir wieder zu Hause miteinander schwätzen. Leb wohl und vergnügt und behalte mich so lieb wie ich Dich.«

Als Goethe gelegentlich wieder einmal in Karlsbad weilt, redet ihm seine Christiane, die mit zunehmender Korpulenz keineswegs ihren Humor verloren hat, gehörig ins Gewissen. Sie warnt ihn vor den »Äugelchen«, die ihm dort auf der Kurpromenade über den Weg laufen und für die er keineswegs unempfindlich ist.

»Ist denn die Bettine in Karlsbad angekommen?« fragt sie ihn. »Hier sagte man, die Sylvie und Gottern gingen auch hin. Was willst Du denn mit all den Äugelchen anfangen? Das wird zuviel. Vergiß nur nicht Dein ältestes, mich, ich bitte Dich. Denke doch auch zuweilen an mich. Ich will indes fest auf Dich vertrauen, mag man sagen, was man will, denn Du bist es doch allein, der meiner gedenkt!«

Goethe hatte gegen Christianes Tanzleidenschaft und ihre Putz- und Gefallsucht nichts einzuwenden. In einem Vierzeiler hatte er sich ja einmal eine hübsche Frau gewünscht, die nicht alles zu genau nähme, aber sich bestens darauf verstände, wie er sich selbst am besten befände. Und in dieser Hinsicht hatte er mit Christiane eine glückliche Wahl getroffen. »Sollte man wohl glauben, daß diese Person schon zwanzig Jahre mit mir gelebt hat? Aber das gefällt mir eben an ihr, daß sie nichts von ihrem Wesen aufgibt und bleibt, wie sie war«, faßte er schließlich die Summe der Wohltaten, die er von Christiane empfangen hat, zusammen. Natürlich wird keiner mit der verstiegenen Behauptung aufwarten wollen, Christiane habe ihn als Dichter unmittelbar inspiriert. Und doch ließ er sie sehr wohl an seinen Arbeiten teilnehmen. Abends las er ihr zuweilen aus seinen entstehenden Entwürfen vor. Aus Jena schickte er ihr sogar die »Wahlverwandtschaften« zu und bat sie ausdrücklich um ihr natürliches Urteil darüber. Daran war ihm offenbar mehr gelegen als an den oft nichtssagenden Rezensionen professioneller Kritiker.

Goethe honorierte ihr soviel Anhänglichkeit, indem er die Mutter seines einzigen Sohnes, seine »Freundin und vieljährige Hausgenossin« zusammen mit August zur Universalerbin einsetzte. Er fühlte sich im Grunde längst mit ihr verheiratet, wenn auch ohne Trauschein und kirchliches Zeremoniell.

Als nach der Schlacht von Jena und Auerstedt am 14. Oktober 1806 die Franzosen sich plündernd über Weimar hermachten, blieb auch der Frauenplan von ihnen nicht verschont.

*16 Goethes Wohnhaus am Frauenplan in Weimar*

Franzosen drangen in Goethes Haus ein und bedrohten ihn. Er hatte allen Grund, um seine ganze Existenz zu fürchten. Das resolute Eingreifen Christianes bewahrte ihn schließlich vor dem Schlimmsten.

Goethe zögerte nicht, Christiane für ihren Einsatz in so kritischen Tagen auf seine Art zu danken. Am 17. Oktober schrieb er an den Weimarer Konsistorialrat Günther: »Die Tage und Nächte ist ein alter Vorsatz bei mir zur Reife gekommen: Ich will meine kleine Freundin, die so viel für mich getan und auch diese Stunden der Prüfung mit mir durchlebte, völlig und bürgerlich anerkennen als die meine.«

Schon am 19. Oktober fand in der Sakristei der Hofkirche die Trauung statt. Riemers Schwester und der damals bereits 17jährige August fungierten dabei als Trauzeugen. Bewußt hatte Goethe in die Trauringe den 14. Oktober, also den Tag der Schlacht, eingravieren lassen. Er hatte nämlich das sichere Gefühl, von diesem Termin ab datiere eine neue Epoche seines Lebens.

Wieder war auf die Nachricht von der vollzogenen Hochzeit Goethes Mutter mit einem ihrer großherzigen Briefe zur Stelle, in dem es hieß: »Zu Deinem neuen Stand wünsche ich Dir allen Segen, alles Heil, alles Wohlergehen. Du hast nach meinem Herzenswunsch gehandelt! Gott erhalte Euch! Meinen Segen habt Ihr hiermit in vollem Maße. Der Mutter Segen erhält den Kindern die Häuser. Grüße meine liebe Tochter herzlich. Sag ihr, daß ich sie liebe, schätze, verehre.«

Nach vollzogener Trauung öffneten sich ihr die Tore der Weimarer Gesellschaft. Wenn es auch noch einige Überwindung kostete, so begann man doch, die Geheimrätin zu respektieren. Im Briefwechsel zwischen Goethe und Schiller taucht aber bezeichnenderweise an keiner Stelle ihr Name auf. Man nahm offenbar keine Notiz von ihr. Schillers Frau kann es sich nicht verkneifen, sich Gedanken über die Beziehungen Goethes zu seiner Frau zu machen. »Ich darf es manchmal gewiß sagen, wie mich doch des Meisters Lage einengt und im Innern schmerzt«, rätselt sie sich an Goethes Ehe herum. »Denn mich deucht, ich fühle zuweilen in seiner Seele, daß er irre in sich ist. Welcher Dämon hat ihm diese Hälfte angeschmiedet? Es gehört zu den Rätseln der Menschen-Bestimmung.«

Daß Goethe sich zuweilen nach Jena zurückzog, hat man als Flucht aus dem Joch seiner Ehe zu interpretieren gewagt. Davon konnte natürlich keine Rede sein. Er brauchte die Jenaer Zurückgezogenheit, weil ihm die Unruhe in Weimar nicht die nötige Sammlung verschaffte, die er zum Arbeiten gebrauchte.

»Ich habe die Erfahrung wieder erneuert«, schrieb er im Dezember 1797 an Schiller, »daß ich nur in einer absoluten Einsamkeit arbeiten kann und daß nicht etwa nur das Gespräch, sondern sogar schon die häusliche Gegenwart geliebter und geschätzter Personen meine poetischen Quellen gänzlich ableitet.«

Immerhin hatte Goethe in der Zeit seines engen Zusammenlebens mit Christiane Werke wie »Hermann und Dorothea«, »Reineke Fuchs«, die Balladen, den »Wilhelm Meister«, die »Wahlverwandtschaften« und schließlich wesentliche Teile von »Dichtung und Wahrheit« und des »Faust« geschaffen.

Im Widmungsgedicht zu seiner »Metamorphose der Pflanze« macht Goethe ausdrücklich der »Lebensgefährtin« seine Reverenz.

> »O gedenke denn auch, wie aus dem Keim der Bekanntschaft nach und nach in uns holde Gewohnheiten entsproßt, Freundschaft sich mit Macht aus unserem Inneren enthüllt, und wie Amor zuletzt Blüten und Früchte gezeugt. Denke, wie mannigfach bald die, bald jene Gestalten, still entfaltend, Natur unsern Gefühlen geliehn. Freue Dich auch des heutigen Tags! Die heilige Liebe strebt zu der höchsten Frucht gleicher Gesinnungen auf, gleicher Ansicht der Dinge, damit in harmonischem Anschaun sich verbinde das Paar, finde die höhere Welt.«

»Höchst willkommen war dies Gedicht der eigentlichen Geliebten, welche das Recht hatte, die lieblichen Bilder auf sich zu beziehen; und auch ich fühlte mich sehr glücklich, als das lebendige Gleichnis unsere schöne Vollkommenheit steigerte und vollendete«, bemerkt er zu diesem Gedicht.

Wer nach einem solchen emphatischen Bekenntnis des Dichters die Gefährtin seiner besten Jahre gedankenlos herunterspielt, macht sich der Mittäterschaft eines Rufmordes schuldig. Gleichwohl haben die meisten Goethe-Biographen die Episode mit Christiane als einen tragischen Zwischenfall im Leben Goethes behandelt. Offenbar haben sie sich so wenig in Goethes Wesen eingefühlt, um zu begreifen, daß für Goethe eine dauernde oder anhaltende Verbindung mit einer geistig hochgezüchteten oder intellektuellen Frau überhaupt nicht denkbar gewesen wäre.

Natürlich hat der Meister über manches hinwegsehen müssen, etwa als Christiane immer wieder ihre Familienmitglieder im Haus am Frauenplan unterbrachte. Als eine Stiefschwester Christianes an Tuberkulose stirbt, wird Goethe das Sterben im eigenen Hause erst berichtet, als die junge Frau schon unter der Erde lag. Man weiß nur zu gut, wie allergisch er auf alle Todesfälle zu reagieren pflegte.

Aber es bringt ihn durchaus nicht aus seiner Kontenance, als man ihm zuträgt Christiane, tanze sich auf Dorfbällen die Schuhe durch oder trinke gelegentlich mehr, als ihr zuträglich sein könnte. Auch hat er nichts dagegen einzuwenden, daß ihr Umgang vorwiegend aus Leuten aus dem Theater bestand. Sie liebt nun einmal dieses lockere Völkchen, das bei gesetzten Bürgern nicht sonderlich hoch im Ansehen stand.

Alles in allem hat sich Christiane eigentlich im Laufe der Jahre an der Seite Goethe bravourös gegen eine Umwelt durchsetzen können, die ihr weiß Gott nicht gewogen war. Sie war eine Frau der starken Gefühle und der schnellen Entschlüsse geworden. Die Arroganz der Arrivierten reichte nicht mehr an sie heran. Als sich Bettina von Arnim allzu aufdringlich Goethe nähert, kommt es schließlich zum öffentlichen Eklat. Christiane macht schließlich sogar kurzen Prozeß und wirft Bettina buchstäblich aus dem Hause heraus. Goethe schlägt sich in dieser unerfreulichen Affäre ganz eindeutig auf die Seite seiner Frau. Er erteilt den Arnims Hausverbot.

Erstaunlicherweise hat Goethe nie den Versuch unternommen, Christiane auf einen höheren Bildungsstand zu heben. Trotz seines ausgeprägten pädagogischen Eros hatte er nie den Ehrgeiz, eine zweite Pygmalion aus diesem thüringischen Landkind zu machen, das ein Stück unverfälschter Natur war, an dem er seine helle Freude hatte. Er hatte so seine begründete Skepsis gegenüber intelligenten Frauen. »Als ob die Liebe etwas mit dem Verstande zu tun hätte!« hatte er schon relativ früh herausgefunden. »Wir lieben an einem jungen Mädchen ganz andere Dinge, das Schöne, das Jugendliche, das Neckische, das Zutrauliche, ihre Kaprizen und Gott weiß was alles Unaussprechliche sonst... Ihren Verstand achten wir, und ein Mädchen kann dadurch in unseren Augen unendlich an Wert gewinnen... Allein der Verstand ist nicht dasjenige, was fähig wäre, uns zu entzünden und eine Leidenschaft zu erwecken.«

Von all diesen erwünschten Eigenschaften muß Christiane eine Menge besessen haben. Ihre Zutraulichkeit wußte Goethe ganz besonders zu schätzen. Als sie ihn ein Stück des Weges mit ihrem Sohn auf seiner Reise nach Jena begleitet und schließlich tränenüberströmt von ihm Abschied genommen hatte, schrieb sie ihm sogleich einen nur schwer zu entziffernden Brief hinterdrein, in dem es hieß: »Wie du in Käuschau von uns wech wahrst gin wir naus und sahm auf dem berch dein Kuss fahren. da fingen wir alle gey eile am zu Heulen und sachten beyde es wär uns so wuderlich.«

Bei solchen gravierenden Rechtschreibeschwierigkeiten hatte Goethe nichts dagegen, daß Christiane ihre Briefe von Dritten niederschreiben ließ. Oft bat sie Caroline Ulrich, die Gesellschafterin des Hauses, am Frauenplan, darum. Diese schrieb dann nach Christianes Diktat höchst kapriziöse Briefe an Goethe, den sie verehrte. Der antwortete nicht weniger charmant, nicht ohne zu vergessen, das »liebliche Nebengeschöpf« mit in seinen Dank einzuschließen.

Die »Ulrichen« ist zur Unterstützung der überbelasteten Hausfrau engagiert worden. Sie versucht nach bestem Können der gutmütigen Geheimrätin zur Hand zu gehen. Während der späteren gesundheitlichen Anfälligkeit Christianes erringt sie die Funktion einer »Nebenfrau«. Schließlich wird der resoluten Christiane ihre Zudringlichkeit doch zu bunt. Es gibt eine Art Palastrevolution im immer unruhigen Haus am Frauenplan. Christiane besteht darauf, daß diese Nebenfrau Goethes sonst so selbstherrlichen Sekretär Riemer heiratet. Es ist ihr nämlich nicht entgangen, daß die beiden sich nicht ganz gleichgültig sind. So spielt sie dann heimlich in deren Leben Schicksal.

Christiane blieb trotz allem immer das »Hauptgeschöpf« Goethes, dessen Sinnlichkeit bei ihr offenbar voll auf ihre Kosten kam. Ihre Hingabefähigkeit muß unbegrenzt gewesen sein. Sie war für ihn ein Element der Ruhe und Entspannung.

Beeindruckend bleibt eine Zeichnung Goethes von der schlafenden Geliebten, wie sie auf dem Sofa liegt, das Gesicht von einer Fülle offener Locken umkränzt. Er muß sie offenbar im Schlafe liebevoll beobachtet haben, ehe er zum Stift griff und ihr verklärtes Bild der Nachwelt überlieferte.

Es läßt sich keineswegs sagen, Christiane wäre mit ihren nicht unerheblichen vitalen Kräften, die ihr die Natur verliehen hatte, haushälterisch umgegangen. Sie hat sich nie geschont, wenn sie sich für Menschen einsetzen und ihnen Freude bereiten konnte. Auf die Dauer konnte sie dann eben doch nicht aus dem Vollen schöpfen. Schon gegen Ende ihres fünften Lebensjahrzehnts, im Januar 1815, erlitt sie einen leichten Schlaganfall. Erholt hat sie sich davon eigentlich nie wieder so recht.

Schlimmer aber setzte ihr noch eine Urämie zu. Man versuchte gegen dieses schleichende Übel mit Kuren mit Egerer Brunnenwasser anzukämpfen. Der Erfolg war ebenso gering wie ein Kuraufenthalt in Karlsbad. Am Ende waren die Ärzte ratlos. So starb sie ihren eigenen Tod im Hause ihres Mannes, dem ihr Leben gehört hatte. Ihr Einsatz für ihn hatte sich tausendfältig gelohnt. Durch ihn ist sie in die kleine Unsterblichkeit eingegangen.

Im Mai 1816 setzten ungemein schmerzhafte Anfälle ein. Goethe, der sich gerade wieder einmal in Jena befand, bricht seinen Aufenthalt ab. Er wird selbst von Fieberanfällen geschüttelt und kommt in diesen kritischen Tagen nicht aus seinem Bett heraus. August ist der einzig Gesunde, der das Notwendigste regeln kann. Schließlich setzt der furchtbare Todeskampf ein, der sich über zwei Tage hinzieht. Man hört die Schmerzensschreie Christianes im ganzen Haus, aber Goethe vermeidet es, an ihr Todeslager zu treten. Er vermerkt nur am 6. Juni 1816 lakonisch in seinem Tagebuch: »Nahes Ende meiner Frau. Letzter fürchterlicher Kampf ihrer Natur. Sie verschied gegen Mittag. Leere und Totenstille in und außer mir. Ich den ganzen Tag im Bett.«

Der Sitte der Zeit entsprechend wird Christiane bereits am anderen Morgen in aller Frühe bestattet. Auch diesmal berichtet das Goethesche Tagebuch kurz und bündig: »Meine Frau um vier Uhr begraben.« Wie stets in der Nähe des Todes war er in sich erstarrt und zog die Maske des Unverletzbaren über, hinter der er seine wahren Gefühle zu verbergen suchte. Aber dann bricht sein Gefühl doch unwiderstehlich durch, und er schreibt sich die Verse vom Herzen:

»Du versuchst, o Sonne, vergebens
Durch die düsteren Wolken zu scheinen.
Der ganze Gewinn meines Lebens
Ist, ihren Verlust zu beweinen.«

# *Friedrich von Schiller und Charlotte von Lengefeld*

Ende November 1787 riß sich Schiller von der Arbeit an seiner »Geschichte des Abfalls der Niederlande«, die ihn über Monate ausschließlich beschäftigt hatte, gewaltsam los, um wieder einmal im thüringischen Bauerbach die Beziehungen zu seiner alten Gönnerin, Henriette von Wolzogen, aufzunehmen. Die Erinnerung an seine Bauerbacher Tage waren noch keineswegs verklungen. Er hatte dieser mütterlichen Freundin nie vergessen können, was sie in kritischen Tagen für ihn getan hatte. Sie hatte ihm ein Refugium geboten, in dem er seine begonnenen Arbeiten, »Kabale und Liebe« und »Don Carlos«, zu einem für ihn befriedigenden Ende führen konnte.

Menschliche Kontakte, die er in Weimar aufgenommen hatte, machten ihm den Abschied nicht eben leicht. Zu Charlotte von Kalb, in deren Haus er verkehrt hatte, war er zur Verwunderung der Weimaraner merklich auf Distanz gegangen. Die von beiden vereinbarte »Seelenfreundschaft« hatte ihre erste Bewährungsprobe nicht überstanden, wie sich nun herausstellte. In der veränderten Umgebung sah Schiller die Muse seiner frühen Tage, der er einiges zu verdanken hatte, mit wesentlich anderen Augen. Nun fühlte er sich in ihrer Nähe eher eingeengt und bedrückt. Die zerrissene und dazu weltfremde Aristokratin verfügte nicht über das Talent, andere glücklich machen zu können. Sie kreiste zu sehr um sich selbst. Schiller hatte begriffen, daß sie ihm auf die Dauer keine neuen schöpferischen Impulse vermitteln konnte.

Aber auch in Bauerbach kam er sich nun wie verloren vor. Die alte Magie des Ortes war wie weggeblasen. Offenbar war er seitdem über sich selbst hinausgewachsen. »Ich fühlte nichts«, gab er zu Protokoll. »Keiner von allen Plätzen, die ehemals

*17 Friedrich von Schiller (1759–1805)*

meine Einsamkeit interessant machten, sagte mir jetzt etwas mehr. Alles hatte seine Sprache an mich verloren.«

Schiller konnte nicht wieder an seine Vergangenheit anknüpfen. Von Ende 1782 bis Mitte 1783 hatte er hier in der thüringischen Hinterwelt wie ein Eremit gelebt. »Damals war ich nicht in der Welt gewesen«, berichtete er seinen Dresdener Freunden. »Ich stand sozusagen schwindelnd an ihrer Schwelle, und meine Phantasie hatte ganz erstaunlich viel zu tun. Jetzt nach fünf Jahren kam ich wieder, nicht ohne manche Erfahrungen über Menschen, Verhältnisse und mich. An dieser Verwandlung sah ich, daß eine große Veränderung mit mir selbst vorgegangen war. Und mußte sie nicht? Wie viele neue Gefühle, Schicksale und Situationen lagen nicht in diesem Zwischenraume, Eure Freundschaft, ganz Mannheim mit seinen Freuden und Leiden, Charlotte, Weimar, eine ganze Epoche meines Denkens.«

Auf der Rückreise machte Schiller Station in Rudolstadt. Noch konnte er nicht ahnen, daß dieser Tag seinem Leben eine entscheidende Wendung verleihen sollte. Als er an diesem trüben Dezembertag im Hause der verwitweten Forsträtin von Lengefeld abstieg, begegnete er in der jüngeren Tochter des Hauses seiner späteren Frau.

Schillers Beziehung zu den beiden Schwestern Lengefeld war spontan. Er konnte nicht einmal sagen, zu welcher von den beiden er sich mehr hingezogen fühlte. Gewiß, beide zeichneten sich nicht durch besondere Schönheit aus, aber sie galten als geistig ungemein engagiert, und sie waren es auch.

Für Schiller stand es bereits an diesem Dezemberabend fest, daß er das Haus Lengefeld nicht mehr aus den Augen verlieren würde. Kam noch hinzu, daß die jüngere, Charlotte, eine Patin der Frau von Stein war und Beziehungen zu Goethe unterhielt. Schiller verabschiedete sich mit dem Versprechen, den Besuch bei der nächsten sich bietenden Gelegenheit zu wiederholen. Er hatte das sichere Gefühl, auch bei den Bewohnerinnen des Hauses auf Sympathie gestoßen zu sein. Und wirklich hat Charlotte später bekannt, daß bereits die erste Begegnung mit Schiller starke Gefühle in ihr geweckt hatte.

In Weimar vergrub sich Schiller wieder in seine historische Arbeit, immer bemüht, dem an sich so schwer zugänglichen Stoff ein wenig Farbe zu verleihen. Nachdem er Wieland einige Passagen daraus vorgelesen hatte, zeigte sich der Dichter von der durchschlagenden Darstellungskraft des jungen Mannes, der ihm ans Herz gewachsen war, geradezu hingerissen.

Schiller brauchte diesen Zuspruch eines Älteren durchaus. Er näherte sich nämlich bereits seinem dreißigsten Lebensjahr, ohne sich auf materiell abgesichertem Boden bewegen zu können. Er suchte den Beifall der Welt, die offenbar eine solide wissenschaftliche Arbeit mehr zu schätzen wußte als eines seiner Dramen, die immerhin den Feueratem des Genies verspüren ließen. Manchmal verbrachte er in diesen Tagen zwölf Stunden hintereinander am Schreibtisch, ohne die bereitgestellten Mahlzeiten überhaupt anzurühren.

»Die Geschichte ist ein Feld«, ließ er sich Körner gegenüber aus, »wo alle meine Kräfte ins Spiel kommen und wo ich doch immer aus mir selber schöpfen muß. Bedenke dieses, so wirst Du mir zugeben müssen, daß kein Fach so gut dazu taugt, meine ökonomische Schriftstellerei darauf zu gründen, sowie auch eine gewisse Art von Reputation; denn es gibt auch einen ökonomischen Ruhm.«

Schiller dachte also durchaus zweckmäßig, wenn er versuchte, seine Produktion ein wenig nach ihrer wirtschaftlichen Verwertbarkeit auszurichten. Mit seiner Schriftstellerei war er trotz aller äußeren Ehrungen noch längst nicht auf einen grünen Zweig gekommen. Zwar schlug seine Mitarbeit an Wielands Zeitschrift für ihn ein wenig zu Buche. Aber zur Gründung einer Familie reichten die Honorare, die er sich in einer wahren Kärrnerarbeit erschrieb, nicht annähernd aus.

Körner versuchte daher immer wieder, dem Freund seine Heiratspläne auszureden. Aber offenbar war Schiller nach seinem Rudolstädter Besuch darauf aus, sich nunmehr mit aller Gewalt bürgerlich zu etablieren.

»Lieber, dabei bleibt es, daß ich heirate«, trotzte er dem Freunde in Dresden gegenüber auf. »Könntest Du in meiner Seele lesen wie ich selbst, Du würdest keine Minute darüber unentschlossen sein. Alle meine Triebe zu Leben und Tätigkeit sind in mir abgenützt, diesen einzigen habe ich noch nicht versucht. Ich führe eine elende Existenz, elend durch den inneren

Zustand meines Wesens. Ich muß ein Geschöpf um mich haben, das mir gehört, das ich glücklich machen kann und muß, an dessen Dasein mein eigenes sich erfrischen kann. Du weißt nicht, wie verwüstet mein Gemüt, wie verfinstert mein Kopf ist – und alles dieses nicht durch äußeres Schicksal, denn ich befinde mich hier von der Seite wirklich gut, sondern durch inneres Abarbeiten meiner Empfindungen...

Ich bedarf eines Mediums, durch das ich die anderen Freuden genieße. Freundschaft, Geschmack, Wahrheit und Schönheit werden mehr auf mich wirken, wenn eine ununterbrochene Reihe feiner wohltätiger häuslicher Empfindungen mich für die Freude stimmt und mein erstarrtes Wesen wieder durchwärmt. Ich bin bis jetzt ein isolierter fremder Mensch in der Natur herumgeirrt und habe nichts als Eigentum besessen. Alle Wesen, an die ich mich fesselte, haben etwas gehabt, das ihnen teurer war als ich, und damit kann sich mein Herz nicht behelfen. Ich sehne mich nach einer bürgerlichen und häuslichen Existenz, und das ist das einzige, was ich jetzt noch hoffe.«

Schillers Romanze nahm ihren Fortgang, als Charlotte von Lengefeld, die als Hofdame für die Herzogin vorgesehen war, auf die Initiative von Frau von Stein den Winter in Weimar zubrachte, um ein wenig Hofluft zu atmen. Es kam noch hinzu, daß sie soeben erst ihre ersten schmerzlichen Herzensbeziehungen überstanden hatte, ihre Zuneigung zu einem englischen Offizier, der schließlich wieder zur Armee einrücken mußte und für Charlotte unerreichbar irgendwo in Ostindien verschwand.

Ende Januar begegneten Schiller und Charlotte einander im Hause der Frau von Imhoff, bei der er in seinen ersten Weimarer Tagen Quartier bezogen hatte. Von da ab suchte er bewußt die Nähe Charlottes, wenn auch die herrschenden gesellschaftlichen Konventionen es nicht zuließen, daß sie sich unter vier Augen trafen. Aber das natürliche Mädchen aus dem thüringischen Hofadel mit den großen braunen Augen kam ihm nicht wieder aus dem Sinn.

*18 Charlotte Schiller geb. von Lengefeld*

So blieb es dann notgedrungen dabei, daß sie nur auf Billetts einige Artigkeiten austauschen konnten. Mit der Zeit geht Schiller aber merklich aus seiner sonstigen Reserve heraus und schlägt schon etwas vertrautere Töne an. So heißt es dann etwa bereits: »Eben zieht mich ein Schlitten ans Fenster, und wie ich hinaussehe, sind Sie's. Ich habe Sie gesehen, und das ist doch auch etwas für diesen Tag.«

Auf ihren Wunsch schreibt Schiller der jungen Frau auch ein paar beherzte Verse ins Album. Sie revanchiert sich mit dem offenen Geständnis, wie leid es ihr tut, ihn nicht öfter sehen zu können. Aber ehe sie wieder nach Rudolstadt zurückreist, muß Schiller ihr das Versprechen geben, sie so bald wie möglich daheim zu besuchen. Sie will sich sogleich um ein geeignetes Quartier für ihn bemühen.

»Sie werden gehen, liebstes Fräulein«, gibt ihr Schiller mit auf den Weg, »und ich fühle, daß Sie mir den besten Teil meiner jetzigen Freuden mit sich wegnehmen«. Und weiter: »Sie wollen also, daß ich an Sie denken soll; dieses würde geschehen sein, auch wenn Sie es mir verboten hätten. Meine Phantasie soll so unermüdet sein, mir ihr Bild vorzuführen, als wenn sie in den acht Jahren, daß ich sie den Musen verdingt habe, sich nur für dieses Bild geübt hätte. Ich werde Sie an jedem schönen Tage unter freiem Himmel wandeln sehen, und an jedem trüben auf Ihrem Zimmer. Vielleicht denken Sie dann auch meiner.«

Dieser Brief schließt mit den Worten: »Leben Sie recht wohl, bestes Fräulein, erinnern Sie sich manchmal und gern daran, daß hier jemand ist, der es unter die schönsten Zufälle seines Lebens zählt, Sie gekannt zu haben.« Als sie dann nicht mehr in Weimar weilt, fühlt Schiller sich besonders einsam und beginnt die Tage zu zählen, bis er die versprochene Reise nach Rudolstadt antreten kann. »Man sollte lieber nie zusammengeraten – oder nie mehr getrennt werden«, verrät er ihr seine Sehnsucht.

Mitte Mai kann Schiller dann seine Reise wahrmachen. Charlotte hat ihm ein Quartier beim Kantor des benachbarten Kirchdorfes Volkstädt besorgt. Der Weg, den Schiller nun täglich mehrmals zurücklegen muß, um zum Lengefeldschen Haus zu gelangen, führt durch eine anmutige Landschaft an der Saale entlang. Er fühlt sich in diesen Tagen wie erlöst. Trotzdem versichert er Körner, der nicht viel von seinen Heiratsplänen hält:

»Doch werde ich eine sehr nahe Anhänglichkeit an dieses Haus und eine einzelne Person aus demselben sehr ernstlich zu vermeiden versuchen.«

Dieser nicht einmal ernstgemeinte Vorsatz hielt nicht lange vor. Schiller fühlte sich zum ersten Mal nach langer Zeit unter der Obhut der Schwestern wieder geborgen. Immer mehr spürte er, daß er auf die Dauer für das Leben eines Junggesellen nicht geschaffen war.

Karoline von Beulwitz, die ältere der beiden Schwestern, erinnert sich später an diese gemeinsam mit Schiller verbrachten Rudolstädter Tage: »In unserem Hause begann für Schiller ein neues Leben. Lange hatte er den Reiz eines freien freundschaftlichen Umgangs entbehrt. Uns fand er immer empfänglich für die Gedanken, die eben seine Seele erfüllten. Er wollte auf uns wirken, uns von Poesie, Kunst, philosophischen Ansichten das mitteilen, was uns frommen könnte; und dieses Bestreben gab ihm selbst eine milde harmonische Gemütsstimmung. Sein Gespräch floß über in heitere Laune; und wenn oft störende Gestalten unseren kleinen Kreis beengten, so ließ ihre Entfernung uns das Vergnügen des reinen Zusammenklangs unter uns noch lebhafter empfinden...

Hoher Ernst und mutige geistreiche Leichtigkeit des offenen reinen Gemüts waren in Schillers Umgang immer lebendig; man wandelte wie zwischen den unwandelbaren Sternen des Himmels und den Blumen der Erde in seinen Gesprächen.«

Seine Begegnung mit den beiden Rudolstädter Schwestern hatte auch Schiller merklich bereichert. Der Ort war ihm, wie er etwas überschwenglich formulierte, was der Hain der Diana dem umgetriebenen Orest gewesen war. Nachdem er so lange jeder festen Bindung ausgewichen war, weil er sich dazu noch nicht reif genug fühlte, schien er nun endlich seinen Seelenfrieden wieder gewonnen zu haben.

Fast jeden Nachmittag verbrachte Schiller nach getaner Arbeit im Hause der Oberforstmeisterin, in dem auch die älteste Tochter Karoline und ihr Ehemann, der Geheimrat von Beulwitz, Unterschlupf gefunden hatten. Die abendliche Trennung von den beiden jungen Frauen empfand Schiller jedesmal als einen Schmerz. »Und vielleicht desto schwerer, weil ich durch keine leidenschaftliche Heftigkeit, sondern durch eine ruhige Anhänglichkeit, die sich nach und nach so gemacht hat, daran gehalten wurde«, versicherte er Körner.

Leidenschaft war es sicherlich nicht, was Schiller an Rudolstadt band. Aber er ließ sich soviel weibliche Fürsorge ohne Widerstreben gefallen. Er zog sogar von Volkstädt nach Rudolstadt, um seinen Freundinnen ein wenig näher zu sein. »Mein Logis hätte gar keine Fehler«, versichert er den beiden, »wenn es Ihnen nur gegenüber wäre. Ich brächte dann den Spiegel in meinem Zimmer an, daß mir Ihr Bild gerade vor dem Schreibtisch zu stehen käme, und dann könnte ich mit Ihnen sprechen, ohne daß es ein Mensch wüßte.«

Das Fatale dieses Dreierverhältnisses wurde in diesem Rudolstädter Sommer von den Beteiligten kaum empfunden. Besucher allerdings ahnten nichts Gutes, und die eifersüchtige Charlotte von Kalb witterte bereits eine Art »Doppelliebe«. Auch Schiller beichtete seinem Freund seine Gewissensnöte: »Mein Herz ist ganz frei, Dir zum Troste; ich habe es redlich gehalten, was ich mir zum Gesetz machte und Dir angelobte; ich habe meine Empfindungen durch Verteilung geschwächt, und so ist denn das Verhältnis innerhalb der Grenzen einer herzlichen vernünftigen Freundschaft geblieben.«

Offenbar war Schiller sich in diesem Sommer seiner geheimsten Empfindungen selbst nicht ganz sicher. Seine Zuneigung betraf beide Schwestern, und sowohl Karoline als auch Charlotte erwiderten die Gefühle des Dichters, dessen idealistischer Schwung sie mitriß.

Zweifellos war Karoline die anziehendere, aktivere und gesellschaftlich gewandtere, dazu literarisch ungemein versiert und schriftstellerisch zweifellos weit über dem Durchschnitt begabt. Mit 16 Jahren war sie mit Beulwitz verheiratet worden, aber schließlich ließ sie sich scheiden und heiratete ihren Vetter, den Weimarer Oberhofmeister Wilhelm von Wolzogen.

Zwei Jahre später ließ sie anonym ihren Roman »Agnes von Lilien« erscheinen, den man allgemein für ein Werk Goethes hielt. Sie war es dann auch, die 1830 die noch aus eigenem Erleben schöpfende erste umfassende Schiller-Biographie schrieb. Ihre jüngere Schwester sah sie wohl richtig, wenn sie sie folgendermaßen charakterisierte: »Sie liebte so oft und doch nie recht; denn wahre Liebe ist ewig wie das Wesen, aus dem sie entspringt. Und eben weil sie so liebte, suchte ihr Herz immer noch einmal die Sehnsucht zu stillen.«

Ihr gegenüber war Charlotte die passivere, introvertiertere und mütterlichere Natur. Sie bestach ihre Umgebung am ehesten durch ihre schlichte Natürlichkeit und eine unbegrenzte Lernfähigkeit. Ihre Auffassung von Liebe unterschied sich diametral von der ihrer Schwester: »Es ist nicht Liebe, wenn man sich nur ein schönes Bild in der Seele entwirft und diesem selbst alle Vollkommenheiten gibt, sondern das ist Liebe: die Menschen so zu lieben, wie wir sie finden, und haben sie Schwachheiten, sie aufzunehmen mit einem Herzen voll Liebe.«

Schiller entschied sich schließlich für die Frau, die ihm am ehesten die notwendige Ruhe für den permanenten Schaffensprozeß verhieß, dem er ausgesetzt war. Im Gegensatz zu Goethe benötigte er nicht auf jeder Entwicklungsstufe seines Lebens ein anderes erotisches Erlebnis, um so etwas wie eine zweite Pubertät und damit immer neue Impulse zu erleben. Bezeichnend für Schillers Unentschlossenheit war, daß er seine Briefe nach Rudolstadt an beide Schwestern zu richten pflegte. Sogar nach vollzogener Heirat wohnte Karoline in den ersten Monaten noch mit im gemeinsamen Haushalt.

Schiller zog seine Abreise von Rudolstadt immer weiter hinaus. Er ließ Woche um Woche verstreichen. Schließlich konnte er sogar noch seinen Geburtstag im November im Kreise der Familie Lengefeld feiern. Erst als die Schwestern zu einer geplanten Reise rüsteten, brach auch Schiller seine Zelte in der Saalestadt ab und folgte ihnen zwei Tage später.

»Adieu«, ruft er ihnen nach. »Noch einmal tausend Dank für die vielen, vielen Freuden, die ihre Freundschaft mir hier gewährt hat. Sie haben viel zu meiner Glückseligkeit getan, und immer werde ich das Schicksal segnen, das mich hierher geführt hat.«

»Mein Abzug von Rudolstadt ist mir in der Tat schwer geworden«, gesteht er Körner. »Ich habe dort viele schöne Tage gelebt und ein sehr wertes Band der Freundschaft gestiftet. Bei einem geistvollen Umgang, der nicht ganz frei ist von einer gewissen schwärmerischen Ansicht der Welt und des Lebens, so wie ich sie lebe, fand ich dort Herzlichkeit, Feinheit und Delikatesse, Freiheit von Vorurteilen und sehr viel Sinn für das, was mir teuer ist. Dabei genoß ich einer unumschränkten inneren Freiheit meines Wesens und die höchste Zwanglosigkeit im äußerlichen Umgang, und Du weißt, wie wohl einem bei Menschen ist, denen die Freiheit des anderen heilig ist. Dazu kommt, daß ich wirklich fühle, in gewissem Betrachte wohltätig auf diese Menschen gewirkt zu haben«.

Angesichts seiner völlig ungeklärten materiellen Verhältnisse konnte Schiller noch nicht an eine Bindung denken. Die Forsträtin hätte einer noch so ehrenvollen Verbindung einer ihrer Töchter mit einem Habenichts kaum zustimmen können. Dazu kam der Standesunterschied. Frau von Stein allerdings, die wie wenige Schillers Bedeutung erkannt hatte, unterstützte die wachsende Neigung ihres Patenkindes zu Schiller. Sie war es dann auch, die Schillers Berufung zu einer Professur in Jena als erste anregte.

Mit seinem »Abfall der Niederlande« hatte Schiller mehr Erfolg, als er selbst erwartet hatte. Seine Freunde setzten nun alles daran, ihm die freigewordene Stelle eines Historikers an der Universität Jena zu verschaffen. In der Tat wurde er durch ein von Goethe unterschriebenes »Reskript« auf den Lehrstuhl für Geschichte an der Universität Jena zu Ostern 1789 berufen. Es war höchste Zeit, daß er endlich mit einer festen Besoldung rechnen konnte. »Meine jetzige Lage verzehrte mein ganzes Leben, und ich hätte sie nicht länger ertragen«, schüttete er seinen Dresdener Freunden sein Herz aus.

Gleichwohl empfand Schiller sich trotz aller Erfolge in Jena am Ende doch falsch am Platze. Die Vorbereitungen für seine Vorlesungen verschlangen eben doch mehr Zeit, als er erwartet hatte. Immer meldete sich der Dichter in ihm gebieterisch zu Wort. Und zu alledem fühlte er sich in Jena maßlos vereinsamt.

»Hier ist auch gar kein Mensch, an den ich mich als Freund anschließen könnte«, klagt er Lotte sein Leid. »Ich bin wie einer, der an eine fremde Küste verschlagen worden ist und die Sprache des Landes nicht versteht. Meinem Herzen fehlt es ganz und gar an Nahrung, an einer beseelenden Berührung und, durch keinen Gegenstand um mich her geübt, der mir teuer wäre, verzehrt sich mein Gefühl an wesenlosen Idealen.«

Als Charlotte von Lengefeld ihn im Juli in Jena besucht, kann Schiller sich immer noch nicht dazu durchringen, sich ihr zu erklären. Kurz danach aber schrieb er Lotte einen Brief, den man sehr wohl als eine Liebeserklärung betrachten konnte. Lotte antwortete dann auch umgehend, wenn auch sie nicht sogleich das erlösende Wort fand. Dafür aber löste die resolutere Karoline die Spannung, als sie Schiller auf seiner Reise nach Leipzig in Bad Lauchstädt begegnete, ihn beiseite nahm und ihm ohne alle Umschweife verriet, er könnte bei ihrer Schwester durchaus mit Gegenliebe rechnen.

Von Leipzig aus richtete Schiller dann den entscheidenden Brief an Charlotte, in dem es heißt: »Ist es wahr, meine teuerste Lotte? Darf ich hoffen, daß Karoline in Ihrer Seele gelesen und aus Ihrem Herzen mit beantwortet hat, was ich mir nicht getraute zu gestehen? O wie schwer ist mir dieses Geheimnis geworden, das ich, solange wir uns kennen, zu bewahren gehabt habe! Oft, als wir noch beisammen lebten, nahm ich meinen ganzen Mut zusammen und kam zu Ihnen mit dem Vorsatz, es Ihnen zu entdecken – aber dieser Mut verließ mich immer. Ich glaubte Eigennutz in meinem Wunsch zu entdecken, ich fürchtete, daß ich dabei nur *meine* Glückseligkeit vor Augen hätte, und dieser Gedanke scheuchte mich zurück. Konnte ich *Ihnen* nicht werden, was Sie mir waren, so hätte mein Leiden Sie betrübt, und ich hätte die schöne Harmonie unserer Freundschaft durch mein Geständnis zerstört. Ich hätte auch das verloren, was ich hatte, Ihre reine und schwesterliche Freundschaft.

Und doch gab es wieder Augenblicke, wo meine Hoffnung auflebte, wo die Glückseligkeit mir über alle Rücksichten erhaben schien, wo ich es sogar für edel hielt, ihr alles Übrige zum Opfer zu bringen. Sie konnten ohne mich glücklich sein – aber durch mich nur unglücklich werden. Dieses fühlte ich lebendig in mir – und darauf baute ich dann meine Hoffnungen. Sie konnten sich einem anderen schenken, aber keiner konnte Sie reiner und zärtlicher lieben als ich. Keinem konnte Ihre Glückseligkeit heiliger sein, als sie mir es war. Mein ganzes Dasein, alles, was in mir lebt, alles, meine Teuerste, widme ich Ihnen, und wenn ich mich zu veredeln strebe, so geschieht's, um Ihrer immer würdiger zu werden, um Sie immer glücklicher zu machen. Vortrefflichkeit der Seelen ist ein schönes und unzerreißbares Band der Freundschaft und der Liebe. Unsere Freundschaft und Liebe wird unzerreißbar und ewig sein wie die Gefühle, worauf sie gründen.

Vergessen Sie jetzt alles, was Ihrem Herzen Zwang auflegen könnte, und lassen Sie nur Ihre Empfindungen reden. Bestätigen *Sie*, was Karoline mich hoffen ließ. Sagen *Sie* mir, daß Sie *mein* sein wollen, und daß meine Glückseligkeit Ihnen kein Opfer koste! O versichern Sie mir dieses, und nur mit einem einzigen Wort. Nahe waren sich unsere Herzen schon längst. Lassen Sie auch noch das einzige Fremde hinwegfallen, was sich bisher zwischen uns stellte, und nichts, nichts soll die freie Meinung unserer Seelen stören. Säumen Sie nicht, meine Unruhe auf immer und ewig zu verbannen. Ich gebe alle Freuden meines Lebens in Ihre Hand. Ach, es ist schon lange her, daß ich Sie mir unter keiner anderen Gestalt mehr dachte als unter Ihrem Bilde.«

Nicht ganz so enthusiastisch und impulsiv, eher ein wenig zurückhaltend fällt Lottes Antwortbrief aus, in dem es heißt: »Schon zweimal habe ich angefangen, Ihnen zu schreiben, aber ich fand immer, daß ich zu viel fühlte, um es ausdrücken zu können. Karoline hat in meiner Seele gelesen, und aus meinem

Herzen geantwortet. Der Gedanke, zu Ihrem Glück beitragen zu können, steht hell und glänzend vor meiner Seele. Kann es treue, innige Liebe und Freundschaft sein, so ist der warme Wunsch meines Herzens erfüllt, Sie glücklich zu sehen. – Für heute nicht mehr. Freitag sehn wir uns. Wie freue ich mich, unsern Körner zu sehn! Und Sie, Lieber, in meiner Seele lesen zu lassen, wie viel Sie mir sind. Adieu! Ewig Ihre treue Lotte.«

Schiller hatte davon geträumt, die beiden Rudolstädterinnen in seinen Dresdener Freundschaftsbund mit einzubeziehen. Der Kontakt zwischen den Damen vom thüringischen Adel und den geistig so aufgeschlossenen Sachsen stellte sich jedoch nicht so recht ein. Körner hatte Grund, Schiller zu mißtrauen, der ihn über seine Verlobungsabsichten getäuscht hatte. Bis zuletzt hatte er immer wieder versichert, sein Herz wäre noch frei und er dächte nicht daran, sich in irgendeiner Weise zu binden. Selbst bei der Hochzeit ließ Körner es bei einem »fröhlichen Zuruf« bewenden. Dieser schloß mit den vielsagenden Worten: »Lebe wohl, und such's Deiner Gattin anschaulich zu machen, was ich ihr sein muß, sobald Sie Deinen Namen führt.«

An eine Hochzeit konnte Schiller nicht denken, ehe seine Einkommensverhältnisse nicht geklärt waren. So verschwieg man auch noch der »Chère mère« der beiden Schwestern Lengefeld die Heiratsabsichten, um ihr unnötige Sorgen zu ersparen.

Gleichwohl verbrachte Schiller auch diesmal seine Semesterferien in Rudolstadt. Wieder bezog er im Hause des Volkstädter Kantors Quartier. Die Urlaubszeit teilte er zwischen seiner Arbeit und der Liebe. Denn die beiden Verlobten steckten immer wieder heimlich die Köpfe zusammen, um zu überlegen, wie sie ihre Zukunft gestalten konnten.

»Städte, Länder und Verhältnisse mit wohlgesinnten Menschen lagen immer bereit«, entsinnt sich Karoline, der das Schicksal der jüngeren Schwester nie gleichgültig war. »Die Phantasie durfte wie Aladins Lampe nur gescheuert werden, und sie schüttete ihre reichsten Schätze vor uns aus.« Man ei-

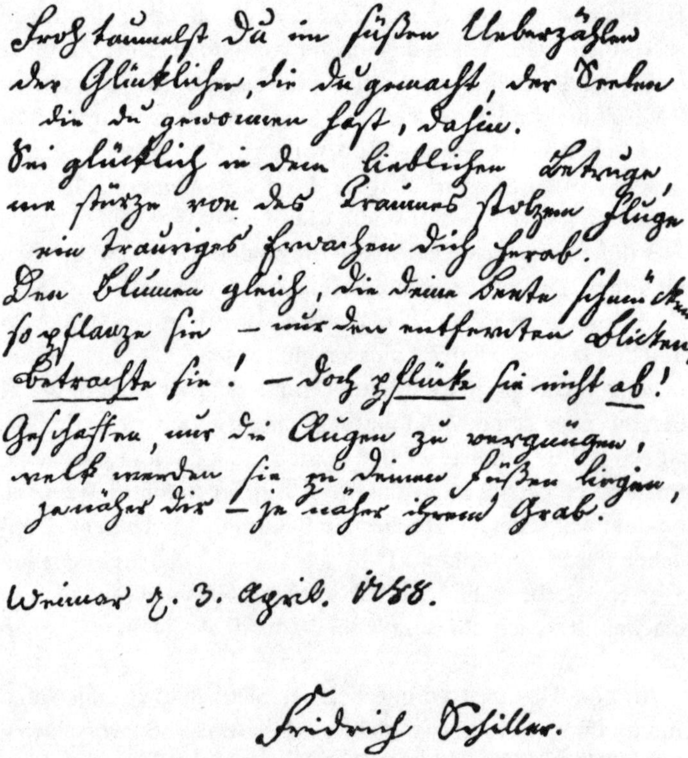
Froh taumelst du im süßen Ueberzählen
der Glücklichen, die du gemacht, der Seelen
die du gewonnen hast, dahin.
Sei glücklich in dem lieblichen Betruge,
nie stürze von des Traumes stolzem Fluge
ein trauriges Erwachen dich herab.
Den Blumen gleich, die deine Beete schmücken,
so pflanze sie – nur den entfernten Blicken,
betrachte sie! – doch pflücke sie nicht ab!
Geschaffen, nur die Augen zu vergnügen,
welk werden sie zu deinen Füßen liegen,
je näher dir – je näher ihrem Grab.

Weimar d. 3. April. 1788.

Friedrich Schiller.

*19 Aus einem Stammbuchblatt für Lotte*

nigte sich schließlich darauf, alle Beziehungen spielen zu lassen um den Herzog zu bewegen, seinem ebenso erfolgreichen wie berühmten Professor ein festes Gehalt zu gewähren.

In der folgenden Zeit riß der Briefwechsel des Jenaer Professors mit den Rudolstädterinnen nicht ab. Seine Briefe sind wohlgemerkt stets an beide Schwestern gerichtet, von denen er bekennt, er habe sie mit der gleichen Zärtlichkeit ins Herz geschlossen. »Meine Seele ist jetzt gar oft mit den Szenen der Zukunft beschäftigt«, beichtet er ihnen. »Ich erwache mit dem Bewußtsein, daß ich Euch finde, und mit dem Bewußtsein, daß ich Euch morgen wiederfinde, schlummere ich ein. Der Genuß wird nur durch die Hoffnung unterbrochen und die süße Hoffnung nur durch die Erfüllung, und getragen von diesem himmlischen Paar, verfliegt unser goldenes Leben.«

Überraschenderweise richtet Schiller sogar seine Liebesbekenntnisse an beide Schwestern zugleich. Und so kann es dann heißen: »Wäret Ihr schon mein! Wäre dieses jetzige Erwarten das Erwarten unserer ewigen Vereinigung! Meine Seele vergeht in diesem Traume. Schon im lebhaften Gedanken an Euch fühle ich meine Seele reicher, göttlicher und reiner. Was wird es sein, wenn Ihr mir wirklich gegeben seid, Ihr meine Engel, wenn ich Leben und Liebe von Euren Lippen atmen kann?« Das bevorstehende Wiedersehen möchte er »in einem Kusse, in einer Umarmung, in einem Blicke« auf die »lieben Gestalten« der Schwestern genießen. Leider hat die Tochter Karolines deren Briefe an Schiller vernichtet. So lassen sich die Empfindungen, die Frau von Beulwitz gegen den Dichter hegte, nur erahnen.

Eifersucht scheint wohl eine Empfindung gewesen zu sein, die den Schwestern Lengefeld fremd war. Auf die Dauer konnte es der Verlobten aber nicht entgehen, daß Schiller die Schwester leidenschaftlicher küßte als sie. Auch wurde die introvertierte Lotte bei den gemeinsamen Gesprächen immer mehr in die undankbare Rolle einer Zuhörerin gedrängt.

Das war der Augenblick, in dem sie ernsthaft zu zweifeln begann, ob sie nicht doch lieber den Dichter ihrer Schwester überlassen sollte. Diese verstand es, sich schneller und umfassender in Schillers Gedankenwelt einzufühlen. Sie stimmte mit ihm in dem Bedürfnis überein, sich immer in Ideen zu bewegen. Aber auf die Dauer entschied sich der Dichter dann doch für Lotte, die bei allem Bildungsstreben nie ihre weibliche Hingebung verleugnete und dabei ihre Schwester bei weitem an Einfühlung und Anschmiegsamkeit übertraf. Auf die Dauer lag Schiller mehr daran, eine »Seele für sich zu bilden«, als an der Ergänzung seines eigenen Wesens. Lotte empfand er wie eine Knospe, die noch voll zur Entfaltung kommen konnte.

»Du könntest fürchten, liebe Lotte«, versuchte er ihre Zweifel zu zerstreuen, die sich immer wieder in ihre Gedanken einschlichen, »daß Du mir aufhören könntest, zu sein, was Du mir bist. So müßtest Du aufhören, mich zu lieben! Unsere Liebe braucht keiner Ängstlichkeit, keiner Wachsamkeit – wie könnte ich mich zwischen Euch beiden meines Daseins freuen, wenn meine Gefühle für Euch beide nicht die süße Sicherheit hätten, daß ich dem anderen nicht entziehe, was ich dem einen bin. Karoline ist mir näher im Alter und darum auch gleich in der Form unserer Gefühle und Gedanken. Sie hat mehr Empfindungen in mir zur Sprache gebracht als Du, meine Lotte – aber ich wünschte nicht um alles, daß dieses anders wäre, daß Du anders wärest, als Du bist. Was Karoline Dir voraushat, mußt Du von mir empfangen. Deine Seele muß sich in meiner Liebe entfalten, und mein Geschöpf mußt Du sein. Deine Blüte muß in den Frühling meiner Liebe fallen. Hätten wir uns später gefunden, so hättest Du mir diese schöne Freude weggenommen, Dich für mich aufblühen zu sehen. Wie schön ist unser Verhältnis gestellt vom Schicksal! Worte schildern diese zarten Beziehungen nicht, aber fein und scharf empfindet die Seele.«

Mochte Schiller anfangs auch noch zwischen den beiden Schwestern geschwankt haben, hatte sich sein Instinkt doch schon längst für Lotte entschieden. Leidenschaft war bei dieser Wahl nun ganz gewiß nicht mit im Spiele. Sein Herz war es, das eindeutig gesprochen hatte. Es hatte sich für die noch bildsame und ihm ganz ergebene Frau entschieden, die seiner stürmischen Natur eine »stille Ruhe und sanfte Gleichheit« entgegenzusetzen hatte.

Natürlich drängt Schiller immer unbändiger auf ein Zusammenleben. »Welch böser Geist gab mir ein, hier in Jena mich zu binden«, klagt er seiner Verlobten sein Leid. »Ich habe nichts, gar nichts dadurch gewonnen, aber unendlich viel verloren. Wäre ich nicht hier, so könnte ich lesen, wo ich wollte, könnte noch weit besser als jetzt einen Plan zu einem Etablissement verfolgen, weil meine ganze Zeit mein wäre.«

Eine Zeitlang konzentrierte Schiller seine Hoffnungen auf den Koadjutor Karl Theodor von Dalberg, den Statthalter und designierten Nachfolger des Mainzer Erzbischofs in Erfurt, der als dilettierender Schöngeist durchaus ein Gespür für die Bedeutung des Dichters Schiller besaß. Inzwischen wurde dieser auch von Karl August empfangen, zu dem das Gerücht von seiner Verlobung gedrungen war. Immerhin wurde er bei dieser Gelegenheit mit einem Gehalt von 200 Talern abgespeist. Das war nicht eben viel, mußte aber für die Gründung einer Familie reichen. Zum Ausgleich für diese materiell unbefriedigende Lösung ernannte ihn der Meininger Herzog zum Hofrat. Damit war Schiller durch einen »anständigen Titel« wenigstens in seiner bürgerlichen Reputation ein wenig aufgewertet.

Am 15. Dezember hatten Charlotte und Karoline auch der Mutter die Nachricht von der Verlobung zukommen lassen. Wieder ist es Karoline, welche die Initiative ergriffen hatte, und bald lag dann auch die Antwort der »Chère mère« vor. Sie lautete: »Dein heutiger Brief, meine liebe Karoline, hat mich so erschüttert und überrascht, daß ich nicht imstande bin, eine einzige Zeile darauf zu antworten.« Aber schließlich stimmt sie dann doch der Verbindung ihrer Tochter Charlotte mit Deutschlands großem Dichter ohne alle Einschränkung zu.

Am 18. Dezember schreibt dann Schiller seinen offiziellen Werbungsbrief an die Forsträtin nach Rudolstadt, in dem es heißt: »Wie lange und wie oft, seit mehr als einem Jahre, habe ich mit mir selbst gestritten, ob ich es wagen soll, Ihnen zu gestehen, was ich jetzt nicht mehr zurückhalten kann. Ich muß Sie bitten, verehrungswürdige Freundin, sich jetzt alles gegenwärtig zu machen, was je in Ihrem gütigen Herzen für mich sprach. Ich lege das ganze Glück meines Lebens in Ihre Hände. Ich liebe Lottchen – ach wie oft war dieses Geständnis auf meinen Lippen, es kann Ihnen nicht entgangen sein. Seit dem ersten Tage, wo ich in Ihr Haus trat, hat mich Lottchens liebe Gestalt nicht mehr verlassen. Ihr schönes, edles Herz habe ich durchschaut. In so vielen froh durchlebten Stunden hat sich ihre zarte, sanfte Seele in allen Gestalten mir gezeigt. Im stillen,

*20 Kirche von Wenigenjena*

innigen Umgang knüpfte ich das unzerreißbare Band meines Lebens. Mit jedem Tag wuchs die Gewißheit in mir, daß ich durch Lottchen allein glücklich werden kann ... Ich erlaube mir keine weitere Erklärung, bis Sie über die Wünsche meines Herzens entschieden haben werden. Steht nur in Ihrer Seele meinem Glücke nichts entgegen, so werden keine Hindernisse von außen ihm im Wege stehen.«

Frau von Lengefeld gab nicht nur bedingungslos ihre Einwilligung, sie stellte sogar aus ihrem Vermögen einen jährlichen Zuschuß von 150 Talern zu den nicht gerade opulenten Einnahmen des jungen Paares zur Verfügung. Im übrigen hoffte Schiller auf eine Erhöhung seiner Einnahmen aus Kolleggeldern und nicht zuletzt aus den Honoraren seiner schriftstellerischen Arbeit.

Der Dankbrief Schillers an seine Schwiegermutter ist unter dem 11. Februar 1790 datiert. Elf Tage später, an einem profanen Montag, wurde das Brautpaar in der Kirche von Wenigenjena getraut. Danach zog man in Schillers Junggesellenwohnung in Jena. Ein Bedienter und eine Zofe hatten diese festlich hergerichtet.

Endlich fühlte sich Schiller, hinter dem schwere Jahre lagen, auf dem Gipfel seines Glücks, dem er nicht so recht traute, weil er nur zu gut wußte, daß es den Sterblichen nur selten gewährt wird. Jedenfalls ließ er bereits acht Tage nach der Hochzeit folgende Meldung an Körner in die Welt hinausgehen: »Was für ein Leben führe ich jetzt! Ich sehe mit fröhlichem Geiste um mich her, und mein Herz findet eine immerwährende sanfte Befriedigung außer sich, mein Geist eine so schöne Nahrung und Erholung. Mein Dasein ist in eine harmonische Gleichheit gerückt; nicht leidenschaftlich gespannt, aber ruhig und hell gingen diese Tage dahin. Ich habe meiner Geschäfte gewartet wie zuvor und mit mehr Zufriedenheit mit mir selbst.«

Karoline war dezent genug, sich immer mehr dem Lebenskreis des jungen Paares zu entziehen. Schiller war nun ganz von der zarten Gestalt Charlottes erfüllt. Sie wuchs in der Tat in die schwierige Rolle einer Frau an der Seite eines Genies schneller hinein, als man erwarten konnte. In Jena empfand man sie als liebenswürdig und zurückhaltend, wenn sie auch eigene geistige Standpunkte entschieden zu verteidigen verstand. Niemand zeigte sich nun noch überrascht, daß Schiller auf die Gegenwart Karolines verzichten konnte und sich mit dem »uninteressanten Lolochen« zufrieden gab, wie kurz vorher noch Wilhelm von Humboldt gelästert hatte.

Wahrscheinlich war das Jahr 1790 das glücklichste in Schillers Leben überhaupt. Charlotte verschaffte ihm in der Tat die Ruhe und Geborgenheit, die er für seine Arbeit immer dringender benötigte. Sie wuchs mit der Zeit immer mehr mit ihrem Mann zusammen. Als sie ihm im Sommer nach Rudolstadt vorausgereist war, erreichte ihn folgendes Lebenszeichen von ihr: »Wie klar fühl ich's täglich und jetzt, daß nur bei Dir, nur unter Deinen Augen das Leben mir liebliche Blüten geben kann.

Arm und leer wäre mein Herz ohne Dich. Mein besseres Leben lebe ich nur bei Dir. Ach, das Scheiden auf stundenlang tut mir schon weh, und vollends auf Tage.«

Schiller genießt das ungetrübte Glück seines ersten Ehejahres trotz enervierender Arbeit an seiner Geschichte des Dreißigjährigen Krieges, die ihn oft mehr als vierzehn Stunden hintereinander an den Schreibtisch fesselt, in vollen Zügen. »Es lebt sich doch ganz anders an der Seite einer lieben Frau«, bekennt er den Freunden. »Jetzt erst genieße ich die schöne Natur ganz und mich in ihr. Es kleidet sich wieder um mich herum in dichterischen Gestalten, und oft regt sich's wieder in meiner Brust. Das akademische Karrenführen soll mir doch nie etwas anhaben. Freilich, zu einem musterhaften Professor werde ich mich nie qualifizieren; aber dazu hat mich die Vorsehung ja auch nicht bestimmt.«

Schiller hatte den Neid der Götter immer schon gefürchtet. Er wußte wie wenige, daß »des Lebens ungemischte Freude« keinem Sterblichen zuteil wird. Das glücklichste Jahr seines Lebens endete dann auch mit einem körperlichen Kollaps, von dem er sich nie wieder erholen sollte.

Er war am Silvestertag mit Charlotte nach Erfurt aufgebrochen, um dort den Neujahrstag im Kreise der Freunde zu verbringen. Während eines Konzertes überfiel ihn ein heftiges Fieber, das nach seiner beschleunigten Rückkehr nach Weimar eine ärztliche Betreuung notwendig machte. Damals fühlte er sich bei schwindenden Kräften bereits dem Tode nahe. Daß er dann doch nach Wochen wieder zur Feder greifen konnte, schrieb er vor allem der hingebungsvollen Pflege Charlottens und Karolinens zu.

Von einer Heilung konnte allerdings nicht die Rede sein. Im Gegenteil. Schiller stand von nun an immer im Schatten des Todes, der schon seine Hand nach ihm ausgestreckt hatte. Er wußte sehr wohl, daß ihm nicht mehr viel Zeit vergönnt sein würde, um sein Lebenswerk zu vollenden. Dazu gehörten seine philosophischen Werke, die ihm besonders am Herzen lagen, aber vor allem sein dramatisches Werk, für das er sich berufen fühlte. Von einer Wiederaufnahme seiner historischen Vorlesungen konnte unter diesen Umständen natürlich keine Rede mehr sein.

Charlotte hatte es nach kurzem Eheglück in den Jahren, die ihr noch für das Zusammenleben mit Schiller blieben, im Grunde nur noch mit einem Kranken zu tun, der seinem immer mehr dahinschwindenden Körper Werk um Werk abrang. In dieser Zeit konnte er sich immer in ihrer Liebe und Fürsorge geborgen fühlen. Von allen Imponderabilien des häuslichen Lebens verschont bleibend, konnte er sich ungestört seiner Arbeit widmen. Lotte war also nicht unwesentlich daran beteiligt, daß unsere Literatur durch die späten Dramen Schillers so einzigartig bereichert wurde. Sie hat ihn dann, ganz seinem Gedächtnis verpflichtet, um einundzwanzig Jahre überlebt und wurde auf dem Bonner Friedhof beigesetzt.

Das häusliche Leben der Schillers konnte unter diesen Umständen freilich kein ungetrübtes Idyll sein. Durch eine Ehrengabe eines dänischen Freundeskreises war die materielle Not zwar behoben, aber der Kampf gegen die verzehrende Krankheit riß keinen Augenblick ab. Von August 1793 bis zum Mai des folgenden Jahres unternahm man eine Reise nach Württemberg, wo Schiller seinen Eltern seine Frau vorstellte, die am 14. September ihren ersten Sohn zur Welt brachte. Es folgten danach noch drei weitere Kinder, ein Junge und zwei Mädchen.

Charlotte hielt sich trotz des wachsenden Ruhmes ihres Mannes bescheiden im Hintergrund. Trotzdem war ihr die Zuneigung seiner Verehrer nicht ganz gleichgültig. Sie selbst gewann im Laufe der Jahre merklich an geistiger und menschlicher Gestalt. Im Kreise der illustren Besucher ihres Mannes konnte sie sich durchaus ehrenhaft behaupten. Obwohl Glück für die Schillers eine Vokabel war, die sie nicht gern in den Mund nahmen, so waren sie sich darüber einig, daß man der Wirklichkeit ziemlich nahe kam, wenn man ihre Ehe als harmonisch und gut bezeichnete. Erfreulicherweise war Charlotte selbst gesund an Leib und Seele, und ihre Kinder waren es auch. Als Nachkommen eines Genies zeichneten sie sich jeden-

*21 Gartenwohnung der Schillers in Jena*

falls erstaunlicherweise durch eine bemerkenswerte geistige und leibliche Gesundheit aus.

Charlotte von Schiller war es vergönnt, zu allerletzt auch noch den Triumph ihres Mannes in Berlin zu erleben. Schon vom Tode gezeichnet, verbrachte er im Mai 1804 fünfzehn Tage in Berlin und Potsdam. Damals lag ihm die preußische Metropole förmlich zu Füßen. Auch Charlotte ließ sich von der Woge des allgemeinen Wohlwollens, das man ihrem Mann entgegenbrachte, davontragen. Die Ovationen für den größten deutschen Dramatiker wollten gar nicht abreißen. Nur seine enge Verbindung mit Goethe hinderte ihn damals daran, Weimar zu verlassen und nach Berlin überzusiedeln.

Ein Jahr nach diesen glanzvollen Berliner Tagen lebte Schiller nicht mehr. Sein altes Leiden hatte ihn von innen her aufgezehrt. Ein halbes Menschenalter hatte er heroisch dagegen angekämpft, nun mußte er vor ihm die Waffen strecken. Charlotte beobachtete hilflos seinen fortschreitenden Verfall und wich nicht von seiner Seite. Auch als die Agonie einsetzte, teilte sie die Wache am Bett des Sterbenden mit ihrer Schwester. In der Stunde seines Todes saß sie an seinem Bett, und sie war die letzte, der er in einem stummen Einverständnis noch einmal dankend die Hand drückte.

Zwar konnte Charlotte ihren Mann nicht auf seinem letzten Gang durch die Weimarer Mainacht begleiten. Aber ihr verdanken wir doch eine minuziöse Beschreibung seiner Beerdigung. »Der ganze Himmel war umwölkt«, heißt es in ihrer Darstellung. »Es drohte Regen, schaurig durchzog der Sturm die alten Dächer und Grabgewölbe, und die Wetterfahnen ächzten. Als aber eben der Sarg vor der Gruft niedergestellt wurde, da zerriß der Sturm plötzlich die dunkle Wolkendecke, der Mond trat hervor mit ruhiger Klarheit und warf seine ersten Strahlen auf den Sarg mit den teuren Überresten. Man brachte den Sarg in die Gruft, der Mond trat wieder hinter die Wolken, und der Sturm brauste heftiger.«

# *Clemens Brentano und Sophie Mereau*

Clemens Brentano war offensichtlich schon auf dem Zenit seines Lebens angelangt, als es ihn im Jahre 1798, eben zwanzig Jahre alt, zum Medizinstudium nach Jena verschlug. Hier begegnete er der um acht Jahre älteren Sophie Mereau, der er sogleich »auf Leben und Tod« verfiel und die seinem Leben eine neue bestimmende Richtung verleihen sollte.

Der Sohn eines südländischen Vaters und einer deutschen Mutter, eben jener Maximiliane Laroche, die bereits in Goethes Biographie eine keineswegs periphere Rolle gespielt hatte, tat sich schwer, die aus dieser Blutsmischung resultierende Disharmonie seines Wesens in Einklang zu bringen. Man sagte ihm nach, er habe nicht nur zwei Seelen, sondern deren viele in seiner Brust zu bändigen.

Hinter Brentano lag damals bereits eine Kaufmannslehre, die er abbrach, da er sich zu Höherem berufen fühlte. Mit 23 Jahren überraschte er die literarische Welt mit seinem Roman »Godwi«, der an lyrischem Subjektivismus noch die Prosa Jean Pauls übertraf. Er wußte selbst, daß es sich dabei um einen »verwilderten Roman« handelte, der es seinen Lesern schwer machte, den Handlungszusammenhang zu verfolgen. Aber die eingestreuten Lieder ließen immerhin schon auf einen genuinen Lyriker schließen, an den man hohe Erwartungen knüpfte. Nur ein Jahr später überraschte er mit einem ebenso geistreichen wie verworrenen Lustspiel, »Ponce de Leon«, das von übermütigen Wortspielen nur so sprudelte. Man hatte es demnach mit einem genialischen Debütanten zu tun, mit dem man noch zu rechnen hatte, falls er sein exzentrisches Temperament zu zügeln verstand. Am überzeugendsten gelang es ihm, den Kampf mit dem eigenen Dämon zu bewältigen, in den sieben

*22 Clemens Brentano (1778–1842)*

Jahren, in denen Sophie Mereau die Mittelpunktsgestalt seines Lebens war.

Sophie Mereau, im thüringischen Altenburg als Tochter eines Obersteuereinnehmers geboren, war damals selbst schon so etwas wie eine arrivierte Schriftstellerin. Als Lyrikerin, Romanautorin und vor allem als Übersetzerin hatte sie sich unbestreitbare Meriten erworben. Selbst die prominentesten Autoren enthielten dieser kleinen Schönheit ihre Zustimmung nicht vor, als sie ihre ersten Gedichte und den Briefroman »Amanda und Eduard« vorgelegt hatte, von dem Schiller sich seinem Briefpartner Goethe gegenüber dahingehend äußerte, er käme der Kunst schon beträchtlich nahe. Auch ihr Roman »Das Blütenalter der Empfindung«, der 1794 bald nach ihrer Vermählung mit dem Jenaer Juraprofessor Mereau in Gotha erschienen war, fand in einem noch empfindsamen Zeitalter enthusiastische Leser, die nach Gelegenheiten suchten, in Gefühlen zu schwelgen.

Wie sehr diese junge Frau mit ihrem Zeitalter übereinstimmte, beweist eine Passage aus diesem Roman, der wie ein Leitmotiv über ihrem gesamten Leben stehen könnte, das sich förmlich verströmte: »Es gibt eine Zeit in unserem Leben, wo unser Gefühl in seiner ersten vollen Blüte steht, wo das trunkene Herz, selbst in seinen Verirrungen noch unschuldig, nach jedem Schattenbilde der Phantasie hascht, wo wir in holden Träumen schwelgen, an Erfahrung Kinder, an Genuß Götter sind.«

Den Rang der Klassizität erreichte diese Autorin, immerhin Mitarbeiterin von Schillers »Horen«, zu keiner Zeit. Sie konnte sich über die Subjektivität ihrer weiblichen Empfindungen nie recht erheben. Selbst Clemens Brentano, der sie als die Frau seines Lebens leidenschaftlich liebte, verzichtete aus naheliegenden Gründen darauf, ihre schriftstellerische Leistung mit Zensuren zu versehen. Er vermißte zu Recht den »Ewigkeitsrang« ihrer gutgemeinten Verse.

Um so mehr verfielen viele Männer, die ihr begegneten, spontan ihrer großen sinnlichen Ausstrahlung. Die Zahl ihrer Verehrer war unübersehbar. Daß sie sich schließlich nach ihrer Trennung von einem ungeliebten Mann dem schwierigen und labilen Clemens Brentano zuwandte, obwohl sie ahnen mochte, daß sie sich in der Glut seiner Leidenschaft verzehren würde, ist nicht zuletzt auch der unwiderstehlichen menschlichen Aura des so viel Jüngeren zu verdanken. Eichendorff hat später von Brentano sagen können, es habe sich bei ihm nicht um einen Dichter gehandelt, er wäre selbst ein Gedicht gewesen, ein Volkslied, das oft unbeschreiblich rührend plötzlich ohne Übergang sich in sein Gegenteil verwandele und sich in überraschenden Sprüngen fortbewege.

Zweifellos: Sophie Mereau war klug, gebildet, geistvoll, musikalisch und schauspielerisch begabt, alles in allem eine ungemein attraktive Frau, einmalig selbst in ihrer Zeit, in der die romantischen Frauen sich zu emanzipieren begannen.

Sophie hatte bezeichnenderweise für ihr Bedürfnis, sich nicht bedingungslos an Menschen zu binden und damit ihr Leben zu vergeuden, das Wort »Selbstbestandheit« geprägt. Damit war sie den hingebungsvollen Frauen ihrer Zeit weit vorausgeeilt. Sie hatte den Wunsch, sich nach menschlichen Begegnungen immer wieder in sich selbst zurückzuziehen, um sich und den Kern ihres Wesens zu erhalten. Der gelegentliche Rückzug aus der Welt gehörte offenbar zu den Voraussetzungen ihres Überlebens. An ihrer Leidenschaft für Brentano, dem sie die Attribute »lieb, schrecklich, göttlich und unmenschlich« zusprach, ist sie dann schließlich auch zerbrochen.

»Eine reizende kleine Gestalt, zart bis zum Winzigen, voll Grazie und Gefühl«, so schildern sie ihre Zeitgenossen. »Damals war sie von allem, was Sinn und Geschmack besaß, hochgefeiert. Wo sie erschien, drängte man sich um sie und fast um sie allein, ein dichter Schwarm von Bewunderern, die nach einem Wort, einem Lächeln von ihr haschten; ringsumher schlossen noch die Gaffer einen undurchdringlichen Kreis.«

Offenbar hat sich Sophie von dieser Welle der Sympathie, die sie davonschwemmte, nie sonderlich imponieren lassen. Dominierend in ihrem Leben war ihr Freiheitsbedürfnis, das sie gegenüber Menschen immer ein wenig auf Abstand gehen ließ.

Auch Goethe zeigte sich sogleich von dieser jungen Jenaer

*23 Sophie Mereau*

Dichterin fasziniert. Er konnte sich ihrer erotisierenden Ausstrahlung nicht entziehen. Immer war er begierig, Neues von der »kleinen Schönheit« zu hören. Schiller, damals noch in Jena wohnend, war der geeignete Vermittler von Neuigkeiten über die Mereau, für die selbst ein Olympier nicht unempfänglich sein konnte.

»Unsere Dichterin hat vor ein paar Tagen an mich geschrieben und ihre Geschichte mit ihrem Mann und Liebhaber gebeichtet«, schreibt Schiller unter dem 19. Oktober 1796 dem Freunde. »Sie gesteht, das Leben mit jenem sei ihr fast unerträglich geworden, und sie habe ihn vor einiger Zeit verlassen wollen. Doch habe sie sich zusammengenommen und sich zur Pflicht gemacht, ferner verträglich mit ihm zu leben.«

Schiller war offenbar so etwas wie der Beichtvater der Mereau in ihren Lebenskonflikten. Er respektierte sie übrigens durchaus auch als Schriftstellerin und schrieb in diesem Sinne an Goethe: »Sie hat sich bloß in einer einsamen Existenz und in einem Widerspruch mit der Welt gebildet.«

Das geistige Format dieser Frau stand demnach außer Frage. Ihre Tagebücher weisen sie als geistige Vertreterin ihres Geschlechts unter lauter dichtenden Männern aus. Sie führte Briefwechsel nicht nur mit Schiller und Friedrich Schlegel, sondern auch mit Achim von Arnim und natürlich und vor allem mit Brentano. Bei ihm war in jedem Fall Liebe, ja südliche Leidenschaft mit im Spiel, was sie von anderen nicht unbedingt zu sagen wagte. Die Lektüre ihrer Briefe löst auch heute noch nicht alle Rätsel dieser geheimnisvollen Frau, die stets zwischen schwärmerischer Sehnsucht und dunkler Trauer, zwischen überschäumender Phantasie und verstandesklarer Kälte hin- und hergerissen wurde.

Für den jugendlichen Brentano muß diese ältere und erfahrenere Frau die Erfüllung all seiner Träume gewesen sein. Er empfand sie als eine »himmlische Gestalt«, der er unrettbar verfallen war. Er sah in ihr mehr als nur eine anmutige, eroberungswürdige und hochgebildete Frau, der damals ganz Jena zu Füßen lag, sondern verspürte sogleich das »Göttliche« in ihr, ohne das er sich, selbst in den Wolken und nicht auf dieser Erde beheimatet, wahre Liebe nicht denken konnte.

Als sich die beiden zum erstenmal im Salon der Schlegels trafen, stand der leicht entzündbare Brentano sogleich in hellen Flammen. Von diesem Augenblick an datierte eine Bekanntschaft, die sich nicht nur in gelegentlichen Besuchen Brentanos im Hause der Mereau beschränkte. Er las ihr aus seinem »Godwi« vor und fühlte sich von ihrem Beifall geschmeichelt. Für ihn bestand von Anfang an kein Zweifel daran, daß sie die große Liebe seines Lebens war, allerdings einer Liebe auf Leben und Tod, wie er bald herausfand. Bei dem furiosen Temperament der beiden Liebenden häuften sich mit der Zeit die Mißverständnisse und Schwierigkeiten, die ein Zusammenleben oft unerträglich machten.

Trotzdem fühlten sich beide offenbar karmisch untrennbar verbunden. Jedenfalls legt Brentano seiner Schwester Sophie im Februar 1800 das folgende Bekenntnis ab: »Ich bin in meiner Seele so verwundbar mit ihr verbunden, daß jede meiner Tätigkeiten um sie und durch sie vor sich geht, und dies erstreckt sich auf die seltsamste Weise bis hin ins Physische. Es gibt eine Ideenverbindung, ein Moment in meinem und ihrem Leben, der, wenn er zum Worte kommt, mich so vernichtet, daß ich auf der Stelle Konvulsionen bekomme, die in eine sonderbare verzweifelnde Stummheit und Stumpfsinn übergehen. Ein solcher Zufall war die Ursache meiner letzten Krankheit... Wird Sophie frei, so ist mir schon wohl, ich bilde mich und bleibe ihr Freund. Stirbt sie, so gehe ich ihr nach.«

Als Sophie, um ihre Selbstbehauptung ernsthaft besorgt, sich von Clemens distanzierte und sie ihm in ihrer beider Interesse kurzerhand ihre Freundschaft aufkündigte, fühlte sich Brentano kaum noch zum Weiterleben fähig. »Das Herz ist abgestoßen mit einem schmerzhaften Stoß und verwelkt mir im Busen«, schrieb er damals an Savigny.

Der Dichter liebte so extrem, wie er auch zu leben pflegte. Am allerwenigsten liebte er die Zwischentöne zwischen schwarz und weiß. »O schließe mich fest an Dein treues, ewig junges Herz, Du einzig geliebtes, unumgängliches Geschöpf«, hatte er Sophie beschworen. »An Dir vorbei geht mir der Weg in die Hölle, mit Dir ist überall der ewige Himmel.«

An seinen jüngeren Bruder Christian schrieb er von Schmerz aufgewühlt: »Sieh sie recht an. Sie ist der einzige lebendige Punkt meines Lebens, und so ist das Leben von mir getrennt.« Christian war es dann auch, der, ernsthaft um den Bruder besorgt, dessen Verbindung zur Mereau nach vielen Jahren schmerzhafter Trennung wieder herstellte.

Clemens sah in Sophie, wie er dem Bruder versicherte, auch das Urbild der eigenen Mutter, die ihren Kindern mit nur 36 Jahren entrissen worden war. Damit hatte er bereits das Schicksalhafte dieser Begegnung umschrieben. Nur dieser älteren und mütterlichen Frau traute er zu, sie könnte ihm in seiner Seelennot helfen. Durch sie rechnete er sich alle Chancen aus, »so nicht ein großer, doch ein liebenswürdiger, nützlicher Mensch« zu werden.

Die wieder aufgefundenen Tagebücher der Mereau umreißen die gesamte Skala exaltierter Empfindungen, in denen die beiden hin- und hergerissen waren. Heitere und ausgelassen fröhliche Stunden wechselten fast übergangslos mit deprimierenden Stimmungen. Verständlich daher, daß Sophie sich schließlich aufraffte, das Martyrium einer zwischen Höhen und Tiefen schwankenden Liebe so bald wie möglich zu beenden. Als im Januar 1800 ihr Sohn aus ihrer Ehe mit Mereau stirbt, trennt sie sich mit letzter Entschiedenheit von Brentano, um ihr Leben selbst wieder in die Hand zu nehmen, ehe es zu spät ist. »Bis zum 19. April in ständiger Bewegung«, vermerkt ihr Tagebuch über diese entscheidende Zeit. »Blitze und Abendrot. Begreifung längst gebrauchter, nie erkannter Ausdrücke von Gefühlen. Gräßlicher Trübsinn. Tiefe Ansicht des eigenen Charakters. Viele schreckliche, auch einige fröhliche Tage.«

Am 17. Mai 1800 vermerkt Sophie Mereau den Besuch Friedrich Schlegels in ihrem Tagebuch. Darauf gibt es »schreckliche Szenen« mit Brentano. Sie empfindet ihn zunehmend als eine Belastung, der sie kaum gewachsen ist und von der sie sich befreien muß. Und wirklich ist Brentano ehrlich genug, seiner Schwester Sophie seinen Seelenzustand zu offenbaren: »Ich liebe alle Menschen freilich etwas zu sehr und bin nie befriedigt, weil ich immer von anderen erwarte, was ich mir eigentlich nur selbst geben kann.«

Immer mehr drängt sich Friedrich Schlegel zwischen ihn und Sophie, und immer mehr quält ihn die Eifersucht. Am 8. August 1800 vermerkt daher sein Tagebuch: »In Jena kann ich nicht bleiben. Schlegel ist zu sehr Herr über mich durch seinen Anteil an meiner Geschichte.«

Inzwischen ist Sophie zu Verwandten nach Camberg gezogen. Sie möchte endlich eine sie ungeheuer belastende Vergangenheit hinter sich lassen und ihre Beziehungen zu Brentano endgültig abbrechen. In diesen Tagen verzeichnet ihr Tagebuch: »Festeres Verhältnis zu Schlegel. Süße Lust. Gänzlich aufgehobener Umgang mit Brentano. Reise nach Ilmenau und Schwarzenburg. Entzücken – Seligkeit – Stille.« Brentano wird nur kurz und bündig ihr Entschluß mitgeteilt, ihm nicht mehr begegnen zu wollen.

»Sehen kann und will ich Sie nicht«, heißt es da lakonisch. Daß beide sich nach diesem traurigen August 1800 doch noch einmal wiederfinden, muß ihnen rückblickend wie ein Wunder erschienen sein.

Brentano empfand diese gewaltsame Trennung von der Geliebten wie ein Martyrium, an dem er fast zerbrochen wäre. Kurz vor der Trennung hatte er sie noch beschworen, was sie ihm bedeutete. »Es ist kaum recht, daß ich Dir heute noch schreibe«, heißt es in diesem inhaltsschweren Brief. »Aber ich kann nicht anders, und zwei Stunden habe ich nun schon auf meinem Sofa gesessen und von Dir geträumt, vor Dir gelacht und geweint. Zwei Stunden habe ich schon gedacht, ob ich wohl ohne Dich leben könnte, aber Du Arme, es ist wohl nicht möglich, und wenn es wahr ist, daß Du mich liebst, ach, dann ist es gar nicht möglich...

Am Dienstagnachmittag sahst Du mich so schrecklich kalt an, als brauchtest Du meine Liebe nicht mehr, da Du Deinen Bruder hattest. Du legtest eine Hölle in mir an durch Deine tote Behandlung des Lebens...

*24 Friedrich Schlegel (1772–1829)*

In Deinem ganzen Wesen liegt eine Zerrüttung, eine Augenblicklichkeit, die mich fürchterlich ängstigt. Auch in Deinem Umgange mit mir liegt jenes unbestimmt traurige Hinwandeln. Oft ist es mir, als wagtest Du mich langsam zu Tode zu martern, um nicht zu wagen, mir auf einmal meinen Kummer zu reichen. Wie könntest Du denn oft so töricht sprechen, daß ich Dich vergessen werde, wie könntest Du nur wünschen, daß ich andere Weiber lieben sollte? Der Gedanke dieser Möglichkeit kann Dir nicht süß sein, wenn Du mich liebst.«

Für Clemens Brentano war mit dieser Trennung eine Welt zusammengebrochen. Mit Sophie, so empfand er, hatte er seinen Halt verloren. Er durfte eine Zeitlang den Zauber selbstloser Mütterlichkeit an der Seite dieser einzigartigen Frau erleben. Sie hatte wieder den Dichter in ihm erweckt, dem so elementare Liebeserlebnisse einen starken schöpferischen Anstoß vermittelten. Lieder voll Klang und Stimmung entstanden in den Jahren seiner Liebe zu Sophie Mereau. Sie klangen wie die Volkslieder, die er gesammelt hatte, und sie waren voll Schwermut, Sehnsucht und Sinnlichkeit. Sie ließen die Sprache wie bei nur ganz wenigen deutschen Lyrikern zu Musik gerinnen. Eben deshalb haben sie bis heute nichts von ihrer Poesie eingebüßt. Natürlich mußte auch eine so empfindsame Frau wie Sophie dem genialischen, schönen und von allen Frauen verwöhnten jungen Dichter verfallen, der sich ihr mit einer ihr unbekannten Leidenschaft zu Füßen warf. Schließlich fühlte sie sich diesem Ansturm des Gefühls doch nicht mehr gewachsen. Deshalb brach sie wahrscheinlich unter dem Einfluß Friedrich Schlegels, der sie ganz für sich besitzen wollte, das Verhältnis zu Brentano ab.

Hätte Clemens nicht in seiner Göttinger Studienzeit in Achim von Arnim einen kongenialen Freund kennengelernt, hätte er das Gleichgewicht seiner verletzbaren Seele so leicht nicht wiedergefunden. Er war sich dessen sicher, daß sich die ihm zugefügte Wunde nie wieder schließen würde. Auch fand er nach dem plötzlichen Tod seiner Schwester Sophie in der jüngeren Bettina einen festen Halt. Mit ihr schließt er einen schöpferischen Geschwisterbund. In Bettina ahnte er zu Recht eine durchaus verwandte Seele, der er sich mitteilen konnte. Er suchte ihre Nähe. Schließlich konnte ihm immer nur an Menschen liegen, die ihn entweder liebten oder haßten. Unausgegorene Gefühle schienen ihm unerträglich zu sein.

Seine Liebesenttäuschung zehrte wie eine schleichende Krankheit an ihm. Die unerfüllte Leidenschaft zu Sophie Mereau ließ ihn am Ende sogar an seiner dichterischen Begabung zweifeln. »Ich wünschte oft, nichts von der Kunst zu wissen, ein ganz gemeiner Mensch zu sein«, machte er seinem betrübten Herzen Luft. Erst als ihn Arnim im Sommer 1802 in Frankfurt besuchte und sie gemeinsam eine Rheinfahrt unternahmen, auf der sie die Sammlung alter deutscher Volkslieder beschlossen, regte sich wieder der alte Schaffensdrang in Brentano. Seine ständige Unruhe aber setzt ihm auch weiter zu. Sie ließ ihn zwischen Marburg und Frankfurt hin- und herpendeln. Zwischendurch zog es ihn allerdings auch nach Jena. Sophie war inzwischen nach Weimar übergewechselt.

Daß Sophie sich im Frühjahr 1803 dann doch wieder Brentano zuneigte, hatte dieser vor allem dem Einsatz seines Bruders Christian zu verdanken, der sich aus Mitleid für den Bruder mächtig ins Zeug legte, um wenigstens wieder den Briefwechsel zwischen ihm und Sophie in Gang zu bringen.

Der erste Brief, den Clemens an Sophie nach diesen Jahren der stillen Verzweiflung zu schreiben wagte, trägt das Datum des 10. Januar 1803. Er gehört zu den anrührendsten unserer Literatur überhaupt. Immerhin läßt er einiges von den geheimen Qualen durchschimmern, die so lange an ihm gezehrt hatten. Aber offenbar mußte Clemens erst durch dieses seelische Inferno hindurch, um nach tiefster Erschütterung die Geliebte in neuer Freiheit wieder für sich zurückzugewinnen. Langsam begann von diesem Tag an ihre gemeinsame Liebe wieder aufzuleben und sie beide zu beflügeln.

Zunächst erlegt sich Sophie betont Zurückhaltung in ihren Briefen auf, um seine Leidenschaft nicht wieder zu entfachen. Wie ein Verdurstender ergreift Clemens sogleich die Hand, die sich ihm da entgegenstreckt. Für ihn kann es nun einmal keine Halbheiten geben, und in der Liebe schon ganz und gar nicht.

»Ich fühle es, liebe Sophie, ich fühle es mit Tränen, wir haben uns beiden Unrecht getan«, bricht es wie ein Strom aus ihm heraus. »Ich fühle es, daß ich Dich liebe und daß Du nicht ewig mit mir zürnen wirst. O, könnte ich Dich rauben und an dem Drachenfels am Rheine Dir eine Hütte bauen. O, könnte ich Dich zwischen den beiden freudigen Ufern hinauf- und hinabfahren. Es ist eine freie poetische Existenz möglich, die fern von dem Abenteuer ist und fern von dem häuslichen Tod. Ich kenne diese Existenz, ich lebe sie, aber ich bin einsam, und kein Mensch lebt, mit dem ich freudig teilen mag. Du traust der Liebe nicht, aber ich traue ihr ewig. Ich glaube wieder an Dich, ich hoffe auf Dich, ich begehre alles von Dir.«

Sophie erwidert mit betonter Zurückhaltung auf seine emphatischen Briefe, in die er seine Gefühle ausströmen läßt. Schließlich hat sie sogar gegen ein Wiedersehen nichts einzuwenden. Im April hatte sie ihn noch behutsam und mütterlich beschworen: »Gebrauchen Sie die einfachsten, natürlichsten Mittel, den Dämon namenloser Unruhe zu verbannen, der in Ihnen, nicht außer Ihnen wohnt. Sie haben viele Talente, aber viele Talente ohne Willenskraft gleichen einem zarten, blütenbeladenen Zweig ohne Stütze, den seine Zierde selbst nur tiefer herabzieht. Talente können Ehrfurcht für sich selbst einflößen, aber keine Achtung. Suchen Sie durch einfache Beschäftigung, Arbeit, körperliche Anstrengung ruhiger zu werden, auch ernstlich und ausdauernd. Ich fordere es von Ihnen. Sie haben mich selbst dazu berechtigt, und es wird also für Sie nun Pflicht, es zu tun.«

Am 14. Mai 1803, also nach dreijähriger erzwungener Trennung, sehen sich Clemens und Sophie wieder. Unter diesem Datum vermerkt Sophies Tagebuch die folgende Eintragung: »Frühling des Gemüts. Großer Wechsel. Blumen, Liebe, Andacht, Leben.« Clemens Brentano hatte wieder Zugang zu ihrem Herzen gefunden und sah sich damit am Ziel seiner Träume.

Sophie schien bei dieser Wiederbegegnung begriffen zu haben, was sie lange schon ahnte, nämlich daß dieser noch jugendliche Mann, dessen Genie sie wie kaum ein anderer erkannte, ihr Schicksal war, und sie ergab sich in dieses Los. Sie war jedoch keineswegs seinem stürmischen Werben erlegen, sondern einer geheimnisvollen Stimme, die sie dazu überredete, für dieses Genie ihr Leben in die Waagschale zu werfen. Von nun an wollte sie ihm Geliebte, Freundin, Gattin und Mutter sein. Sie wollte sich nur dieser Aufgabe verschreiben.

Sophie war sich darüber im klaren, daß sie um ihrer Liebe willen ihre Freiheit opferte. Aber sie zweifelte auch keinen Augenblick daran, daß sich ihr Einsatz lohnen würde, ohne sich im bürgerlichen Sinne an ihn zu binden. Sie wollte sich noch möglichst lange einen Rest von Freiheit bewahren und eine Eheschließung solange wie irgend möglich hinausschieben. Erst als sie fühlte, daß sie Mutter wurde, ergab sie sich um des zu erwartenden Kindes willen Brentanos Wünschen.

»Von heiraten sprich mir nicht«, hatte sie Clemens noch im September 1803 beschworen. »Du weißt, ich tue alles, alles, was Du begehrst und wovon Du glaubst, es könne Dich glücklicher machen, aber wolle nichts, was Dich nicht zufriedener macht – und mich auch nicht. Sag jetzt den Leuten, was Du willst, und überlaß mir das übrige ganz, ich verdiene es. Liebe die Menschen und sei lustig. Was soll ich mit einem so unzufriedenen Liebhaber anfangen?«

Am 29. November 1804 wurden in der lutherischen Pfarrkirche zu Marburg »ehelich zusammengegeben« der »privatisierende Gelehrte Clemens Brentano aus Frankfurt a. M. und Frau Professor Sophie Mereau aus Jena«. Brentano hatte endlich die Frau für sich erobert, um deren Besitz er so lange gerungen hatte und der er bedingungslos verfallen war. Mit Sicherheit war sie die einzige Frau, die ihm wenigstens eine Zeitlang Ruhe und Stetigkeit verschaffen konnte.

An seinen Freund Achim von Arnim erging dann kurz darauf folgender Jubelruf: »Sie liebt mich, wie ich sie ehedem liebte, und sie ist das einzige Weib, die jener unendlich ähnlich sieht, die ich mit Dichteraugen in ihr gesehen.« In der Tat war sie für ihn das Urbild einer Frau, das »Göttliche, ewig Unschuldige und Jugendliche«.

Sophie empfand es kaum anders. Sie liebte recht eigentlich ein »Glühendes, Ungeheures« in ihm, wie sie sich ausdrückte. »Ja, Clemens, in Dir bete ich das Göttliche an«, versicherte sie ihm. »Wo hätte sich die Gottheit mehr verherrlicht?« Sie verehrte im Geliebten den schöpferischen Lebensstrom, der die Herzen zu verjüngen imstande war, weil er die Offenbarung der Weltseele selbst ist. Wenn sie als Dichterin auch nicht nach besonderen Lorbeeren greifen konnte, so spürte sie doch wie nur wenige die Macht des Schöpferischen in sich selbst und im Geliebten, mit dem sie sich bis ans Ende ihrer Tage verbunden hatte.

Natürlich war die enge Verbindung zweier übersensibler und seelisch so differenzierter Menschen auch weiterhin ein Wagnis, das eingegangen werden mußte, wenn sie ihr irdisches Schicksal ausleben wollten. Ihr Briefwechsel spiegelt dann auch die ebenso befeuernde als auch qualvolle Liebe der beiden wider. Immer wieder mußte die reifere Sophie den Geliebten zur inneren Ruhe zwingen. Immer wieder auch bemüht sie sich, sein unruhig aufflackerndes Seelenfeuer niederzuhalten. Sie finden sich in unbezähmbarer Sehnsucht zusammen, wie sie sich auch in unaufhörlichen Kämpfen zermartern.

Während Sophie ihrem Clemens »weibliche Eitelkeit« ankreidet, »die angebetet sein wollte, um verschmähen zu können«, wirft er ihr vor, daß ihr »auf Erden noch nichts gelungen ist, keine Liebe, keine Freundschaft, keine Mütterlichkeit, keine Kunst, keine Andacht«. In einem seiner Briefe an Sophie heißt es dann auch dementsprechend: »Betrachte selbst, liebe Seele, wie es unmöglich ist, bei Deiner Denkart ruhig zu sein. Du hast mir nicht nur oft beteuert, ja, mir es immer mit der Tat bewiesen, daß Du bloß im Momente lebtest. So hast Du Deine Beständigkeit. Mit dem Moment geht der Moment. Du liebtest mich im Moment, Du versicherst mich im Moment Deiner Festigkeit. Ich war so glücklich im Moment. Der Teufel hol' den Moment, und wenn Du nicht aufhörst, immer im Moment zu stecken, so wird Dich einmal in einem Moment der Teufel mitsamt Deinem Moment geholt haben. Darum bete fleißig, mein Kind, liebe mich inniger und steter, mache es so, wie ich mit Dir, verlange nach mir, schreibe mir...«

Ein anderes Mal offenbart Brentano der geliebten Frau sein ganzes zerrissenes Innere in schonungsloser Offenheit: »Sieh, ich will Dich einen tiefen Blick in mein Inneres tun lassen, mißbrauche ihn nicht, knüpfe an ihn das erste, schönste Werk Deiner Liebe zu mir. Meine ganze Bizarrität, alles, was in mir bloß interessant ist, was mich störend, auffallend macht, ist die mit einem großen Abstand von ängstlicher Arbeit und mißbrauchtem Kunstsinn scheinbar genialisch drapierte Unordnung und daraus entsprungene Mutlosigkeit und Unbill am Leben. Du bist der erste Mensch, dem ich dies sage, nicht, als wäre es mein schmutziges Interesse gewesen, es zu verbergen, sondern weil Du der erste Mensch bist, den ich unbegrenzt achte und liebe. Ich vertraue Dir, denn ich erwarte Hilfe. Liebe und den wohltätigsten ordnendsten Einfluß von Dir auf mein Leben.

Wenn meine Hoffnung an Dir scheitert, die Hoffnung, durch Dein Mitleben zur Ordnung, Ruhe und Arbeitsamkeit in allen meinen Angelegenheiten, geistlichen und weltlichen, zu kommen, so ist mein Leben auf Erden gescheitert. Der erste und notwendige Schritt hierzu ist, daß Du mein Weib vor Gott und den Menschen seist.«

»Clemens, ich will die Ordnung Deines Lebens nicht stören«, versichert ihm Sophie. »Ich will sie sichern. Leichtgesinnt werde ich sein, aber nicht leichtsinnig. Deine Freiheit will ich zu erhalten streben, indem ich Dich der Unordnung entreiße, und alle Reife, welche die mir aufgenötigte Sorge für die Erhaltung meiner eigenen Existenz, meinem Verstande gegeben hat, will ich gebrauchen, um Dir auf jede Weise nützlich zu sein.«

Die eher zarte und fragile Frau zeigte sich in der Tat fortan heroisch entschlossen, den Kampf mit der Hydra aufzunehmen. Sie weiß genau, worauf sie sich eingelassen hat, als sie dem von Unrast zerrissenen Genius die Hand reichte. In einem Brief vom 28. Oktober 1803, in dem sie Clemens ihre Bereitschaft, ihn zu heiraten, mitteilt, gesteht sie: »Es ist sonderbar, daß auch nicht *ein* Mensch ist, der nicht Deine Talente bewundert und Deinen Charakter fürchtet. – Nur ich, ich fürchte ihn nicht. Es macht mich ganz fröhlich, mich einmal so ganz allein keck der ganzen Welt entgegenzustellen. Ich werde mit Dir glücklich *sein*, das weiß ich. Ob ich es *bleiben* werde, das weiß ich nicht. Aber was geht mich die Zukunft an? Kann ich nicht sterben, ehe ich unglücklich werde?«

Sophie ist sich also der ganzen Verwegenheit ihres Entschlusses, sich an ein so labiles und unstetes Genie wie Clemens zeit ihres Lebens zu binden, sehr wohl bewußt. Sie nimmt diese Ehe mit ihm wie eine heilige Verpflichtung auf sich, der sie sich erst als gewachsen erweisen muß. Noch wenige Tage vor der Hochzeit hatte sie ihn beschworen: »Alles liegt klar und bestimmt vor mir. Ich handle Deinem Willen gemäß, erfülle eine heilige Pflicht. Ich handle recht unschuldig, natürlich – und habe folglich alle Ursache, mich ganz dem Leichtsinn, der Lustigkeit hinzugeben, was ich denn auch von Herzen tue. Freilich steht mir eine sehr ernste Stunde bevor, die Stunde, wo ich Dir wirklich den Namen Gatte geben werde. Ich weiß es im voraus, ich werde gerührt sein, vielleicht weinen, denn wie es auch sei, aber ich fühle es tief in meinen heiligsten Momenten, da, wo die Herrlichkeit einer anderen Welt, die sich nicht in Worten, nur in Tränen spiegelt, in meine Seele scheint. Das Wort Gatte, Vater ist ein geheimnisvolles, heiliges Symbol von höheren Verhältnissen, die wir nur ahnen, nicht begreifen können.

Aber dann macht das Erdenweib, die leichtgeschürzte, leichte Pilgerin des Lebens, wieder ihre Rechte geltend. Sie steht einen Augenblick still und schaut lächelnd zurück auf die buntgeratene Zeichnung ihrer Reise und freut sich dann, mit kindischem Mutwillen vorwärtsblickend, daß sie im Begriffe ist, den kecksten, lustigsten Streich ihres Lebens zu begehen, aus Clemens einen Ehemann zu machen! Laut muß sie lachen und kann gar nicht begreifen, was dabei Bedenkliches, Schwerfälliges oder Ernstes sein soll. Rasch und mutig setzt sie ihre Reise weiter fort, und fest überzeugt, daß sie da, wo sie ermüdet, auch schnell ihre Heimat finden wird.«

Sophie war dreiunddreißig Jahre alt, als sie das Wagnis der Ehe mit dem erst fünfundzwanzigjährigen Brentano einging, vor dem nach menschlichem Ermessen noch eine große Zukunft als Dichter lag.

Das erste Ehejahr verlief ohne bemerkenswerte Zwischenfälle. Sophie unternahm alles, was in ihren weiblichen Kräften stand, um Clemens zu jener Ruhe zu verhelfen, um die er ein Leben lang gerungen hatte. Immer wieder brach jedoch die alte Unruhe aus ihm hervor. Immer wieder auch konnte er seinem Fernweh nicht widerstehen und begab sich auf Reisen.

»Ich bitte Dich, lieber Fremdling, komm doch endlich einmal nach Hause, versuch es nur und komm zu Dir selbst«, beschwor sie ihren Mann in einem nach Berlin gerichteten Brief vom 17. Oktober. »Von meinem Leben kann ich Dir nichts schreiben. Es ist einfach und arbeitsam. Es wäre unmöglich, daß ich soviel arbeiten könnte, wenn Du hier wärest.«

Doch sobald er unterwegs auf Reisen ist, treibt es ihn doch immer wieder zu Sophie zurück. »Ich kann nicht ohne Dich leben«, bekennt er ihr freimütig. »Mein ganzes Blut kocht bei dem Gedanken an Dich und steht nicht stille und gerinnt, wenn ich ferne von Dir bin.

Daß ich zu Hause werde arbeiten können, daran zweifle ich nicht, aber daß ich hier nach allen Umständen keine Zeile hervorbringen werde, weiß ich gewiß.«

Sophie überraschte es keineswegs, daß der Dichter die Ehe mit ihr, die er so inbrünstig ersehnt hatte, dann eben doch zunehmend als lästige Fessel empfand. So sehr sich Sophie auch darum mühte, so war seine verzehrende Unrast nicht zu bändigen. Er fühlte sich durch seine Frau zwar sicher durchs Leben getragen, aber als Dichter sah er sich keineswegs durch ihre Nähe beflügelt. Er gefiel sich sogar darin, von seinem »poetischen Tod« zu sprechen. Davon konnte allerdings keine Rede sein. Die gemeinsam mit Sophie verbrachte Zeit gehörte zu den fruchtbarsten Schaffensperioden seines Lebens.

Angesichts von soviel innerer Spannung, die nie abreißen wollte, konnte Sophie Brentano ihrer Freundin Charlotte von Ahlefeld den Eindruck, den sie von ihrer Ehe hatte, mit den Worten zusammenfassen, das Zusammenleben mit ihrem Mann enthalte Himmel und Hölle zugleich, aber die Hölle herrsche dann eben doch darin vor.

Die monomanische Unrast des Dichters lag in der Tat wie ein Schatten über der kurzen Zeit, die ihn mit Sophie vereinte. Im

Sommer 1804 ziehen beide von Marburg nach Heidelberg. Im Oktober des gleichen Jahres folgt Brentano dann einer Einladung Achim von Arnims nach Berlin. Bei diesem kongenialen Freund versucht er das zu finden, was er bei Sophie augenscheinlich entbehrt. Aber kaum ist er in Berlin angelangt, kommt er zu der Einsicht, nur Sophie könne ihm die innere Ruhe verschaffen. Wenn er sich nicht vor Arnim schämen würde, möchte er am liebsten gleich wieder nach Heidelberg zurückkehren.

»Arnim selbst empfindet seltsam über meine große Sehnsucht nach Dir«, läßt er Sophie wissen. »Er hat eine große Achtung vor dieser inneren Angst. O Sophie, warum so ferne, warum je ein anderes Wesen als Dich sehen? Ach, daß mich Gott segne, daß uns Liebe, Ruhe und Friede werde ineinander, daß die große Liebe in mir zu Dir deutlicher verstanden, empfangen und wieder geboren werde. Arnim ist vortrefflich, liebenswürdig, durchaus voll Talent und Ideen, aber Du fehlst mir, Deine Liebe fehlt mir, Dein Kuß, ja etwas Unnennbares, was mir Deine Nähe gewährt, mehr als irgend die Nähe eines Menschen.«

Während Brentanos Abwesenheit übersetzt Sophie Boccaccio, bearbeitet altdeutsche Lyrik und Prosa. Sie schreibt sogar ein kleines Schauspiel unter dem Titel »Gustav und Valerie«. Clemens legt indessen mit Arnim letzte Hand an die Volksliedsammlung, die dann im September 1806 im Verlag Mohr und Zimmer in Heidelberg erscheinen und ihrer Bedeutung entsprechend gefeiert werden wird.

Brentano hätte auf Grund seiner geordneten Lebensverhältnisse alle Veranlassung, glücklich und zufrieden zu sein. Aber das ist er keineswegs. Selbst die Arbeit verschafft ihm keine innere Befriedigung mehr. »Meine Liebe müßte Dich umgeben wie ein warmes, weiches Kleid, das Du überall mit Dir trägst und in dem Du Dich wohl befindest«, beschwört Sophie ihn. »Aber es scheint, als bedürfe Dein Gefühl, um zu fühlen, öfters einen Reiz, der, wie spanische Fliegen, Blasen zieht. *Du* bist es, nicht *ich*, der ewig nach dem Fremden trachtet. Deine Begierde

Beilage 120.

# Des Knaben Wunderhorn

## Alte deutsche Lieder

L. Achim v. Arnim. Clemens Brentano.

Heidelberg. bey Mohr u. Zimmer.
Frankfurt bey J. C. B. Mohr.
1806.

nach mir ist eben das, was Du oft bei mir empfunden. Was Dich jetzt zu mir zieht, zog Dich oft von mir weg. Es ist allgemeines Gefühl, ein stetes Sehnen nach dem Entfernten. Ich bitte Dich, lieber Fremdling, komm doch endlich einmal nach Hause. Du bist stets nicht bei Dir, und es ist so hübsch bei Dir. Versuch es nur und komm zu Dir selbst. Du wirst die Heimat finden, sie lieben und dann immer mit Dir tragen.«

Wo er sich nun endlich zu innerer Ruhe hätte zwingen können, ritt ihn der Teufel, seiner Frau ihre früheren Verhältnisse mit anderen Männern vorzuwerfen. Dann wieder überschüttete er sie mit seinen Zärtlichkeiten. Die beiden Kinder, die sie ihm geboren hatte, waren kurz nach der Geburt wieder gestorben. Sophie war jedesmal in eine dumpfe Seelenstarre versunken. »Dich trifft meine Trauer nicht«, versuchte sie Clemens zu trösten. »Ich traure über mein verlorenes Leben, ich traure, daß ich nichts bin und daß ich noch nicht gedemütigt bin.«

Im Frühjahr 1805 taucht Achim von Arnim in Heidelberg auf. Nun folgen überaus glückliche Wochen und Monate, an denen alle drei hingegeben an der Volksliedersammlung arbeiten. An seinem 27. Geburtstag lädt Clemens Sophie und den Freund zu einer Rheinreise ein. Er will den beiden Menschen, die seinem Herzen am nächsten stehen, den Rhein zeigen, an dem er seine schönsten Kindertage verlebt hat. Er scheint nun ganz mit seinem Schicksal ausgesöhnt zu sein.

»Glaubst Du vielleicht, es sei mir wohl ohne Dich«, schreibt er ihr sehnsüchtig von einer Reise. »O Sophie, es ist mir nicht wohl ohne das meinige, ohne mein Weib, ohne meine Qual und meine Freude... Nimm wenig Bagage mit Dir, so viel Weißzeug und Kleider, als Du auf ein paar Wochen brauchst, um eine Bürgersfrau zu sein, einen Hut, einen Schleier und Dein liebevolles Herz, um es dicht, dicht an das meinige zu drücken und mich ans Leben festzuhalten. Sophie, wenn Du ein Engel wärst, ich hätte in dem Augenblick Liebe genug, Dich dem lieben Gott abspenstig zu machen, komme, mein ganzes Glück hängt davon ab.«

Den Sommer des Jahres 1806, in dem Europa von den napo-

*26 Das Heidelberger Schloß*

leonischen Kriegszügen erschüttert ist, leben die Brentanos in völliger Zurückgezogenheit. Sophie erwartet für den Herbst abermals die Geburt eines Kindes, und schon schwärmt Clemens von ihrem Kind: »Wo ich ein paar schwarze Augen sehe, meine ich, so sieht es aus, und küsse es und wünsche, ich wäre da. Es ist Dir lange übel gegangen; nun wird alles gut.«

Am 30. Oktober machen die beiden noch einen Spaziergang auf den Heidelberger Schloßberg. Sie erleben dabei, wie dort die alten Linden gefällt werden, die sie so sehr geliebt haben, und kehren traurig nach Hause zurück, wo sie Joseph Görres mit seiner Frau antreffen. Noch am Abend setzen die Wehen ein. In den frühen Morgenstunden des 31. Oktober verblutet Sophie. Auch das Kind, eine Tochter, überlebt die Geburt nicht.

Brentanos Schmerz über diesen Verlust kennt keine Grenzen. Er ist wie von Sinnen, fühlt sich »wie aus dem Leben gerissen« und wird bis ans Ende seines Lebens diesen Schmerz nie verwinden können. »Sophie, die mehr zu leben verdient als ich, die die Sonne liebte und Gott, ist schon lange tot«, schüttet er Arnim sein vereinsamtes Herz aus. »Blumen und Gras wachsen über ihr und des Kindes Grab, welches, getötet durch sie, sie tötete. Blumen und Gras sind sehr traurig für mich...

Sophie fühlte Wehen, mit unendlicher Freude und Seelenruhe rief sie mich hinaus. Ich trug die neue Wiege mit ihr in die Stube; da dachte ich, daß es die dritte neue Wiege war, und weinte. Aber Sophie war wie eine Heilige froh. Sie neckte mich, und wir rüsteten zusammen die Wiege und das Gerät. Ich holte noch Dein Bild und eine Madonna. Es war abends um acht. Nimm Hulda und gehe mit Görres auf das Schiff, damit sie nicht jammert, wenn ich schreie, es wird bald vorüber sein.

Da ich nach Hause kam, hörte ich Sophie jammern. ›Lieber Clemens, rufe mir den Arzt! Ach Gott, stärke mich!‹ Ich rief den Doktor. Um zwölf Uhr kam die Mutter Lasaulx und sagte: ›Das Kind ist da, man sucht es zu beleben. Es ist ein Mädchen.‹ Und ich sprach: ›Lebt mein Weib? Ich habe keine Freude an Kindern. Sie sterben.‹ ›Ihr Weib ist sehr schwach.‹ – Da hörte ich Sophie schwer, schwer atmen. Sie sagte: ›Lebt mein Kind!‹ und starb, und die Erde starb. Alles starb.«

Die glücklichsten Jahre Brentanos hatten mit diesem 31. Oktober 1806 ihr Ende gefunden. »Nachher war nichts Gutes mehr, und nichts konnte schlechter werden«, erinnert er sich gegen Ende seines Lebens. Immer aber lebte Sophie in seinen Träumen, »sehr liebevoll, schön und heilig, so wie in der ersten Liebe«.

# *Achim von Arnim und Bettina Brentano*

Unter den großen Dichtern Preußens ragt neben Heinrich von Kleist der dichtende Aristokrat Achim von Arnim wie ein Megalith empor. Er war unter lauter verschwärmten Romantikern eine betont männliche Erscheinung und hatte für sein Talent mit einem immer bedrohten Leben am Rande der damaligen Gesellschaft zu zahlen. Das war nach seiner eigenen Meinung nämlich immer dann der Fall, wenn sich eine künstlerische Begabung »aus der alten preußischen Montierung« hindurcharbeiten muß, wie er in Hinblick auf Heinrich von Kleist sicher zutreffend formulierte.

Als 17jähriger hatte Arnim die Universität Halle bezogen und dort vorwiegend physikalische Studien betrieben. Schon ein Jahr später veröffentlichte er eine Abhandlung über die »Theorie der elektrischen Erscheinungen«, und von nun an erschienen laufend Aufsätze aus seiner Feder in den »Annalen der Physik«.

Nach seinem Übergang auf die Universität Göttingen im Jahre 1800 flaute sein Interesse für die Naturwissenschaften langsam ab. Er geriet in den Bannkreis von Literaten und Dichtern, die sein noch schlummerndes literarisches Interesse spontan weckten und den Dichter in ihm entdeckten. Vor allen fiel in diese Zeit seine erste Begegnung mit dem im Grunde so ganz anders gearteten Clemens Brentano, der entscheidend in sein Leben eingriff. Auch ein vorübergehendes Zusammentreffen mit Goethe blieb nicht ohne Wirkung für seine weitere Biographie.

»Deutschlands Meister war heute angekommen«, schrieb er am 6. Juni 1801 in sein Tagebuch. »Er schritt mit ernstem Blick den Gang herunter. Zu eng erschien der breite Gang, noch

*27 Achim von Arnim (1781–1831)*

einen anderen außer ihn zu fassen. Fast hätte ich vergessen, ihn zu grüßen, obgleich die anderen alle als Bekannten ihn bewillkommt. So war ich ganz befangen von dem ernsten Blick, dem festen Gang, dem freundlichen schön Vollendeten der Lippen.«

Als Arnim einen Monat nach dieser Begegnung mit dem Genius wieder den Boden seiner märkischen Heimat betrat, kehrte er als ein Verwandelter zurück. Seinen wissenschaftlichen Ambitionen hatte er abgeschworen. Von nun an frönte er vorwiegend dem Ehrgeiz, in einem positiven pädagogischen Sinn auf andere Menschen einzuwirken. Er hat nicht mehr oder weniger vor, als die Gesellschaft reformieren zu helfen. Im Jahre 1802 debütierte er mit einem Jugendroman »Hollins Liebesleben«, der tragischen Liebesgeschichte zweier romantischer, aber einem Mißverständnis anheimfallender junger Menschen. Bei der Konzeption dieses Romans schwebte ihm nicht mehr oder weniger vor, als mit Goethes »Werther« in einen ernsthaften Wettbewerb zu treten. Wenn ihm das selbstredend auch nicht gelang, so hatte er doch mit diesem Stück Prosa sein Gesellenstück abgeliefert, das ihn als einen großen Erzähler auswies.

Als Achim von Arnim auf einer Kavaliersreise mit seinem Bruder, die ihn durch Europa führte, auch in Frankfurt im Haus zum Goldenen Kopf Station machte, traf er zum ersten Mal mit der erst 17jährigen Bettina Brentano zusammen. Die beiden »zwillingsgleichen Brüder« Clemens Brentano und Achim von Arnim hatten damals Bettina in Offenbach aufgesucht. Sie war mit ihnen gemeinsam nach Frankfurt gereist und stand dann wohl etwas verloren und wehmütig am Mainufer, als die beiden Freunde, voller romantischer Ideen und voll hoher Lebenserwartungen, sich einschifften, um rheinabwärts zu fahren und damit die klassisch-romantische Tour anzutreten. Diese denkwürdige Rheinreise ist schließlich in die Literaturgeschichte eingegangen. Auf dieser Fahrt faßten die beiden Freunde nämlich den Plan zur Herausgabe einer Volksliedersammlung, die dann als entscheidende Pioniertat gefeiert wurde und ihren Namen einen unvergänglichen Glanz verleihen sollte.

Vor allem Arnim konzentrierte seinen ganzen jugendlichen Elan auf diese Arbeit. Er hielt das Sammeln der alten Volkslieder für eine eminent wichtige politische Aufgabe, die sehr wohl dazu beitragen konnte, die nationale Zersplitterung der Deutschen überwinden zu helfen. Es waren dann auch gleich mehr als siebenhundert Lieder, die Arnim von seinen ausgedehnten Reisen mitbrachte. Er sondierte sie sogleich nach seiner Rückkehr nach Berlin und schrieb damals seinen richtungsweisenden Aufsatz »Von Volksliedern«, den er dem ersten Band der Sammlung als Nachwort beifügte. Als dann der Goethe gewidmete erste Band unter dem Titel »Des Knaben Wunderhorn« im September des Jahres 1806 erschien, stellte sich bald heraus, daß von dieser Stunde an der deutschen Lyrik neue Impulse vermittelt worden waren. Die deutsche Romantik hatte durch diese Arbeit der beiden Freunde eine ihrer entscheidenden Anregungen empfangen, von der wir heute noch zehren.

Bettina spielte zu jener Zeit im Leben des preußischen Junkers, der sich in die Poesie verirrt hatte, überhaupt noch keine Rolle. Auch ein zweiter kurzer Aufenthalt Arnims in Frankfurt auf dem Wege in die Schweiz brachte die beiden nicht näher. Man erzählt zwar, sie wären auf einer Wanderung mit Karoline von Günderode in ein schweres Unwetter geraten und hätten die Nacht in einem primitiven Notquartier gemeinsam verbringen müssen. Immerhin schrieb Arnim rückblikkend von diesem Unternehmen an seinen Freund Brentano: »Deine Bettina habe ich nur dreimal sehen können. Aber einen frohen Abend habe ich in ihrem Garten erlebt. Ich habe einmal Deine ganze Familie der Verbindung von Feuer und Magnetismus konstruiert und Dich auch: Bettina ist die höhere Vereinigung von beiden.«
Für Bettina stellt sich im Rückblick dieses nächtliche Abenteuer mit Arnim ganz anders dar. Wahrscheinlich ging die Phantasie wieder einmal mit ihr durch, wenn sie berichtet, Arnim habe seinen grünen Mantel um die beiden Mädchen geschlungen, wobei sie durchaus seine »elektrisierende Jugendnähe« verspürt hätten. Auf jeden Fall war damals durchaus schon Verliebtheit mit im Spiele. Bettina behielt nämlich einen Handschuh, den Arnim ihr zum Flicken anvertraut hatte. Es gelang ihrer weiblichen List sogar, sich auch des zweiten zu bemächtigen.

*28 Bettina von Arnim geb. Brentano*

Zwar hatte Arnim das Außergewöhnliche im Wesen dieses koboldhaften jungen Mädchens empfunden. Aber eine spontane Zuneigung wollte sich dann doch nicht einstellen. Sie waren eben zu verschieden, um es zu einer mitschwingenden Harmonie zu bringen. Wahrscheinlich sah der Dichter in ihm Bettina richtig, wenn er über sie an Clemens schrieb: »Sie kann nur ewig durch *sich* froh werden und traurig; die ganze Richtung unserer Kräfte treibt entgegengesetzt.«

Er verrät dem Freund bei dieser Gelegenheit, Bettina sei bei einem Wettlauf durch Kornfelder seinem Kuß ausgewichen, als er sie nach einem Sturz aufheben wollte. An ihrer ausgeprägten künstlerischen Begabung besaß er überhaupt keinen Zweifel, ja, er unterstellte ihr, nur in einer musischen Betätigung würde sie die Ruhe ihres Gemütes finden. Im übrigen konnte er seine Vorliebe für ältere Frauen nicht verhehlen. So hatte er sich beispielsweise zur Frau seines Göttinger Verlegers Dietrich, zur Gräfin Schlitz, der Frau seines Onkels, zu Madame de Staël, der ominösen Frau von Krüdener und der Sängerin Guiseppa Grassini magisch hingezogen gefühlt.

Natürlich war der Charakter Bettinas, wie er bald herausspürte, höchst problematisch. Mit bürgerlichen Maßstäben gemessen fiel sie völlig aus jeder Norm des Gewöhnlichen. Bezeichnenderweise wurde sie als das schwarze Schaf ihrer Familie angesehen. Und was ihre Zukunft betraf, so gab man sich keinerlei Illusionen über sie hin. Verheiratet könnte man sie sich angesichts ihres exorbitanten Freiheitsbedürfnisses und ihrer fast pathologischen Bindungsängste überhaupt nicht vorstellen. Dieser »dämonische Geist«, wie Goethe sie zu nennen pflegte, verfügte über eine schöpferische Dynamik, der sich die Großen ihrer Zeit, zu denen sie schon beizeiten geistige Kontakte suchte, nicht entziehen konnten. Die Versuche, das Bild eines koboldhaften, genialischen und exzentrischen Kindes, als das Bettina in unserer Literaturgeschichte herumgeistert, zu revidieren, sind daher bis heute nicht abgerissen.

Die Exzentrik ihres Wesens kann nicht überraschen. Schließlich entstammte Bettina einer Familie, in der das geistige, vornehmlich literarische Engagement eine gewisse Tradition besaß. Ihre Großmutter, Sophie Laroche, um die einst Wieland geworben hatte und die durch ihren Erfolgsroman »Die Geschichte des Fräulein von Sternheim« als erste namhafte deutsche Unterhaltungsautorin in unsere Literaturgeschichte eingegangen ist, hatte bereits den jungen Goethe in ihren Bann gezogen, der übrigens Bettinas Mutter Maximiliane in Wetzlar heftig umschwärmt hatte. Diese heiratete nach diesem beherrschenden Erlebnis ihres Lebens den um viele Jahre älteren italienischen Kaufmann Pietro Brentano in Frankfurt und versuchte, sich den Malaisen dieser Ehe immer wieder durch ihre Flucht ins Reich der Poesie zu entziehen. Der Mischung so unterschiedlicher Blutsanteile hatten sowohl Bettina als auch Clemens ihre fast manische Unruhe, aber auch ihre einzigartige menschliche Ausstrahlung zu verdanken.

Wohin es Bettina auch immer im Lauf ihres bewegten Lebens verschlug, immer stand sie irgendwie im Mittelpunkt der Gesellschaft, in die sie sich verirrt hatte. »Von kleiner, zarter, höchst symmetrischer Gestalt, mit blassem, klaren Teint, mit weniger blendend schönen als interessanten Zügen, den unergründlich dunklen Augen und einem Reichtum schwarzer Locken, schien sie wirklich die ins Leben getretene Mignon oder das Original dazu gewesen zu sein«, so zeichnete eine Zeitgenossin das Porträt dieser ungewöhnlichen Frau. »Abgeneigt jedem modischen Wechsel und Flitter, trug sie fast immer ein schwarz-seidenes, malerisch in offenen Falten herabfließendes Gewand, wobei nichts die Schlankheit ihrer feinen Taille bezeichnete als eine dicke weiße Kordel, deren Ende ähnlich wie an Pilgerkleidern lang herabhing... Wer diesem eigentümlichen Wesen jemals nahegetreten war, konnte es im Leben nicht mehr vergessen. Ihr reicher Geist, ihre sprudelnde Regsamkeit voll poetischer Glut und Phantasie, verbunden mit ungesuchter Anmut und grenzenloser Herzensgüte machte sie im Umgang unwiderstehlich.«

Nach den frühen Begegnungen in Frankfurt war Bettinas Verbindung mit Achim von Arnim völlig abgerissen. Der Krieg, der über Europa dahinbrauste, hatte ihn verschlungen. Das preußische Debakel lag wie ein Schatten über ihm. Nach der Schlacht von Jena und Auerstedt wurde auch er von der gewaltigen Fluchtbewegung mit hinweggeschwemmt. Er folgte seinem König bis nach Königsberg und arbeitete unentwegt weiter am zweiten Band seiner Volksliedsammlung, die dann von Goethe geradezu enthusiastisch besprochen wurde.

Im Jahre 1808 siedelte Arnim zu seinem Freund Brentano nach Heidelberg über und gab dort ein paar Monate lang die »Zeitung für Einsiedler« heraus, die das künstlerische Programm der »Heidelberger Romantik« überzeugend artikulierte. Damals unterhielt Arnim, auf der Höhe seines Schaffens stehend, Kontakte zu vielen geistesverwandten Dichtern, wie den Brüdern Grimm, Görres, Eichendorff, Creutzer, Uhland und Kerner, die alle hingegeben an einer Regeneration der deutschen Dichtung mitwirkten.

Als Arnim dann wieder in Berlin Quartier bezieht, überrascht er die literarische Welt mit einem neuen Wurf, der aufhorchen läßt. Sein Roman »Armut, Reichtum, Schuld und Buße der Gräfin Dolores« spielt keineswegs in einem romantischen Traumzeitalter, sondern blendet ungemein erhellend in die politische und kulturelle Situation seiner eigenen Zeit ein, deren Problematik Arnim so sensibel und schmerzlich wie sonst kein anderer Zeitgenosse empfindet. Allerdings fiel ihm die Bändigung seiner wuchernden bizarren Phantasie oft schwer genug, so daß man die Schönheit seiner Prosa erst wie hinter einem Gebüsch entdecken kann.

Der Weimarer Kritiker Johannes Daniel Falk sprach daher unverblümt aus, was damals viele empfanden. Er zitiert den Dichter vor ein fiktives Tribunal, dessen Urteil dann folgendermaßen ausfällt: »Achim von Arnim, angeklagt wegen Mangels an Geschmack, üppigen Kolorits, Vernachlässigung des Stils, der Sprache und der Zeichnung auch deshalb, wie aus den Akten zu ersehen, schuldig erfunden, wegen höheren Verdienstes aber als genialer Kopf, als Sammler altdeutscher Volksgedichte und eines echten Dichtergefühl, das ihn bei diesem schweren Geschäft geleitet hat, freizusprechen und mit einem doppelten Ehrenkranz nach Elysium zu entlassen.« Auch Goethe äußerte sich ähnlich über dieses Werk: »Es ist wie ein Faß, wo der Böttcher vergessen hat, die Reifen festzuschlagen; da läuft's dann an allen Seiten heraus.«

Seine saloppe Attitüde war übrigens auch einer der Gründe dafür, daß Arnim nie ein öffentliches Amt bekleidete. Wilhelm von Humboldt hätte ihn gern als seinen Nachfolger auf dem Botschafterposten in Rom gesehen. Allein der »Wunderhornmann geht in solcher Pelzmütze und Backenbart herum, daß nicht daran zu denken ist«, schrieb er seiner Frau.

Gleichwohl hat die königliche Erscheinung dieses Aristokraten mit den strahlenden blauen Augen und dem vollen blonden Haar alle, die ihm begegneten, mehr oder weniger fasziniert. Vielleicht erschien er in seiner ungekünstelten byronesken Art, mit der er auftrat, als der einzig wirkliche Mann unter den Romantikern. Alle wissen jedenfalls seine Noblesse und seine keineswegs nur vorgetäuschte Menschlichkeit zu rühmen.

Sein Lebenskonzept blieb bis zuletzt vor allem auf Poesie hin orientiert. »Alles geschieht in der Welt der Poesie wegen, das Leben mit einem höheren Sinne und in einem erfüllten Sinne zu leben«, schrieb er in seiner »Lebensaussicht«. »Die Geschichte ist der Ausdruck dieser allgemeinen Poesie des Menschengeschlechts. Das Schicksal führt dieses große Schauspiel auf. Wer sich Poet nennt, der ist nicht stolz, er beschränkt das Spiel seines Lebens, indem er es einem Zweck unterordnet. Er ist ein echter Märtyrer und Einsiedler. Er betet und kasteit sich für andere, er stirbt, damit *sie* leben können.«

Auch der ebenso arbeitsreiche wie anregende Heidelberger Sommer brachte keine Annäherung Arnims an Bettina. Selbst während eines gemeinsamen Aufenthaltes in Winkel, wo sie auf Franz Brentanos Besitz unbeschwerte Wochen verbrachten, waren sie sich fremd geblieben. Schließlich waren gerade in dieser Zeit Arnims Gedanken mit allen nur erdenklichen neuen literarischen Projekten beschäftigt. Außerdem lag für ihn eine Einladung der Madame Staël vor, den Winter mit ihr auf ihrem Landsitz Coppet zu verbringen. Erst beim Abschied regten sich in beiden offenbar tiefere Empfindungen, die sie einander nicht verbergen konnten. Bettina bekannte damals ihrem Schwager Savigny gegenüber: »Arnim ist auch niedergebeugt in seinem gebeugten Vaterland. Er ist doch der Mensch, der alles Recht auf mich hat, und wenn ich auch nicht mit ihm verheiratet bin, so gehören wir nicht minder zusammen als ihr beide.«

In Berlin entzog sich Arnim keineswegs dem gesellschaftlichen Leben. Überall, wo er auftauchte, hinterließ er einen bestechenden Eindruck. Die Mädchenherzen flogen ihm zu, und im Ballgeflüster hieß es: »Ach, im Arm ihn, Achim von Arnim!« Soviel Sympathiebekundungen hinderten ihn aber nicht daran, mit Bettina Liebesbriefe auszutauschen. Dieser unruhige politische Sommer, in dem Bettina zunächst in München, später in Landshut weilt, bringt die Liebenden merklich näher.

Solange Arnim der Staatsdienst verschlossen blieb, und er kaum mit durchschlagenden und einträglichen literarischen Erfolgen rechnen konnte, hatte er sich nicht mit Heiratsgedanken getragen. Inzwischen näherte er sich aber bereits seinem dreißigsten Lebensjahr, ohne daß er wirtschaftlich in irgendeiner Weise abgesichert war. Das änderte sich aber mit einem Schlage, als am 10. März 1810 seine Großmutter starb und er nach Eröffnung ihres Testaments in den Stand versetzt war, »rechtmäßige Kinder zu haben«.

Trotz ihres regen Schriftwechsels hatten weder Arnim noch Bettina an eine ernsthafte Bindung gedacht. In einem Brief vom August 1809 hatte er allerdings schon mit dem Gedanken daran gespielt. »Paßte ich in irgendeine bürgerliche Ordnung und könnte ich eine Frau ernähren, so könnten wir uns wie andere ehrliche Leute dreimal aufbieten lassen, Gäste einladen, kochen und backen und heiraten. Ich meine doch, daß Dir so wenig wie mir der Gedanke sehr fremdartig ist, wenn ich es gleich mit großer Verwunderung vor mir geschrieben sehe. Ich habe neulich in der Bibel alle Stellen nachgelesen, die vom Heiraten handeln; es ist alles im wunderlichsten Widerspruche! bald wird es geraten, bald abgeraten. Ich meine, daß da den Menschen, viel zur Ergänzung überlassen ist. Da meine ich nun, es wäre eine durchaus zweckmäßige Einrichtung, wenn die Menschen einander erst zur Probe heirateten, wie sie sich miteinander vertrügen, z. B. auf vier, acht, sechzehn Wochen. Weise den Vorschlag nicht so von der Hand. In besseren Zeiten könnten wir einmal ernstlich daran denken. Wer weiß, wenn Du mich jetzt wiedersähest, ob du mich noch leiden könntest. Vielleicht habe ich mich sehr verändert.«

Am 10. Juli 1810 schrieb der neunundzwanzigjährige Arnim so etwas wie seinen offiziellen Heiratsantrag an Bettina. »Ich habe es Dir nicht gesagt, und doch ist es wahr«, läßt er sie wissen. »In Kassel, in Winkel, in Schlangenbad schenktest Du mir so ausschließlich Zärtlichkeit, daß mein Gewissen erwachte, ob ich mit geteiltem Herzen zwischen Königsberg und Dir mich nicht betröge. Die Einsamkeit führte mich in ihr ernstes Nachdenken, die äußeren Verhältnisse des Lebens zogen sich mit, der zum Erwerb so wenig angeleitet, wie Du zur Wirtschaftlichkeit, immer enger zusammen... Nie möchte ich irgendeinen Menschen der Welt, wieviel weniger Dich, die mir seit Jahren näher liegt als irgendein Mensch, an die ich lange geglaubt, daß es die einzige ist, die je mit eigentlicher dauernder Neigung mir zugetan, und der mich in Handlungen, wenngleich nicht in Gedanken immer, treu erhalten habe – wie möchte ich Dich Deinem besseren Dasein entreißen, um mir eine Güte zu tun und menschlich zu leben wie andere.«

Bettina ließ in ihrem weitschweifigen Antwortbrief noch einmal die wesentlichen Etappen ihrer Freundschaft abrollen, um dann zu bekennen: »Wie will nun einer kommen und sagen, daß dies alles nichts sei, da ich Dich nicht lieber habe wie andere mehr, daß Du mir nichts seist. Was weiß er von mir? Was weiß ich selber von mir und der Liebe als nur, daß ich eines festen Willens bin, gut zu sein und Gutes zu tun – und Dir vor allen anderen?«

Arnim machte nach dieser Zustimmung nur wenig Federlesens, und so heißt es in seinem Brief vom 29. Juli kurz und bündig: »Ich meine, wir heiraten uns, wenn und wo es sei, nur bald. An Mobilien brauchst Du nicht viel. Wenn Du ein Fortepiano hast, ich hab mein Schreibpult.«

In der Tat fand die Verlobung schon am 4. Dezember 1810 statt, die Hochzeit am 11. März des Jahres darauf, als das Trauerjahr um Arnims Großmutter gerade abgelaufen war. Damit sieht sich Bettina am Ziel ihrer geheimen Wünsche: »Arnims wunderschöne Jugendnähe elektrisiert mich; er ist in der Welt nicht zum zweiten Male.«

Man feiert eine echte Poetenhochzeit in Berlin, ehe man sich im Hause Wilhelmstraße 78, im Garten des Vossischen Palais einrichtet. Sie hatten diesen Tag, an dem ein achtzigjähriger Pfarrer sie traute, nur improvisiert, wie es ihre Art war. »Achim hatte kein Brautkleid und keinen Myrtenkranz besorgt«, berichtet Bettina später. »Ebensowenig hatte er für ein Hochzeitsmahl gesorgt. Es mußte ohne dies alles geheiratet werden. Man aß bei einem Restaurateur, und danach brachte Arnim eilig, weil er den Abschied von seiner Junggesellenzeit gleichfalls vergessen hatte und ihn im Kreise seiner Freunde nachholen wollte, seine jungvermählte Frau zu dem Professor Savigny.«

Die kapriziöse Bettina hatte Arnim nicht zuletzt auch wegen seines wachsenden schriftstellerischen Ruhmes geheiratet. Außerdem gehörte sie mit dieser Heirat nunmehr zu einer der vornehmsten preußischen Familien und wurde damit Schloßherrin auf Wiepersdorf. Obwohl sie fortfuhr, ihr eigenes Leben auf keine alltägliche Weise zu führen, stellten die zwanzig Jahre, die sie an Arnims Seite verbrachte, sie vor schwere Aufgaben. Sie dachte nicht daran, ihre Beziehungen zur Berliner Gesellschaft mit einem Schlage abzubrechen. Hier war sie so ganz in ihrem Element, und darauf konnte sie einfach nicht verzichten. Der scharfsichtige Berliner Chronist Karl August Varnhagen stellte damals fest: »Ein glücklicherer Ort als Berlin konnte für Bettina nicht gefunden werden. Berlin war das günstigste ›Fußgestell‹ für ihre Erscheinung; in anderer Atmosphäre als der hiesigen würde sie bald erstickt sein.«

Auch ihre Begeisterung für Goethe riß nach ihrer Eheschließung keinen Augenblick ab. Sie sah sich ständig zwischen zwei Männern hin-und-her-gerissen. Goethe blieb ihr geistiges Idol,

*29 Unter den Linden*

nach dem sie sich ausrichtete. Schon 1807 war sie, wegen der Kriegswirren als Savoyardenknabe verkleidet, mit ihrem Schwager nach Weimar gereist, wo sie dem Sohn der ihr freundschaftlich verbundenen Frau Aja ihre ganze Verehrung zu Füßen legte. Seitdem hatte sie nie wieder davon abgelassen, sich als seine Muse zu fühlen und sich dementsprechend aufzuführen. Noch als Siebzigjährige, als der Stern ihres so bewegten Lebens bereits zu erblassen begann, setzte sie sich mit allen Kräften für den Olympier ein. Ihre letzte Initiative galt der Vollendung ihres Goethedenkmals, das sie in einem edlen Wettstreit mit Thorwaldsen und Rauch entworfen hatte. Seitdem der Weimarer Titan ihr körperlich entrückt war, versuchte sie sich ihm wenigstens auf diese Weise zu nahen. Immer wieder hat sie sich im Laufe ihres Lebens aufgerafft, den Deutschen durch die Verehrung ihres größten Sohnes ein neues Selbstbewußtsein zu vermitteln. Nach ihrem Tode im Januar 1859 bahrte man sie daher auch zu Füßen ihres Goethemonuments im Saal ihres Berliner Hauses auf. Das war ihr Wunsch gewesen, ehe sie die Augen für immer schloß.

Arnim hatte es nicht eben leicht, sich im Schatten Goethes zu behaupten. Alles in allem hat es wohl auch kaum jemals ein so unterschiedliches Ehepaar gegeben wie er und Bettina. Der preußische Junker, so ganz dem strengen preußischen Ethos verpflichtet und zu äußerster Disziplin und innerweltlicher Askese erzogen, unterschied sich in allem und jedem von seiner kongenialen Frau, in der das südländische Temperament immer wieder elementar durchschlug. Sie war und blieb bis zuletzt ein Irrwisch, der nicht einzufangen war.

Noch von der Vierzigjährigen entwarf die Schauspielerin Karoline Bauer ein Bild ewiger Jugendlichkeit. »Als ich Bettina bei Rahel kennenlernte«, beschreibt sie das kaum enträtselbare menschliche Phänomen Bettina, »war sie schon vierzig Jahre, aber noch eine anmutige Erscheinung voll Jugendlichkeit, Leben und Grazie. Sie war klein, zierlich und hatte in ihrem Aussehen und in ihrer wirbelnden Beweglichkeit etwas Knabenhaftes. Dazu stimmten ihre kurzen dunklen Locken, die das Köpfchen frei umflatterten, ihre blanken großen italienischen Augen und starken Augenbrauen, ihr dunkles und einfaches Kleid mit dem altdeutschen weißen Klappkragen, ihre naive Kindlichkeit und ihre kecken, jungenhaften Manieren. Sie hüpfte trällernd durchs Zimmer, spielte mit einem Apfel Fangball, voltigierte kühnlich über einen Sessel, versteckte meiner Mutter das Strickzeug, warf mich beim Tee mit Brotkügelchen und machte einen Heidenlärm...

Der ganze Eindruck war fremdartig, halb Puck, halb Sylphe. Man konnte sich lebhaft denken, daß Bettina in ihrer Jugend bei der Frau Rat und bei Goethe das Kind ›Mignon‹ reizend spielte, ja, daß sie sogar mit Grazie kindlich und kindisch unartig sein konnte. Bei der vierzigjährigen Frau aber erschien für schärfere Augen und Ohren diese Kindlichkeit und vordringende Naivität doch etwas forciert, und man begriff Rückerts Spottwort: ›Bettina macht mir angst, und Rahel macht mir bange‹.«

Im Gartenhäuschen hinter dem Vossischen Palais fühlte sich

die jungverheiratete Bettina von Arnim so ganz in ihrem Element. Man hatte das Häuschen nach dem eigenen Geschmack eingerichtet und mit anspruchslosen Möbeln versehen. »Ich wohne hier im Paradies«, schrieb sie am 11. Mai, also zwei Monate nach ihrer Hochzeit, begeistert an Goethe. »Die Nachtigallen schmettern in den Kastanienbäumen, ich weiß nicht, warum ich so glücklich bin. Von morgens früh an gehe ich der Musik nach, und Arnim treibt seine Geschäfte. Gegen Abend bearbeiten wir ein kleines Gärtchen hinter unserem Häuslein, das mitten in einem großen Garten steht; und nun: Philemon und Baucis könnten nicht ruhiger leben.«

Beide genießen das Glück ihres ersten Sommers. »Wenn ein Hase vors Bett kommt, dem bedeutet's Glück. So ist mir heute geschehen, und ich sende ihn Dir, meinem Glücke«, schreibt Achim auf einem Zettel an sie. Sie revanchiert sich, indem sie ihn wissen läßt: »Vielleicht kann ich Dir viel Glück wünschen und wenig geben. Aber was ich habe, ist Dein.«

Natürlich waren ihre Temperamente zu unterschiedlich, als daß man dieses Idyll vom Sommer 1811 im Vossischen Garten hätte fortdauern sehen. Als Fazit dieser Ehe kann man wohl die Meinung des damaligen Berliner Gesellschaftschronisten Varnhagen teilen, der nicht zu Unrecht mutmaßte, »daß Bettina ihren Mann nicht eigentlich geliebt, sondern nur aus Ehrfurcht geheiratet habe, und er ihr die Ehre angetan, sie zur Mutter seiner Kinder zu machen«.

Das glückliche erste Ehejahr war allerdings durch eine Trübung des Verhältnisses zum Weimarer Frauenplan belastet. Bei einem Weimar-Aufenthalt der Arnims kam es zwischen Bettina und Goethes Christiane, die sich durch Bettinas Zudringlichkeit Goethe gegenüber brüskiert sah, während der Eröffnung einer Bilderausstellung zu einem öffentlichen Eklat. Goethe stellte sich eindeutig auf die Seite seiner Frau und verbot den Arnims sein Haus. Diese traten unverzüglich die Abreise an, nachdem sich Arnim wegen des Vorfalls bei Goethe entschuldigt hatte: »Es bedarf keiner Versicherung, wie leid es mir getan, daß die öffentlichen Schimpfreden, welche die Frau

Geheimrätin über meine Frau ergossen, und die Folgen derselben auf die Gesundheit meiner Frau und auf das Stadtgespräch eine Trennung des Umgangs in den letzten Tagen notwendig machte.«

Auf das Verhältnis Goethes zu Bettina anspielend, heißt es dann weiter: »Indem sie ihren freundlichen Briefen und Wendungen Interesse schenkten, macht sie sich ein Bild unwandelbarer Liebe für sie, daß ihr gleichsam von Geschlecht zu Geschlecht als eine Forderung des Gemüts und der Pflicht angeboren und zugewachsen wäre, was in E. E. vielleicht nur eine vorübergehende Rührung und etwas Vergangenes, eine Verwunderung über die eigene Natur meiner Frau war und also hier bei dem kleinsten Hindernisse aufgegeben werden mußte.«

Als man sich im folgenden Sommer in Teplitz wieder begegnete, schrieb Goethe an seine Frau; »Von Arnims nehme ich nicht die mindeste Notiz. Ich bin froh, daß ich die Tollhäusler los bin.«

Am 16. April 1814 waren die Arnims auf ihr Gut nach Wiepersdorf übergesiedelt. Dort nahm das Familienleben einen recht dynamischen Fortgang. Im Mai 1812 war der erste Sohn Freimund geboren worden. Im Oktober des folgenden Jahres kam der zweite Sohn Siegmund und im Februar 1815 der dritte, Friedmund, zur Welt. Mitte April 1816 erkrankte Arnim so schwer, daß er tagelang in Lebensgefahr schwebte. Am 23. April richtet Bettina einen dringenden Hilferuf an die Brüder Grimm, in dem es heißt: »Liebe Gebrüder, mit bewegtem, erschüttertem und freudigem Herzen schreib ich Euch, daß mein und Euer Arnim neun Tage zwischen Leben und Tod gerungen, an einer Brustentzündung, verbunden mit einem delirierenden refmatischen Nervenfieber, und daß Gott in zweimal 24 Stunden die Krankheit zum Trost aller, die ihn kennen, zur Genesung gewendet.«

Wilhelm Grimm machte sich darauf sogleich nach Wiepersdorf auf und vermittelte seinem Bruder einige Impressionen von diesem brandenburgischen Besitz: »Arnims Haus ist geräumig und der Garten daran und der Wald von Birken dahinter schön, doch ist jenes inwendig ziemlich verfallen, war aber mit Pracht und eigentlich fürstlich eingerichtet. Zimmer mit purpurseidenen Tapeten und Goldleisten und getäfelter Boden. In seiner Stube liegt alles ziemlich untereinander. Die Bettina führt die Haushaltung selbst, hat alles Schwere, z. B. das Kochen leicht erlernt, hat aber keine Lust an diesem Wesen. Daher wird ihr alles sauer und ist doch in Unordnung. Dabei wird sie betrogen und bestohlen von allen Seiten. Beiden wär zu wünschen, daß sie aus dieser Lebensart herauskämen.«

Schon als Mädchen hatte Bettina keinen größeren Wunsch, als einmal »vor dem Mottenfraß der Häuslichkeit« verschont zu bleiben. Sie hatte sich dann auch ihre Ehe anders vorgestellt als eine nie abreißende Kette von häuslichen Pflichten. Dazu kam ihre Erschöpfung durch die vielen Geburten, die sie wie die meisten Frauen damals klaglos ertrug. »Ich weiß, was ich bedarf«, hatte sie schon früh von sich festgestellt. »Ich bedarf, daß ich meine Freiheit behalte. Zu was? Dazu, daß ich das ausrichte und vollende, was eine innere Stimme mir aufgibt zu tun.« Nun war ihr in all diesen Jahren keine Zeit geblieben, um ihre Begabungen zu entfalten.

»Ich sehe nun ein, daß ich geboren bin zum Dulden, aber nicht zum eigenen freien Bewegen, so sehr ich mich auch in meinen früheren Jahren danach gesehnt hatte«, haderte sie mit ihrem Schicksal. »Als Arnim um meine Hand anhielt, sagte er mir: ›Ich habe nichts Rundes als die Knöpfe an meinem Rock.‹ Dennoch hat er nie von meinem Gelde etwas angerührt, aber als alle großen Kontributionen von 13 und 14 zu zahlen waren, da zwang ich den Arnim, daß er sie mit meinem Geld abzahle.«

Bettinas Leben war nach dem Zerwürfnis mit Goethe um eine ganz entscheidende Dimension ärmer geworden. Der mit seinen literarischen Arbeiten beschäftigte und von Sorgen heimgesuchte Arnim konnte diese Lücke nicht schließen. Bettina sah schließlich ihr Schicksal darin, sich ganz auf ihre Mutterrolle zu konzentrieren. Von den Blütenträumen ihrer Jugend waren kaum welche aufgegangen. Sie hatte daher ihr Lebenskonzept entschieden zu korrigieren.

Auf der Rückreise von Weimar hatten die Arnims ihren versprochenen Besuch bei den Brüdern Grimm in Kassel nachgeholt. Diese standen damals kurz vor der Herausgabe ihrer Märchensammlung, für die Arnim ihnen in Berlin einen Verleger besorgte.

»Die acht Tage, wo der Arnim dagewesen und die Bettina, waren wie ein heller Himmel in den Gedanken«, erinnert sich Wilhelm Grimm an diesen Besuch, und er setzt hinzu: »Ich habe beide von ganzem Herzen lieb, wie ich es nicht sagen kann.« Als dann ein Exemplar der Grimmschen Märchen zu Weihnachten 1812 unter dem Wiepersdorfer Weihnachtsbaum mit einer Widmung für Bettina lag, bestätigte sie in ihrem Dankesbrief ihr Mutterglück, durch das sie sich aller Welt entrückt fühlt. In einer Zeit, in der die Welt aus den Fugen geraten zu sein scheint und die Heere Napoleons aus Rußland zurückfluten, fühlt sie sich auf ihrem Besitz ungemein geborgen.

Als im Frühjahr 1814 Paris gefallen war, widmete sich Arnim, bitter enttäuscht, daß er bei den vaterländischen Feldzügen keine Verwendung gefunden hatte, mit aller Intensität der Bewirtschaftung seiner Güter. Aus Sparsamkeitsgründen lebte man ausschließlich in Wiepersdorf. Hier besuchte ihn Clemens Brentano, der sich auf einer Reise nach Prag befand, und noch einmal genoß man eine Zeit ungetrübten freundschaftlichen Zusammenseins.

Als Napoleon dann wiederum Europa in Angst und Schrekken versetzte, erkrankte Arnim von neuem und wurde von düsteren Todesahnungen heimgesucht. Er fürchtete nun ernsthaft, als Familienvater zu versagen und Bettina und seine unmündigen Kinder eines Tages unversorgt in einer turbulenten Welt zurücklassen zu müssen. Daß er seiner Frau, an deren geistigem Rang er keinen Augenblick zweifelte, kein angenehmeres Leben zu bieten hatte, bedrückte ihn ungemein. »Ich habe Dir für tausend Liebe ein armes, sorgenvolles Dasein gegeben«, bekannte er ihr schuldbewußt. »Das kränkt und quält mich bitterer als alles andere, was über mich ergehen mag.«

Bettina bewährte sich indessen in diesen schweren Zeiten.

Sie verstand durchaus hauszuhalten und sich einzuschränken. Oft schienen ihre häuslichen Pflichten sie förmlich zu verschlingen. Für geistige Höhenflüge blieb keine Zeit mehr. Sie hat sich auf diese Erde hinabbegeben und ist so von ihrer Hausfrauenaufgabe erfüllt, daß sie nicht ohne einen Anflug von schwarzem Humor ihrem Schwager Savigny von ihren Back- und Kochkünsten berichtet.

»Denk Dir nur Savigny, was sich all für Talente in der Einsamkeit entwickeln: ich habe einen Abtrittdeckel gemacht«, heißt es in einem ihrer Briefe. »Zweitens habe ich mit Arnim einen Teig gemacht, wo wir nach Gutdünken von allerlei guten Sachen zusammenkneteten: er eine Handvoll Zucker, ich eine Handvoll Mehl, er Schnaps, ich Milch, er Zimt, ich Butter, er Eingemachtes, ich Eier. Und dann haben wir ihn gewelgert und in den Backofen getragen, und hätten wir nicht so oft geguckt, so wäre er noch besser geworden, aber er ist doch ganz vortrefflich geworden, und nun müssen wir bereuen, daß wir nicht wissen, wie er eigentlich gemacht ist, um Euch das Rezept zu schicken.«

Eine gedämpfte Munterkeit kann man auch dem mit Sorgen reichlich beladenen Arnims nicht absprechen. In ihrem Briefwechsel fehlt es nicht einmal an dezenten erotischen Anspielungen. Arnim spaßt mit »Unter-die-Bettdecke-schlüpfen«, wogegen Bettina dann prompt mit erhobenem Zeigefinger und mit dem schlagenden Argument abwehrt, sie stille ja noch.

Mitte April 1816 liegt Arnim abermals schwer danieder. Und wieder ist seine Frau zu Tode erschrocken. »Ich war gefaßt, das Ärgste ohne Murren zu ertragen«, schrieb sie nach seiner Genesung. »Das war nun unmittelbar Gnade von Gott; denn aus mir selbst kam diese Kraft nicht... Wie seltsam ist der Mensch durch sein Glück mit dem Schmerz verkettet, und wie ist er auch wiederum hierdurch in der ewigen Macht Gottes!«
Bettina ist froh, daß Schwager Savigny den Rekonvaleszenten im Herbst mit sich zur Erholung in den Harz nimmt. Dort schöpfte Arnim neue Kraft, um die Arbeit an seinem großangelegten geschichtlichen Roman »Die Kronenwächter« wieder

Wunderhorn.
Alte deutsche Lieder
von Arnim & Brentano
II.
Heidelberg. bey Mohr und Zimmer 1808.

aufnehmen zu können. Als man schließlich im Winter nach Berlin übersiedelt, war Bettina bereits entschlossen, schon wegen der Ausbildung der Kinder in Berlin zu bleiben und nicht wieder das aufreibende Landleben aufzunehmen. Sie mochte herausgefunden haben, daß sie auf dem besten Wege war, den Anschluß an die Welt zu verlieren. Als ihr Mann daher wieder die Bewirtschaftung seiner Güter im Sommer übernahm, blieb sie mit den Kindern in Berlin zurück.

Im März 1817 war ihr Sohn Kühnemund geboren worden, und im gleichen Jahr redete sie ihrem Mann zu, zur Kur nach Karlsbad zu reisen, um seine angeschlagene Gesundheit wieder herzustellen. Damit verband sie auch die heimliche Hoffnung, er könnte dort Goethe begegnen und die alten Verbindungen wieder anknüpfen, unter deren Bruch sie unsäglich litt. Im übrigen stand sie uneingeschränkt zu ihrem Mann, dessen »Kronenwächter« soeben erschienen waren.

In Berlin war Bettina bald wieder ganz in ihrem Element. Sie brauchte diese lockere gesellschaftliche Atmosphäre, um sich voll entfalten zu können. Bei alledem blieb sie sich jedoch ihrer Pflichten den Kindern gegenüber stets bewußt. »Lieber Arnim«, hieß es dementsprechend in einem ihrer Briefe, »wie glücklich werden wir uns nennen dürfen, wenn wir in unserem Alter unsere Kinder gesund und alle am Leben und alle gut um uns haben.«

Nach ihren vier Jungen bekam Bettina noch zwei Mädchen, Maximiliane und Armgart. Tapfer kämpfte sie Tag für Tag gegen Kinderkrankheiten und Erziehungsschwierigkeiten an. Darüber hinaus sorgte sie sich stets, daß auch der Dichter Arnim zu seinem Recht kam. Sie versuchte, ihm immer wieder neue Anregungen für seine Arbeit zu verschaffen. In jedem Fall war sie von seiner Bedeutung für die deutsche Literatur fest überzeugt. Sie schickte ihn immer wieder auf Reisen, damit er neue Impulse empfangen konnte, und freute sich ehrlich, wenn die Post seine lebensprühenden Berichte ins Haus brachte.

Im Grunde führte Bettina jahrelang ein Doppelleben. Tagsüber rackerte sie sich im Hause ab, abends aber brillierte sie als eine Dame der Gesellschaft, die ihre nicht unbedeutenden kommunikativen Talente voll ausspielte. Zu gern produzierte sie sich vor Menschen, die sie zu Recht als eine »kleine Zauberin« umschwärmten. An geistigem Charme überboten sie eigentlich nur wenige. Und sie war sich dieser Überlegenheit sehr wohl bewußt.

Daß die Entfremdung zu Arnim, der sich immer mehr auf dem Lande einspann und alle Geselligkeit zu verabscheuen begann, sich laufend vergrößerte, war kaum zu verhindern. Sie konnten nicht die Unterschiede ihrer Charaktere aus der Welt schaffen oder überwinden. Eigentlich hätten sie von Anfang an damit rechnen müssen. Das alles schloß nicht aus, daß Bettina sich alle Mühe gab, dem Dichter Achim von Arnim eine vorbildliche Ehefrau zu sein. Sie zeigte Verständnis für seine finanziellen Miseren und schränkte sich dementsprechend ein.

»Ich trage nur schwarz, auch keine Mütze; um die Wäsche nicht zu vermehren, trage ich jetzt einen sechs Jahre alten Winterhut«, berichtete sie ihrem Mann. »Ich habe keinen warmen Mantel und lasse mir auch keinen machen, gehe nicht ins Konzert und Oper, obschon Musik mein einziger Lebensgenuß ist, kurz, ich weiß keinen Artikel, der mich anklagte. Aber Hemden muß ich für die Kinder kaufen. Gott hat mir das Glück geschenkt, daß ich mir mit dem Stift, mit dem ich schreibe, am Zeichenbrett manchmal die Grillen vertreibe; sonst lebe ich wie in der Bastille, nur mit mehr Sorgen und Unbequemlichkeiten wie die Gefangenen.«

Als Arnim wegen rheumatischer Beschwerden in Aachen sich einer Badekur unterzog, munterte sie ihn in ihren Briefen immer wieder auf, nicht den Mut zu verlieren. Von seinem Besuch bei Clemens Brentano in Frankfurt ließ er ihr einen Brief zukommen, der noch durchaus euphorische Empfindungen ausdrückte. In Wiepersdorf versank er dann aber wieder in seine depressiven Stimmungen. Er vermied nun konsequent jede Gesellschaft und führte ein ausgesprochenes Einsiedlerleben, während seine Frau zur gleichen Zeit als Mittelpunkt der

Berliner Gesellschaft brillierte. Und doch lassen ihre an Arnim gerichteten Briefe keinen Augenblick die gewohnte Herzlichkeit vermissen.

Wenn Bettina in Wiepersdorf weilte, wollte sich allerdings die alte Vertraulichkeit so ohne weiteres nicht wieder einstellen. Arnim weihte sie längst nicht mehr in seine literarischen Projekte ein, verbarg sogar seine Manuskripte vor ihr und führte keinerlei literarischen Gespräche mehr mit ihr.

Wenn der Dichter sich hin und wieder politisch betätigte, so beschränkte sich sein Einsatz lediglich auf das Wohl der Menschen seines engsten Umkreises. Die mangelnde Resonanz seiner Bücher stimulierte nicht gerade seine Arbeitskraft. Er ertrug auch dieses Schicksal mit der Gelassenheit eines Vielgeprüften, der auf seine Stunde warten kann, weil er vom Wert des von ihm Geschaffenen überzeugt war. Am 21. Januar 1831, also nur wenige Tage vor seinem 50. Geburtstag, starb Arnim dann überraschend während der Lektüre seinen stillen und einsamen Tod, von dem die Welt nicht sonderlich Notiz nahm. An der Mauer der kleinen Kirche von Wiepersdorf wurde einige Tage darauf einer der bedeutendsten deutschen Dichter zur Ruhe gebettet.

Die Empfindungen Bettinas zu ihrem Mann waren bis zuletzt ungetrübt wie eh und je geblieben. Noch drei Tage vor seinem Tode hatte sie ihm ihr Herz ausgeschüttet und ihn wissen lassen: »Ich wollte doch nur, daß Du erst hier wärst, so wollte ich Dich gewiß nicht so bald fortlassen.«

Zur Zeit des Todes ihres Mannes lagen vor Bettina noch zwei Jahrzehnte, in der sie sich selbst entdeckte und den schöpferischen Funken in sich pflegen konnte. Sie führte ein geordnetes geistiges Leben, das vorwiegend im Zeichen Goethes stand. Ihr »Goethes Briefwechsel mit einem Kinde« erschien 1835 und legitimierte sie als Schriftstellerin von Rang. Später gab sie die Briefsammlung »Die Günderode« und das Briefbuch »Clemens Brentanos Frühlingskranz« heraus. Mit ihrem Bruder verband sie vieles. »Du und ich sind außer aller Ordnung«, hatte er ihr einmal geschrieben. »Meine Seele ist eine leidenschaftliche Tänzerin, sie springt herum nach einer inneren Tanzmusik, die nur ich höre und die anderen nicht«, antwortete sie ihm darauf.

Gegen Ende ihres Lebens setzte sich die kapriziöse Bettina noch kühn über alle Konventionen ihres Standes hinweg und wandte sich sozialen Themen zu. 1843 schrieb sie »Dies Buch gehört dem Könige« und neun Jahre später, ihrer Zeit weit vorauseilend, »Gespräche mit Dämonen«. Als sie 1859 stirbt und ihrem Wunsch gemäß zu Füßen ihres Goethedenkmals aufgebahrt worden war, wird ihr Sarg dann nach Wiepersdorf überführt, wo sie sich an der Seite des »deutschen Dichters« Achim von Arnim nach einem bewegten Leben ausruht.

# *Eduard Mörike und Luise Rau*

Im Oktober 1826 hatte Eduard Mörike mit allerdings nur mäßigem Erfolg sein theologisches Examen abgelegt und damit sein Studium beendet. Mit der Zulassung zum Vikariat begann von nun an für den jungen Poeten eine wahre Odyssee durch zahlreiche Pfarreien im Schwäbischen. Immer wieder schwankte er unentschieden zwischen seinen Berufspflichten als Theologe und seiner eigentlichen Berufung zum Poeten.

Daß er sich zum Dichter berufen fühlte, war ein offenes Geheimnis. Zumindest in dieser Hinsicht zweifelte er nie an sich. Aber der Weg zum Parnaß, den er eingeschlagen hatte, war endlos und weit, wie sich bald herausstellen sollte, und er war nicht nur mit guten Vorsätzen gepflastert. Immer wieder unterbrach Mörike seine theologische Laufbahn, um dem Dichter in sich mehr freien Spielraum zu lassen. Eine Zeitlang versuchte er sich sogar als Redakteur der »Damenzeitung« der Stuttgarter Franckhschen Verlagshandlung, bis er begriff, daß er zu allem anderen, nur eben nicht zum Journalisten mit festem Arbeitspensum geschaffen war. Dieser Erkenntnis verdanken wir recht eigentlich eine Erzählung, aus der sich dann im Laufe der Zeit sein »Maler Nolten« entwickeln sollte, mit dem er mit Goethes »Wilhelm Meister« in einen anspruchsvollen Wettbewerb trat. Schließlich sah er sich der Not gehorchend dann doch wieder auf eine Vikarstelle in eine evangelische Enklave im katholischen Oberland versetzt. In diesem weltentlegenen Exil kam der Poet in Mörike dann vollends zum Schweigen. Zum eigentlichen Leben erwachte er eigentlich erst wieder, als er am 19. Mai 1829 eine Vikarstelle im Dorfe Plattenhardt auf den Fildern antrat. Dort wurde er von der Familie des erst ein Vierteljahr zuvor verstorbenen Pfarrers Rau mit betonter Herzlich-

keit aufgenommen. Der 27jährige Mörike verfiel dann auch mit der Zeit den Reizen der um zwei Jahre jüngeren Tochter des Hauses, Luise Rau, mit der er darauf einen Sommer ungetrübten Vergnügens verlebte. Am 14. August gaben sie bereits ihre offizielle Verlobung bekannt. Damit begann eines der bewegtesten Kapitel im Lebensroman des Dichters Eduard Mörike. In der Rückschau hielt er die fünf Monate, die er gemeinsam mit Luise Rau in Plattenhardt verlebte, für die bedeutungsvollsten seines Lebens überhaupt. In Luises Gegenwart fühlte er sich wie erlöst. Sie inspirierte ihn zu Gedichten, die den Vergleich mit Goethes bester Lyrik durchaus standhalten.
Den 19. Mai, den Tag seines Einzuges ins Plattenhardter Pfarrhaus, beging Mörike viele Jahre lang als einen Festtag freudiger Erinnerung. »Heute vor einem Jahr geschah mein Eintritt in das Haus, worin ich meine Liebe, das süßeste Glück meines Lebens, Dich, meine Luise, finden sollte«, schrieb der glückliche Bräutigam ein Jahr später an die ferne Geliebte. »Wie ahnungslos war der Einzug in das Dorf, das nur einige blasse, halb verwischte Erinnerungen, nur eine Vergangenheit, nicht die geringste Weissagung einer nahen entscheidungsvollen Zukunft aufwies! Ich sah Dich, bestes Mädchen, ohne etwas mehr als Deinen Namen zu kennen. Du warst für mich bis auf diesen Augenblick so gut wie nicht auf der Welt gewesen. Wir standen uns wie völlig fremde Menschen gleichgültig gegenüber, und nun – ist's möglich? – nun kann keines mehr die Existenz von der des anderen trennen. Wir sind *ein* Ich und *eine* Seele. Jenes freundliche Fraulein, das Dich damals unter der Tür nur höflich begrüßte – Du nennst sie jetzt Deine Mutter, und eine andere liebreiche Gestalt, die mir fremd gewesene Frau des Hauses, sie zählt mich jetzo ihren Kindern bei; alle die andern lieben Angesichter, die mir nur anmutige Masken gewesen, sie bieten mir, wenn ich nun komme, die schwesterliche, die brüderliche Wange hin.

Aber wie lange haben wir beide uns umeinander bewegt, eh nur ein Gedanke, ein Gefühl dessen in uns aufdämmerte, was jetzt ist, eh ein kecker Traum mitspielend einen Wunsch er-

*31 Eduard Mörike (1804–1875)*

klärte, den ich wachend nie in mir gewahr geworden. Welche Tage des zufriedenen, anspruchslosen Ineinanderlebens! Du gingst neben mir hin und fülltest die Luft mit angenehmem Wesen; ich war mir dieses Eindrucks kaum bewußt, aber er fehlte mir, wenn Du irgend abwesend warst. Ich verstand mich nach und nach besser, besonders wenn Du am Klavier den Tag zur Ruhe sangest. Es war, als schlösse sich dann Dein geheimeres Leben für mich auf, wie es Pflanzen gibt, die am Abend erst leise ihre schüchternen Kelche öffnen; doch ich dachte immer nicht über die Gegenwart hinaus.

Es konnte zuweilen geschehen, wenn Du auf dem Gang, im Zimmer oder wo sonst gleichgültig an mir vorüberstreiftest, mich mit Deinem Kleid berührtest, daß mich's dann schaudrig überflog, daß all meine Seele sich sehnsüchtig Dir nachbeugte. Aber es setzte sich kein bestimmter Wunsch in mir fest.

Eine seltsame Empfindung muß ich Dir doch entdecken (wenn ich's anders nicht schon getan habe), in der Du mich jedoch schwerlich ganz begreifen wirst. Deine ganze Erscheinung, Dein stilles, verschlossenes, häufig mißverstandenes Wesen, Deine heimlichen Besuche auf dem Kirchhof, jener gedankenvolle, starre Blick, mit dem Du öfters, die laute Gesellschaft überhörend, unbeweglich dasaßest – dies alles gab Dir in meinen Augen etwas Feierliches, Mysteriöses, ja zuweilen etwas Geisterhaftes, das mir heilig und unantastbar war. Gewiß – so sonderbar es lauten mag – ich stand oft gebannt in Deiner Nähe, jenen Geschöpfen nicht unähnlich, welche durch die natürliche Zauberkraft gewisser Schlangen festgehalten werden. Es war die süßeste Beklemmung. Hast Du mir denn niemals so etwas angespürt? Bei weitem am häufigsten aber fühlte ich mich ganz ruhig, ganz harmlos und wohl in Deiner Gegenwart. Auch bedaure ich nicht, daß jene seltsame Idiosynkrasie nun längst verschwunden ist.

Wir spielten lange Zeit wie Kinder im Sonnenschein zusammen, ohne eben einander entschieden zu begehren. Ein Sturm mußte kommen, um den Vorhang, der über meiner Seele hing, zu zerreißen. Ich klammerte mich mit Heftigkeit an Dich und wollte verzweifeln, da die Möglichkeit erschien, Dich zu verlieren. Im nächtlichen Gewitterschein dieser Gefahr stand Dein Bild doppelt herrlich und wunderbar erleuchtet vor meinen Augen. Ich fühlte, ein Gott stieß mich vorwärts, das Glück zu ergreifen, das mir und keinem anderen bestimmt war.

Der Morgen kam, da die liebe Rike mir jene Eröffnung macht. Du standest am Türpfosten der Kammer und blicktest ernst zu uns herüber, als die Schwester mich zum Spaziergang aufforderte. Nun die Szene zwischen Dir und mir in der morgendlichen, golden-grünen Gartenlaube! ›Mein Herz hat entschieden‹, sagtest Du endlich. Mir stürzte ein Fels von der Brust, und doch – welche Angst war in uns beiden! Hinweg, hinweg über diese schwindelnde Kluft! Vorwärts bis zum Abend, der endlich die Schwester von T. zurückbrachte! Ich sehe sie noch, erschöpft vom Wege, auf ihrem Sessel; endlich fällt ihr Blick auf mich, sie hatte Mitleid mit meinem Zustand. Ich eilte ein paar Minuten aus dem Zimmer, um Euch Zeit zu lassen, ihr den günstigen Vorgang in Bernhausen zu kommunizieren. Wie ich wieder eintrat, drückte sie meine Hand mit einem zusagenden Lächeln. Du standest im Hintergrund beim Sofa und ersahst die Gelegenheit, mich, den übrigen im Rükken, zum ersten Kusse zu dir herzuziehen. O wie schwankte der Boden selig unter mir! Wie zitterten meine Finger in den Deinen! Wie freudig staunend blickten wir uns an! Die Rike schien mir wie ein guter Engel; ich hätte vor der Mutter, ich hätte vor Euch allen auf den Knien liegen mögen.

Weißt, eine Zeitlang ließen wir's des eigenen Reizes wegen noch beim ›Sie‹. In der Kirche von Bernhausen, Arm in Arm den langen Gang auf- und abgehend, machten wir das schöne ›Du‹ erst aus. Nun, Du, Du, mein Kind! Was sagst Du zu dem allen? – Ich danke Gott mit brünstiger Seele und schließe nun diese Vergangenheit, die ach! Vor einem Jahr erst ein Unding in dem Schoß der Zukunft lag, mit leichtem, heiterm Herzen ab. Sie deucht mir alt, älter als zehn Jahre wohl und jung doch wie der Tag von gestern.«

Der Sommer des Jahres 1829 hebt sich aus Mörikes Biographie markant heraus. Als junger Bräutigam sah sich der nicht ganz unproblematische Dichter auf dem Höhepunkt seines bürgerlichen Glücks. Was ihm daran allerdings noch fehlte, war eine feste Pfarrstelle. Sie würde erst die Voraussetzungen schaffen, das Wagnis einer bürgerlich abgesicherten Ehe eingehen zu können.

Mit jenem Brief vom 19. Mai 1830 hatte Mörike nicht nur in liebgewordenen Erinnerungen geschwelgt. Er hatte bei dieser Gelegenheit auch ein wenig Gerichtstag über sein eigenes Ich gehalten. Er war sich der Einmaligkeit seiner Liebe sehr wohl bewußt. Und trotzdem traute er dem Glück, das ihm zugefallen war, so recht nun auch wieder nicht. Seine verzwickte Natur war ihm selbst nicht ganz geheuer. Daß andere seine Entwicklung mit einiger Skepsis verfolgten, konnte ihn jedenfalls nicht überraschen.

Schon im November 1829 räumte die Familie Rau das Plattenhardter Pfarrhaus und siedelte nach Grötzingen über, wo ein Schwiegersohn eine feste Pfarrstelle bezogen hatte. Dieser Trennung der beiden Liebenden haben wir die wahrscheinlich schönsten Brautbriefe unserer Literatur überhaupt zu verdanken. Sie verschafften dem Namen der Luise Rau einen Hauch von Unvergänglichkeit. Da Mörike die Braut immer an seinen innersten Gefühlen teilnehmen ließ, sind diese Briefe unverzichtbare Dokumente seiner inneren Biographie. Vier Jahre lang war Luise unter anderem auch Mitwisserin seiner poetischen Emanationen. Rückblickend läßt sich sogar sagen, daß die Liebe zu ihr den Dichter in Mörike wie sonst niemand in seinem ganzen Leben inspirierte. Diese schwäbische Pastorentochter war die Empfängerin seiner schönsten Liebesgedichte.

Diese Briefe bieten der Nachwelt eine einmalige Innenansicht eines unserer bedeutendsten Lyriker, der das Bild seiner Braut natürlich idealisierte. »Mein Kind«, so charakterisiert er Luise in einem Brief an seinen Freund Hartlaub vom Juli 1830, »mußt Du früher oder später doch sehen. Ein einfaches, heilig unschuldiges Wesen, das, weil andere es verkannten, lange im unklaren über seinen eigenen tief verborgenen Wert war. Seitdem ich sie kenne, erhob sich ihr Gefühl und Geist mit schöner Zuversicht, doch bildet ihre Schüchternheit noch immer ein reizendes Gemisch mit diesem neuen Leben. Sie ist verständig, vorsichtig, entschieden und im Affekt sogar überbrausend, zumal wenn's einem edlen Gedanken gilt, den man ihr bekämpft. Bei der Lektüre leitet sie, besonders in Dingen, die über den unschuldigen, deutschen Mädchenhorizont hinausliegen, ein niemals irrender Instinkt, dessen verlegener, kindlich origineller Ausdruck mich oft zur seligsten Freude vermocht hat. Gewöhnlich lachen wir dann beide herzlich, und ich fühle ganz den zauberhaften Punkt im Stillen, der mich von Anfang an sie fesselte. Ihr Äußeres ist zart und leicht. Wer ihr Gesichtchen beurteilt, sagte noch jedesmal, daß es mit längerem Anschauen nicht bloß gefällig sei, sondern ihre ganze Seele treu abspiegele. Mir ist sie so ergeben, als es nur ein Mensch dem anderen sein kann, und ich denke dabei oft unwillkürlich an Dich.«

Natürlich muß man entsprechende gründliche Korrekturen an diesem euphemistischen Bild von Mörikes Geliebten machen. Er projizierte allzu viel von seinen eigenen Vorstellungen und Sehnsüchten in sie hinein. Friedrich Theodor Vischer, der große Ästhetiker, der als junger Mann im Plattenhardter Pfarrhaus verkehrte, hatte ebenfalls eine Zeitlang sein Herz für Luise Rau entdeckt und auf eine wenig faire und mokante Art sich sehr viel später über diese geäußert: »Sie hieß eigentlich Luisle und war eine Pfarrerstochter aus Plattenhardt bei Hohenheim, so eine weiche Taube im weißen Kleidchen, mit den blonden Locken sehr hübsch für uns jungen Leute. Leider war sie aber gar zu einfältig, und der Vater versuchte den künftigen Schwiegersohn zu bekehren, und sie selbst wollte ihn auch fromm machen. Da konnte Mörike es nicht länger aushalten und löste das Verhältnis.«

An dieser nicht ganz von Ressentiment freien Version des Verhältnisses Mörikes zu Luise Rau stimmt so gut wie gar nichts. Da Pfarrer Rau nicht mehr lebte, als Mörike das Pfarrhaus betrat, konnte er an ihm keine Bekehrungsversuche vornehmen. Aber auch über die Gründe, die schließlich zur Lösung des Verlöbnisses führten, phantasiert der gleiche Vischer das Blaue vom Himmel herunter. Nur soviel ist sicher, daß Mörike sich keineswegs von Luise distanziert hat, weil ihm ihre Bigotterie unerträglich wurde.

Gewiß entsprach seine Braut keineswegs dem Bild, das Mörike sich in seinem ersten Überschwang von ihr gemacht hatte. Aber sonst bewegte sie sich auf dem üblichen Bildungsniveau schwäbischer Pfarrerstöchter. Sicherlich hat es ihr in ihrem Elternhause auch nicht an geistigen Anregungen gefehlt. Im wesentlichen aber war sie ganz im Hinblick auf die künftige Lebenspraxis einer Pfarrfrau erzogen worden.

Zumindest ist bekannt, daß Mörike Luises musikalisches Talent bewunderte. Selbst einen untrüglichen Sinn für echte Poesie hat er ihr bescheinigt. Um sie auf einen höheren Bildungsstand zu heben, las er mit ihr gemeinsam Goethes »Dichtung und Wahrheit« und sogar den »Faust«. Einige seiner besten Verse sind keineswegs an eine Unwürdige gerichtet. »Sehnsucht« und »Heimweh« schrieb er so ganz unter dem Eindruck seiner Liebe zu ihr, und auch das schwermütige »Rosenzeit, wie schnell vorbei« ist offenbar in weit vorausschauenden Gedanken an sie entstanden. Im Grunde war es ja auch nicht die Bildung, sondern ihr verhaltener Charme, der ihn bezauberte. Er zweifelte nicht daran, der Frau begegnet zu sein, mit der er sein immer gefährdetes Poetenleben noch am ehesten bewältigen konnte, einer aufopfernden Frau, die noch mit ungetrübten Augen in diese immer fragwürdige Welt blickte.

»Glaub mir, Beste«, schrieb er im Februar 1831 an sie, »wenn mein Gemüt in diesen Augenblicken um ein Beträchtliches über den Horizont gemeinirdischer Dinge hinaus und dem ernsthaft Göttlichen und Ewigen näher gerückt ist als sonst, so brauch ich, um von dieser Stufe meines Gefühls aus nur *Dir* die Hand zu reichen, um nicht eine Linie *herab*zusteigen. Meine Liebe zu *Dir* geht mit allem Höchsten und Heiligsten, was ich habe, gleichen Schrittes, das weiß Gott. Darum mußt Du auch erlauben und es natürlich finden, daß ich Dir zuweilen von Dingen rede, die meine ganze Seele erfüllen und die Dir sonst gleichgültig sein könnten.«

Mörike glaubte also fest an Luises Bildungsfähigkeit und gab sich alle Mühe, um in ihr eine geistig ebenbürtige Gesprächspartnerin zu finden. Wichtiger aber ist bei alledem, daß sie keine Leidenschaften in ihm weckte, die ihn von neuem in Unruhe versetzt hätten. Ihre Liebe verschaffte ihm eher eine schöpferische Ruhe, die ihm auch seinen nicht gerade geliebten theologischen Beruf williger als bisher ertragen ließ. Daß sie den gleichen Namen wie Mörikes verstorbene Schwester trug, betrachtete er als eine Fügung des Schicksals.

Mitte Dezember 1829 verließ Mörike das Plattenhardter Pfarrhaus. Denn mittlerweile war ein neuer Amtsinhaber gefunden worden, der die Nachfolge des verstorbenen Pfarrers Rau antrat. Mörike siedelte nach Owen um, einem Ort am Fuße des Teck. Hier hatte er als rechte Hand des Pfarrers zu wirken.

In seinem Brief vom 15. Dezember berichtet er seiner Braut von seinem Einzug ins neue Heim: »Die erste Begrüßung im Hause war gleich ganz ungezwungen. Ein stattlicher Herr im reinlichen Hausrock, der Stadtpfarrer, hatte auf den ersten Blick etwas väterlich Einnehmendes für mich. Man durchlief ungesäumt das Zunächstliegende. ›Warum haben Sie Ihre junge Braut nicht mitgebracht? Sie sollte sich doch auch einbilden können, wo und wie Sie jetzt leben! Nun, seien Sie herzlich gegrüßt. Ihr Herr Vater hat mir in A. das Leben gerettet. Ich war schon in Ihrem Hause in Ludwigsburg.‹

Die Frau ist etwas ungelenker, aber wohlmeinend und freundlich. Außer den beiden ist nur noch eine Nichte, Jeanette Brotbeck, da, die im Hauswesen mithilft, ein schüchternes, gutmütiges Ding. Beim Kaffee sprach der Pfarrer mit liebenswürdiger, wichtiger Schwatzhaftigkeit über die Altertümer des Orts, die Annehmlichkeiten meiner Wohnung, und ich verhieß, ihm keine Ruhe zu lassen, bis er seine Nachgrabungen im Garten und Keller, wo eine Art Archiv vermutet wird, wieder fortsetze.

Das Pfarrhaus war lange, ehe es zu einem Edelsitz gemacht wurde, eine Kirche. Jetzt hat es noch ziemlich das Ansehen eines Schlößchens: massive Mauern, je zwei zusammenstehende Fenster in breiten, oben ausgewölbten Nischen. Die Aussicht meiner Stube geht auf den weitläufigen Garten, eine Seite des Orts und seitwärts auf die nahe Ruine. Die Einrichtung im Hause ist ordnungsvoll, sauber, bequem und anständig.«

In Owen nahm Eduard Mörike wie in alten Uracher Zeiten wieder seine Wanderungen in der Schwäbischen Alb auf. Natürlich machte er sich auch immer wieder zu Fuß nach Grötzingen auf, wo er mit Luise zusammentraf. »Hundert Meilen oder zwei, das ist im Grund gleichviel in dem Sinn, in welchem ich Dich vermisse«, versicherte er ihr in diesen Tagen. »Wie oft bedürfte ich Deiner beruhigenden Nähe, wenn ich mir selbst nicht genug bin, oder Deines stärkenden Anblicks, wenn irgendeine Kraft in mir erschlaffen will.«

Nach dem Weihnachtsfest des Jahres 1829 heißt es in einem Brief an Luise: »Nun sind sie vorüber, die festlichen Tage, die Du, o bestes Herz, mit soviel Wehmut hattest herankommen sehen, und ich kann es wohl mitfühlen, wie Du und die geliebten Deinigen alle sich nur zögernd von dem nun scheidenden Jahre losreißen, soviel Jammer es auch brachte. Der selige Vater hatte noch teil an seinen ersten Monaten genommen, und so schienen wir durch den eingebildeten Faden dieses doppelt ehrwürdigen Jahres noch mit seiner Gegenwart zusammenzuhängen, während jetzt eine neue Zeit beginnt, deren Schwelle er nicht mit uns betritt. Aber das sind Vorstellungen einer kleinlichen Phantasie; die vollkommene Liebe hat wenig mit der Zeit zu schaffen, und – Du hast das selber angedeutet – wenn wir in *seinem* Geiste leben, ist unsere Zukunft auch durch ihn geweiht.

O möchte doch Deine teure Mutter, die ich mit voller Seele auch die meinige nenne, dem heimgehenden Jahre versöhnt nachblicken und dem kommenden mit Vertrauen und Zuversicht die Hand bieten können, damit auch ihre Kinder es gerne tun! Ich denke hierbei besonders auch an die liebe Rike, deren heißesten Wünsche bald ihrer Erfüllung entgegengehen. Küsse die beste Mutter in meinem Namen und sag ihr, ich hätte ihr heute gern geschrieben, aber morgen ist schon wieder zu predigen. Überhaupt ist mehr zu tun, als ich anfangs dachte, und den Tag unseres Wiedersehens kann ich darum noch immer nicht sicher bestimmen. Möglich wär's am 11., aber noch besser am 18. Januar. Dann, Kind, Herzenskind, bin ich auf zwei Tage wieder im Himmel und Du wenigstens in meinen Armen...

Nun noch eins, was ich das letzte Mal schon schreiben wollte: versäume ja Dein Klavier nicht und den Gesang! Es liegt mir mehr daran, als es freilich jedesmal den Anschein hat, wenn wir beisammen sind, wo ich Dir keine Ruhe zum Spielen lasse. Dies Dein Talent ist in meiner Vorstellung von Dir so ganz und unzertrennlich mit Deinem geistigen Wesen verwachsen, daß ich es künftig zu keiner Zeit werde entbehren können. Nie tritt auch Deine Seele so rein und anschaulich aus ihrer Tiefe hervor, als wenn Du jene unvergeßlichen Lieder singst, unter denen sich mein Herz zum ersten Mal zu Dir hinbewegte. Denk ich dieser Zeiten, jener Abende, so ist mir, als träte ich in das innerste Heiligtum unserer Liebe, und ich müßte die Hände falten im glücklichsten Gefühl Deines Wertes.«

Zu Beginn des Jahres 1830 bestätigte Mörike seinem Freund Mährlen noch einmal ausdrücklich: »Ich bin, was die Forderung des Herzens anbelangt, so glücklich und so klar entschieden wie noch nie in meinem Leben.« Aber dann ballen sich auch schon wieder düstere Wolken über seinem Haupt zusammen. Einige seiner Freunde starben unerwartet, und in der eigenen Familie stand auch nicht alles zum Besten. Sein jüngster Bruder geriet auf die schiefe Bahn und wurde von seinen Angehörigen preisgegeben. Aber auch der älteste Bruder kam wegen seiner radikalen politischen Ansichten mit den Gerichten in Konflikt.

In dieser deprimierenden Stimmung legte Mörike am 18. Februar 1830 seiner Verlobten so etwas wie eine Generalbeichte ab, in der es heißt: »Die Liebe ist gleich unersättlich im Austeilen und Hinnehmen immer neuer Schwüre. Und so wird es uns stets ein glückliches Bedürfnis bleiben, das alte ›Wie lieb ich Dich!‹, welches Dein letzter Brief, doppelt unterstrichen, wiederholt, wechselseitig zu hören und hören zu lassen. Es ist derselbe einfache Akkord, der, so oft Du ihn anschlagen magst, jedesmal wieder neu und mit nie erhörtem Zauber in mir nachklingt. Die süße Wiederholung, worin man sich selber nur Genüge tut, gleicht fast einem lieblichen Spiele, das etwa darin bestünde, daß Du ein goldenes Gefäß mit köstlichem Wein in ein anderes gössest, damit ich den immer frischen Perlschaum schnell vom Rande sauge, um sodann Dir wieder einzufüllen, daß Du das gleiche tust, und so fort – ohne unseren Durst zu löschen und den Wundertrank zur Neige trinken zu können. Ist das ein Spiel, so ist's ein solches, wie die Engel es treiben, und wir schämen uns seiner nicht. Glaubst Du, es könnte die Zeit kommen, wo wir dessen satt werden? Ich kann's nicht denken. Mich schauert, wenn ich's denke.

*Wie lieb ich Dich!* So ruf ich Dir heute zu und werde es noch, wenn jene Tage kommen, welche so manches andere an mir abstreifen mögen, was jetzt noch Hand in Hand mit meiner Liebe geht. Wenn ich einmal in Gedanken dem Ursprung unserer Liebe nachgehe, wie man dem Gange und allen sanften Krümmungen eines Flusses folgt, so verschwimmt das Ganze vor meinem Blick wie ein einzig unermeßliches Meer, auf dem ich staunend all mein Sinnen zerfließen lasse. Mir ist, als hätten wir uns gehört seit Ewigkeiten, und doch – der sonderbare Gegensatz! – mir ist, als müßt ich's heute erst erfahren und begreifen lernen. Dies Gefühl des höchsten Glückes wird dann so überwältigend groß, daß es keinen Ausweg findet als in brünstigem Danke gegen den, der alles so wunderbar gefügt.

Ich bewundere mit Tränen die Liebe des Höchsten und seine Majestät, wenn mir einfällt: ich, der einzelne, an dem sich das

*32 Eine Seite aus Mörikes Haushaltsbuch*

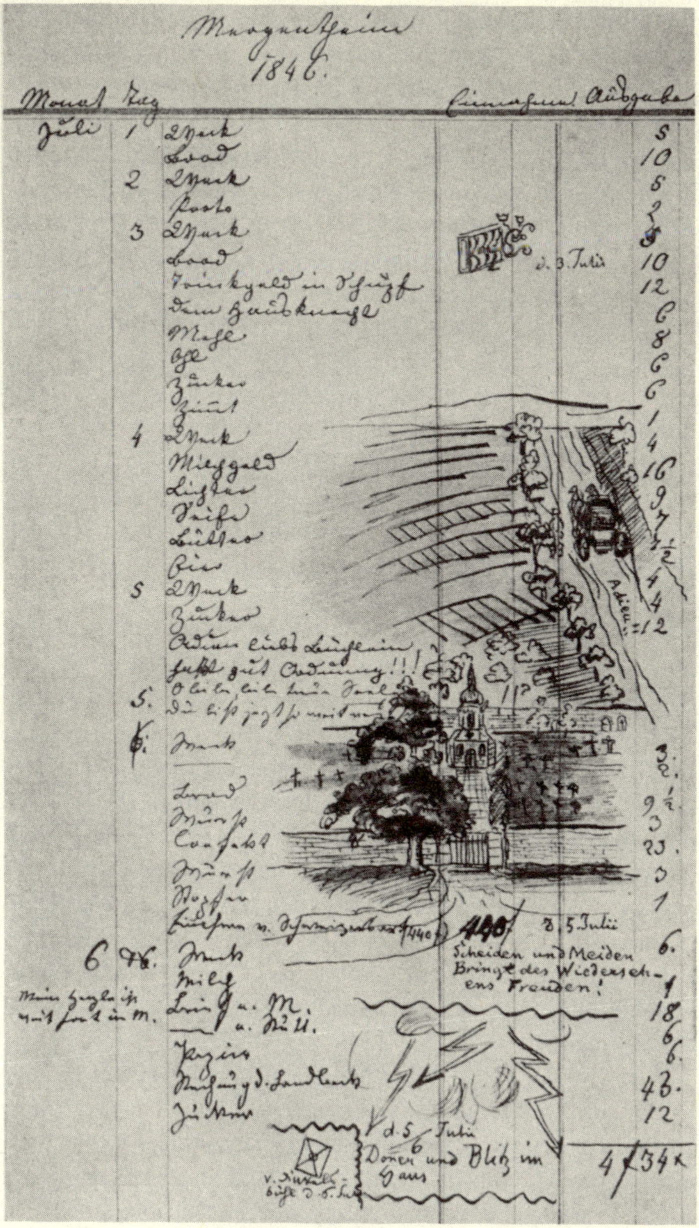
1846.
d. 3. Juli
Adieu
d. 5. Juli
Scheiden und Meiden
Bringt des Wiedersehens Freuden!
d. 5. Juli
Doner und Blitz im Haus
4 f 34 x

Füllhorn überschwenglicher Wonne erschöpft zu haben scheint, bin doch der kleinste Teil nur in einer ganzen unendlichen Schöpfung, auf welche sich Ströme der Liebe stürzen. Es flutet eine Welt voll Seligkeit in mir auf und nieder; sie ist ein Tropfen, der im All verschwindet, und doch so mächtig fühl ich mich in ihr, daß ich *mir* nichts gleich mehr glaube von allem, was außer mir und außer uns beiden lebt; ja, wenn der Lobgesang aus tausend glücklichen Kehlen sich in einem breiten Strome himmelan schwänge, ich könnte zweifeln, ob er der Erfindung meines einzelnen Glücks gleichkäme, und doch fühlte von Tausenden ein jeder vielleicht dasselbe, was ich und was Du. Sich aber gerade dies recht klar und innig bewußt zu bleiben und deswegen in anderen sich doppelt zu freuen, das mag ein charakteristisches Merkmal jener Seligkeit sein, wie sie im Himmel zuhause ist, wo alle Selbstsucht wegfällt. Aber auch hier auf Erden läßt sich eine Ahnung davon haben in Augenblicken, die gewiß zu unseren reinsten und herrlichsten gehören. Nur leider, daß man sie nicht festhalten kann!

Liebes, teures Kind, ich habe hier mit vielen Worten und ohne recht zu wissen, wie sie aufs Papier kamen, ungefähr das gesagt, was Du mir viel besser und einfacher mit wenig Zeilen sagst. Aber nimm es hin als den wahrhaften Ausdruck meines Innersten, das vielleicht jedermann, nur Du nicht, der Übertreibung beschuldigen würde! Du bist das einzige Wesen, das mich hierin ganz zu würdigen versteht; ich bin der einzige, der das schöne Geheimnis Deiner Seele, Deines ganzen Denkens, Seins und Ausdrucks entschleierte, der den leisesten Laut Deines Gemütes auffängt, daß er zum vollschwellenden Gesange in mir aufgeht. Liebes Herz, könnt ich jetzt, an Deinem Halse liegend, all das zusammenfassen mit *einem* Blick in Dein getreues Auge!«

Während der ewige Vikar Mörike sich einige seiner besten Gedichte vom Herzen schreibt und unentwegt an seinem »Maler Nolten« arbeitet, suchen ihn seine Freunde, von seinem dichterischen Genie überzeugt, zu überreden, sein Leben ganz auf die Poesie zu konzentrieren und nicht an eine übereilte Heirat zu denken, durch die er nur zu bald »verbauern« würde. Mährlen, selbst als Journalist in Stuttgart tätig, stellte für ihn den Kontakt zur literarischen Welt her. Er verfügte über ausreichende Beziehungen, um seinem Freund die notwendigen Publikationsmöglichkeiten zu verschaffen. Für Luise konnte all das aber nur heißen, daß in Zukunft dieser Mörike sein Herz zwischen der Poesie und ihr zu teilen hatte. Auf die Dauer mußte sich zeigen, wer dabei auf der Strecke blieb. Niemand konnte nun einmal zwei Herren dienen.

Es kam noch hinzu, daß Mörike in neue Kalamitäten geriet, als er Briefe seines politisch verfolgten Bruders weitergeleitet hatte, ohne deren Inhalt zu kennen. Er geriet darüber in eine bedenklich depressive Stimmung. Als ein Mann von Ehre dachte er damals sogar daran, seiner Verlobten ihr Jawort zurückzugeben.

»Gewiß, mein teuerstes Herz«, schrieb er ihr am 20. März 1831. »Du hast diesmal länger als billig auf einen Brief gewartet, und mir selbst hat es zwischenhinein nicht weniger weh getan als Dir, daß ich nicht schreiben konnte. Ich habe indessen böse Zeit gehabt. Du denkst ja leicht, warum. Wie fang ich's aber an, Dir zu eröffnen, in welchem Kreislauf von Hoffnung und Verzweiflung ich mich seither umtrieb. Mit dem Ärgsten bin ich aufs Reine gekommen, drum möcht ich lieber ganz schweigen davon. Vor etwa acht Tagen setzte ich einen ausführlichen Brief an Dich auf, den ich nach langem heftigem Schwanken doch noch zurückhielt. Hieran tat ich wohl recht. Aber doch sagt mir eine innere Stimme, ich dürfe seinen Inhalt hier nicht ganz unangedeutet übergehen, ich dürfte Dir, teure Seele, eine Sorge nicht völlig verhehlen, die Dich, Dein Lebensglück nah angeht und die mir darum wahrhaft heilig ist. Zwar hat sie seit einigen Jahren viel, sehr viel von ihrer ersten grellen Gestalt in meinen Augen verloren, ich denke jetzt besser von der Sache; aber den letzten Zweifel, der übrigbleibt, sollst du doch hören...

Die Ungewißheit meiner Zukunft (infolge der Exzesse meines Bruders) ließ mir wohl auch *Dein* Glück in einem zweifelhaften Licht erscheinen. Ich sagte mir wohl selber lang und breit die Gründe vor, womit mancher Wohlgesinnte mir die Möglichkeit jedes üblen Einflusses zu widerlegen meint, den jene Sache auf meine Existenz ausüben könnte. Ich weiß mich frei von aller Schuld und kann Gerechtigkeit ansprechen; aber ich habe Ursache, mich vor den *indirekten* Folgen zu fürchten, womit der Widerwillen und das gewohnte Mißtrauen des Königs mich für meinen blinden Anteil an der Geschichte durch jahrelange Hintansetzung büßen lassen kann.

Die Aussicht auf endlose Schleppereien und Hemmungen meiner ordentlichen Karriere brachte mich nun dem extremen Gedanken eine Zeitlang sehr nahe, daß ich als Theologe mein Heil nimmermehr finden werde. Ich entwarf in der Stille einen Plan, bei dessen gehofften glücklichen Ausschlag ich vor allem Dein Wohl im Auge hatte, wenn Du Dich entschließen könntest, mich etwa ein Jahr im Auslande arbeiten zu lassen, um mir dann ebendorthin zu folgen...

Indessen wuchs mir bald ein ruhigerer, geduldigerer Sinn. Ich schöpfte Hoffnung für meinen bisherigen Stand und dankte Gott, daß ich jene Blätter nicht an Dich geschickt. So steh ich nun, gelassen, aber noch nicht zweifelsfrei, im Herzen fest meine Liebe zu Dir, die in der ganzen Zeit auch nicht um *einen* Puls aussetzte. Das glaube! Aber das darf Dich nicht bestechen. O Kind, mein bestes Kind! Nicht wahr, Du kennst mich und traust mir?

Ich habe nun nichts mehr zu sagen. Laß mich Deine Gedanken noch, wenn auch nur kurz, vernehmen, bevor ich zur Ruhe komme! Das wird in der Woche vom 10. April ganz unfehlbar geschehen. Ich sehne mich nach Dir. Oft staune ich selber, wie es möglich sei, daß wir so lang auseinander gewesen.«

Anfang Mai 1831 trat Eduard Mörike einen vierteljährigen Urlaub an. Er fühlte sich damals völlig erschöpft. Zuerst quartierte er sich in Stuttgart im Gartenhaus seines Freundes Mährlen ein. Die Stadt bot ihm allerlei Anregungen. Er besuchte Theater, Ausstellungen und das Schillerfest und verkehrte in Künstlerkreisen. Auch mit Luise traf er sich dort einige Male.

Ansonsten setzte er die Arbeit an seinem »Maler Nolten« mit allem Eifer fort.

Ende Juli übernahm Mörike die Pfarramtsverweserei in Eltlingen bei Leonberg. In dieser Einsamkeit mußte er all seine Kraft zusammennehmen, um seinen Humor nicht zu verlieren. In dieser nicht gerade hochgestimmten Verfassung schrieb er am 10. November an Luise: »Ich komme mir manchmal vor wie einer der katholischen Kaplane, die ich in Oberschwaben beobachtete. Du hast recht vorausgesehen: ich bin mit dem Tage, da die Pfarrersleute das Haus verließen, in die Wohnstube hinuntergezogen. Da hab ich Bett und Pult und all mein Wesen beisammen. Lebendiges ist nichts um mich außer einem Paar Vögel, einer Lerche, welche frei im Zimmer läuft, und einer lebhaften, närrischen Kreatur von Staren, dessen großer, viereckiger Käfig neben mir am Boden steht.

Zwei kleine Mädchen bedienen mich, bald geschickt, bald ungeschickt. Das Essen hab ich von einem hiesigen Förster, sehr gute, wohlgewählte Speisen, reinlich und schmackhaft...

Mit der Nacht hat es so seine eigene Bewandtnis. Bald komm ich mir lächerlich vor so allein in dem großen Hause, bald sticht der Hasenfuß mich an, und neulich in einer sehr stürmischen Nacht, kurz nachdem ich von einem neulich hier verübten Einbruch hatte erzählen hören, trieb's mich aus dem Bette, Licht zu schlagen. Ich lud, im Hemde stehend, meine Pistolen und war dadurch wieder völlig beruhigt.«

Im Januar 1833 ging Mörike abermals auf Wanderschaft. Diesmal bezog er das Vikariat des Albdorfes Ochsenwang. Auf der Reise dorthin machte er in Stuttgart Station. Außerdem besuchte er seine Braut in Grötzingen, den einsitzenden Bruder auf dem Asperg und die Mutter in Nürtingen. Am 22. Januar kann er seiner Verlobten den ersten Lagebericht aus seiner neuen Umgebung zukommen lassen.

»Ich weiß in der Tat selbst noch nicht, werde ich zuerst von mir oder von Dir, von uns beiden oder von meinem hiesigen Wohnsitz anfangen«, heißt es darin. »Ich möchte hundert

Dinge zugleich heraussagen, wo sie alle durcheinander in mir auf und ab gehen.

Mein neuer Zustand erfüllt mich ganz und gar, und das Licht, das die letztverflossenen, unsäglich liebevollen Tage Deines Wiedersehens nun auf diese freundliche Gegenwart herüberwerfen, noch mehr die Aussicht, Dich in ganz, ganz kurzer Zeit aufs neue und in diesen traulichen Wänden zu begrüßen, zu umarmen, verbreitet einen sonnig zufriedenen seligen Reiz über meine einfach liebliche Umgebung, daß ich statt der Worte lieber hier ein paar lichte Strahlen der schönen Sonne, wie sie soeben aus dem klarsten Himmel auf mein Papier fallen, an Dich senden möchte, um Dir einen Begriff von der Stimmung zu geben, die mich, solange ich nun hier bin, besitzt.

Es schlägt eben 12 Uhr. Ich habe gepredigt, zu Mittag gegessen und das Tischchen abräumen lassen. Ich kann, bevor die Kinderlehre anfängt, nicht unterlassen, dazwischen hinein ein wenig mit der Liebsten zu reden. Hätt ich Dich nur schon jetzt bei mir! Ich schwöre, es wäre Dir um kein Haar schlimmer zumute als mir. So rein, so zärtlich, so kinderfroh kommt mir alles, komm ich mir selber vor! Noch hab ich nicht die deutlichste Vorstellung von der Gegend und dem Dorf, das mich umgibt. Ich kenne eigentlich nur diese hellen, geweißten Stübchen, die sich mir schon ganz zu eigen gemacht haben, und die nächste Aussicht von den Fenstern. Ich weiß nur, daß ich unter treuherzigen, zutrauensvollen Menschen wohne, die ich, wie eine kleine Herde, bald werde überzählt haben. Aber was mir ein ganz besonders stärkendes Gefühl gibt, das ist, wenn ich mich recht verstehe, der zwar noch unsichere, aber ungeheure Begriff von der atmosphärischen Höhe, worin ich mich befinde. Es fehlte wenig, so könnte ich mir einbilden, ich sitze auf dem Hospitium von Sankt Bernhard in einer warm geheizten Zelle oder im Knopf eines Münsters, nur daß ich über die Plattform nicht hinaussehe ...

Herz! und in vierzehn Tagen bist Du bei mir! Wie werden wir so heimlich unsere Stühle zusammenrücken, während der Topf im Ofen singt, die Morgensonne Dir auf das Strickzeug in den

Schoß scheint, ich die eine Hand über Deine Schulter legend, mit der anderen ein liebes Büchlein haltend und lesend, was Du willst, oder schwatzend, was Du willst! Und dann nach Tische ein Spaziergang, der uns die Gesichter auffrischt und die Gedanken klärt! Sodann der geruhige Abend, von keinem ungebetenen Gast gestört; man redet von alten und künftigen Zeiten, von Innerem und Äußerem. Wir schlafen in zwei wohl separierten Stübchen (weil wir uns bekanntlich bei Nacht eigentlich nichts angehen). Aber der Mond, der hier offenbar ein ganz besonderes Licht hat, wird Dein Kissen so gut wie das meinige beschleichen, und die Träume kümmern sich ohnehin nichts um Schloß und Riegel. Sage mir, läßt sich etwas Anmutigeres denken?«

Die euphorische Stimmung des ewigen Bräutigams wurde allerdings erheblich dadurch getrübt, daß die heiß ersehnte Luise nicht zur verabredeten Zeit in Ochsenwang erschien und für ihr Fernbleiben nur fadenscheinige Entschuldigungen vorzubringen hatte. Außerdem war Mörike mehr als erwartet von seinen Berufspflichten in Anspruch genommen. Er mußte sich die Zeit zur Arbeit an seinem »Maler Nolten« förmlich stehlen. Aber immerhin brachte er den Roman zum Abschluß. Im August lag das Buch nach langwierigen Korrekturarbeiten dann wirklich vor. Mit einem wahren Feuereifer machte sich der glückliche Autor daran, Exemplare unter Freunde und namhafte Literaten zu verteilen. Die Resonanz war im ganzen nicht eben schlecht, wenn auch keineswegs überschwenglich.

Während der Dichter Mörike für viele bereits ein Geheimtip war, lockerte sich das Verhältnis zu seiner Braut zunehmend. Es kam zu immer mehr Verstimmungen zwischen ihm und Luise, die seinem forcierten literarischen Engagement mit wachsender Ablehnung begegnete. Seine Liebesbeteuerungen allein konnten sie auf die Dauer nicht mehr befriedigen. Für sie bestand durchaus Anlaß, an seiner Liebe zu zweifeln. Jedenfalls unternahm er für ihre Überzeugung viel zu wenig, um endlich zu einer festen Pfarre zu gelangen und sein gegebenes Heiratsversprechen einzulösen.

»Ach, teure, einzige Luise«, beschwor er sie, »wie soll ich Dir ausdrücken, was sich täglich, stündlich, wenn auch zuzeiten wortlos und verschwiegen, *für* Dich und *durch* Dich in meinem Innersten sich bewegt! Wie ich mein wahres und eigentliches Dasein nur von der Stunde an rechne, die Dich mir verband! Wie alles, was ich sonst noch treiben, tun und hoffen mag, doch in demselben unveränderlichen Zirkel zu *Dir*, zum Lebenspunkte meines Friedens, meiner Freuden zurückfließt und dort seine Nahrung findet! Seit wir uns kennen, es ist wahr, ist eine Veränderung meines Wesens vorgegangen, aber sie kann, wie ich Dich gerne überreden möchte und Du künftig gewiß noch einsiehst, nicht anders als zum Vorteil unserer Liebe sein, so wie sie zuverlässig auch die Frucht derselben war. Ich bin ruhiger geworden, weil ich mich sicherer in mir selbst fühle... Mein Herz fängt an zu zittern und zu bluten, wenn ich denken müßte, Du wärst durch meine Schuld zuweilen irre an mir geworden, hättest die schöne Gewißheit unseres Ineinanderlebens, die mir niemals fehlt, auch nur um die Länge *eines* Pulsschlages entbehrt! – Ich sage Dir, mir ist es auch einmal ganz fremd und ungewohnt, dergleichen Dinge, deren heilige Wahrheit mir so lange, lange feststeht, in die Feder zu nehmen, wie ich es früher wohl ohne besondere Veranlassung von selbst getan habe. Aber freilich sollt ich billigerweise nicht vergessen, daß ich ähnliche Versicherungen, wie *Deine* Briefe sie enthalten, sehr ungern, ja schmerzlich vermissen würde und daß der stärkste und feurigste Ausdruck Deiner Neigung immer auch mir der süßeste bleibt. Ein seltsamer Egoismus! Doch auch gewiß der unschuldigste von der Welt und der Dir für die Stetigkeit meiner Liebe mehr Bürge sein kann als jedes Wort. Dann eben das entschiedene Vertrauen, das mein Herz in sich selbst setzt, läßt mich versäumen, die äußeren Zeichen immer zu beobachten.«

Immer wieder versuchte Mörike durch Eingaben nach Stuttgart eine feste Pfarrstelle zugewiesen zu bekommen. Je mehr Zeit verstrich, um so mehr schwand Luises Glaube, in Mörike eine feste Stütze fürs Leben zu finden. Und wirklich: immer wieder spielte der kränkelnde Vikar und Poet mit dem verräterischen Gedanken, sich für längere Zeit vom Kirchendienst beurlauben zu lassen, um ungestörter seinen schriftstellerischen Ambitionen nachgehen zu können. Aber eben all diese Versuche, eine definitive Anstellung durch sein eigenes unverständliches Verhalten bei allem Wohlwollen des Konsistoriums selbst zu blockieren, stellten sich für Luise als eklatanter Vertrauensbruch dar.

»Ich bin, meine teuerste Luise, in hohem Grade überrascht und bekümmert durch Dein letztes Schreiben«, antwortete er ihr auf ihre Anzeichen schwindenden Vertrauens ein wenig pikiert. »Du hast mir bitteres Unrecht getan. Ich sage das mit reinem, ruhigem Herzen, im männlichsten Bewußtsein, obgleich nicht ohne tiefe Wehmut, da ich in jenem Briefe nicht etwa nur ein flüchtiges Mißverständnis erblicken, sondern beinahe die schöne und feste Wurzel unseres Verhältnisses durch das unbillige Mißtrauen von Deiner Seite bedroht und angegriffen glauben muß, sofern mir nicht gelingen sollte, dasselbe auch bis auf die kleinste Spur aus Deiner Seele wegzuwischen...

Leider hast Du angefangen, mir zu mißtrauen – was helfen meine Worte? Und wenn ich alle Gründe wiederholte, die mein Entferntsein rechtfertigen, Du hörst sie nicht. Du hörst aus allem nur das *eine* heraus: er liebt mich nicht genug, er käme sonst. Ach, daß Du wüßtest, wie das Gefühl mich durchbohrt, mir das innerste Wesen durchschneidet, von Dir, von Dir, Luise, nicht besser verstanden zu sein, in Deiner Brust einen Widerstand zu finden, wo ich den vollen heitern Glauben der Liebe erwarten kann, der mich noch nie verlassen hat Dir gegenüber!

Blick her! Neig mir Dein Herz entgegen! Leg in Gedanken Deine Hand hierher, wo sie so oft geruht hat im vollsten, erschöpfenden Gefühl, daß wir uns ganz und ewig angehören, daß keines Menschen Seele auf weiter Welt sich inniger, glücklicher an Dich anschließen könnte als ich! Wär's möglich, daß ich diese Worte ins hellste Morgenrot tauchte, damit sie mit unauslöschlichen Zügen vor Deiner Seele stünden!«

Diese Zeilen hatte Mörike nach Tübingen gerichtet, wohin

*33 Mörikes Pfarrhaus in Cleversulzbach*

Luise mit der Familie Ende 1832 verzogen war. Sicherlich fühlte er sich ihr gegenüber in tiefer Schuld, aber immer wieder fand er neue Ausflüchte, um von seiner inneren Unruhe abzulenken. »Ich bin seit Wochen ein gehetztes Wild«, klagte er am 8. August seiner Braut. »Unstet, fast heimatlos, uneins mit mir selbst, möchte ich mein Schicksal mit Füßen zertreten.«

Dieses Schreiben ist übrigens der letzte der Liebesbriefe, die Luise nach ihrer Trennung von Mörike diesem zurückreichte. Offenbar hat sie die weiteren ihres unerfreulichen Inhalts wegen vernichtet. Kurz nach Abfassung dieses Briefes vom 8. August 1833 muß das jahrelange Verlöbnis gelöst worden sein. Man nimmt an, Luises Angehörige hätten darauf bestanden, sich von einem Mann zu trennen, von dem damals niemand annehmen konnte, er würde es in seinem Leben noch jemals zu einer befriedigenden bürgerlichen Existenz bringen. Sicher hätte eine Ehe mit Mörike für Luise ein Martyrium in Permanenz bedeutet. Ein sicherer Instinkt bewahrte sie davor, ihr

*34 Mörikes Schwester Klärchen*

Leben mit einem Poeten zu teilen, der gewiß nicht für die Ehe geschaffen war. Vielleicht ist sie sich niemals darüber im klaren gewesen, daß sie vor dem Dämonischen, das in dem Dichter Mörike steckte, die Waffen streckte. Sie war zu einer Schicht seines Inneren vorgestoßen, vor der ihr zu frösteln begann. Dieser Mörike hatte sich im Gewande eines biedermeierlichen Poeten immer am Rande der bürgerlichen Gesellschaft bewegt. Ein Idyll in einem schwäbischen Pfarrhaus konnte es für ihn nicht geben. Luise hat nie den begnadeten Dichter in Mörike erkennen können. Sie hielt ihn für einen verspielten Dilettanten, der sich seiner eigentlichen Lebensaufgabe entzog. Alles in allem blieb er ihr unheimlich, wenn er auch die herrlichsten Briefe schrieb, die deren Adressatin unsterblich gemacht haben.

Natürlich litten beide sehr unter der nötig gewordenen Trennung. Mörike erwähnte fortan in seinen Briefen den Namen Luises überhaupt nicht mehr. Im Juni 1834, also ein halbes Jahr nach dem schmerzlichen Bruch, konnte er endlich in Cleversulzbach seine erste Pfarrstelle beziehen. Mutter und Schwester hielten damals an Stelle einer Pfarrfrau mit ihm Einzug in das alte Pfarrhaus, das wohl nie einen seltsameren Bewohner gesehen hat als diesen Dichter, der dann dem Ortsnamen Cleversulzbach zu einigem Ruhm verhelfen sollte. Luise Rau heiratete erst zwölf Jahre später, mit neununddreißig Jahren, einen verwitweten Pfarrer aus Schwaben und erreichte ein hohes Alter.

Mörike selbst vermählte sich im November 1851 mit der 27jährigen Margarethe von Speeth. Trotz der beiden Töchter aus dieser Ehe lebte man sich mit den Jahren immer mehr auseinander und beschloß schließlich eine »Trennung auf unbestimmte Zeit«.

Die zentrale Gestalt im Leben des Hypochonders blieb seine Schwester Klärchen, die seine Labilität mit der Langmut einer Märtyrerin ertrug. Sie war es dann auch, welche die Nachricht vom Tode eines der größten deutschen Dichter in die Welt hinausgehen ließ, als er am 4. Juni 1875 ein höchst denkwürdiges Leben beendete.

# *Adalbert Stifter und Amalie Mohaupt*

In den Semesterferien trieb es den Wiener Jurastudenten Adalbert Stifter immer wieder in seine böhmische Heimat. Er pflegte dann auch in dem Waldflecken Friedberg Station zu machen, wo er einen Freundeskreis vorfand, in dem sich der Handwerkerssohn aus Oberplan durchaus heimisch fühlte. Mit dem naiven Selbstgefühl des heranreifenden Künstlers, als der er sich fühlte, und mit einer geradezu manomanischen Weltbegierde mischte er sich unbekümmert in den Kreis von sozial höhergestellten Freunden.

Jedenfalls verlebte er in diesen Friedberger Wochen die wahrscheinlich sorglosesten Tage seines Lebens überhaupt. Immer wieder wird er sich später an diese verklärten Tage seiner Jugend erinnern. Vor allem den Spätsommer des Jahres 1828 hat er immer als ein einzigartiges Kapitel jugendlicher Seligkeit in seinem Gedächtnis bewahrt.

Damals traf man sich vor allem im feudalen Haus des begüterten Leinwandhändlers Greipl, der noch Geschäftsniederlassungen in Wien, Budapest, Verona und Trient unterhielt. Mit dem einzigen Sohn des Hauses fühlte sich Stifter schon seit langem freundschaftlich verbunden, und von den vier Greipl-Töchtern hatte die eben zwanzigjährige Fanny sein Herz im Sturm erobert. In ihr war Stifter ein Stück Schicksal begegnet: Sie war die große Liebe seines Lebens und sollte es bis zuletzt bleiben. Ihre im Rückblick verklärte Gestalt wird ihn bis ans Ende seines Lebens begleiten. Die unvermindert starken Gefühle, die er für sie hegte, hat er immer wieder in seine Dichtungen eingebracht. Immer wieder versuchte er, das einmalige Urerlebnis seines Herzens, das für ihn Fanny hieß, wenigstens in seiner Dichtung zu bewältigen.

*35 Adalbert Stifter (1805–1868)*

In diesem Sommer des Jahres 1828 traf man sich, so oft es nur anging. Man spielte, sang und trank. Man fuhr mit dem Wagen in der näheren Umgebung umher. Die jungen Männer verfertigten gutgemeinte Verse für ihre Mädchen, und diese revanchierten sich mit kleinen Handarbeiten. Aber noch verbarg man hinter allerlei »neckenden Scherzen« die wahren und tiefen Empfindungen. Alles in allem träumte Stifter in dieser Zeit einen »Doppeltraum, den der Himmel jedem Menschen nur einmal gibt, den Traum der Jugend und der ersten Liebe«.

»Im vorigen Sommer«, erinnert sich der Dichter noch in seinem »Nachsommer« an jene übersonnten Tage, »hatte ich ihr oft die Hand gereicht, um ihr über eine schwierige Stelle des Flusses zu helfen, um sie auf einem schwankenden Stege zu stützen oder sie auf schmalem Pfade zu geleiten. Jetzt fürchteten wir, uns die Hände zu geben, und die Berührung war von der größten Wirkung. Es ist nicht zu sagen, woher es kommt, daß vor einem Herzen die Erde, der Himmel, die Sterne, die Sonne, das ganze Weltall verschwindet, und vor dem Herzen eines Wesens, das nur ein Mädchen ist und das andere noch ein Kind heißen. Aber sie war wie ein Stengel einer himmlischen Lilie, zaubervoll, anmutsvoll, unbegreiflich.«

Von Fanny Greipl ist nur ein Kinderbildnis erhalten geblieben, das sie mit dunklen, ausdrucksvollen Augen und einem schön geschwungenen Mund zeigt. Aber immerhin scheint dieses Porträt zu bestätigen, daß der junge Dichter seine leidenschaftlichen Gefühle nicht an eine Unwürdige verschwendet hat. Im »Waldgänger« hat er später ein sicher zutreffendes Bild der Geliebten seines Lebens entworfen, von der er sich innerlich nie lösen konnte. »Er hatte sein Herz an ein Mädchen geheftet«, heißt es da, »das nichts besaß, keine sogenannte Bildung, keine folgerechte Entwicklung, als nur ihre schönen Augen, die an das Fabelhafte reichende Güte und das ahnungslos vertrauende Herz.«

All diese Eigenschaften, die er von seiner künftigen Frau erträumte, fand Stifter in Fanny harmonisch vereint. In ihrer Nähe überkam ihn ein Gefühl von Geborgenheit, wie er es dann in seinem ganzen Leben nie wieder empfunden hat. Einer Bekannten gegenüber hat er noch nach vielen Jahren die Faszination, die jenes Mädchen auf ihn ausübte, mit folgenden Worten umschrieben: »Sehen sie, liebe Freundin, wenn sie ins Zimmer trat, war mir, als ob alles um mich her ganz hell wäre.« Damals war die bereits verstorbene Fanny längst zur »Braut seiner Ideen« in seiner Phantasie emporgestiegen. Recht eigentlich war es die unerfüllt gebliebene Liebe zu ihr, die ihn zum Dichter berufen hatte.

Die Romanze dieser Liebe läßt sich heute noch anhand der vorhandenen Briefe nachvollziehen, die Stifter an Fanny schickte. Sie markieren die einzelnen Etappen in einer Chronik menschlicher Vergeblichkeit. Verständlich, daß Fannys Eltern wenig Neigung verspürten, einer Verbindung ihrer Tochter mit einem Studenten zuzustimmen, der keinerlei Anstalten traf, seine Ausbildung abzuschließen und ein Amt zu übernehmen. Im Gegenteil unterließ Stifter nichts, um einer festen beruflichen Bindung zu entgehen. Das sich erst zaghaft regende Genie in ihm, war nicht bereit, auch nur die geringsten Konzessionen an den bürgerlichen Lebensstil zu machen.

Die Bindungsängste, die ihn von einem entscheidenden Schritt geradezu zwanghaft abhielten, konnte Stifter einfach nicht niederkämpfen. Schon der erste Brief, den Stifter nach seiner Rückkehr nach Wien Anfang November 1828 an Fanny schrieb, verrät wenig von seinem Willen, sie für immer an sich zu binden.

»Beinahe unerträglich ist mir leider das Leben in Wien auf jene glückliche Zeit, in welcher ich in angenehmer Gesellschaft im Budweiser Kreise herumfuhr. Ich werde jene Tage in Ewigkeit nicht vergessen, es waren die schönsten meiner Studienzeit. Für jeden Menschen von Bildung und feinem Gefühle ist es ein inniges Lebensbedürfnis, sein Herz an andere Menschen anzuhängen, die er lieben, mit denen er in herzlichem Verkehre leben kann. Darum ist es mir bei Euch so wohl, weil ich weiß, daß Ihr mir alle gut seid und weil ich das selige Gefühl genießen kann, Euch recht von Herzen lieben zu dürfen. Vergiß nicht, Fanny, auf das, was ich Dir in den Ferien sagte, es kam aus dem aufrichtigen Herzen Deines besten Freundes – doch das wirst

*36 Stifters Geburtshaus in Oberplan im Böhmerwald*

Du längst vergessen haben. Nur eines bitte ich Dich, spotte nie über meine Schwäche, es würde mir ungemein schmerzen, denn ich habe Dich wirklich recht mit ganzem Gemüte lieb und werde Dich immer lieben.«

Die Eltern Greipl reagieren auf solche Briefe betont abweisend. Das alles hindert Stifter aber nicht daran, den Briefwechsel noch zu intensivieren. Nebenbei malt er auch ein Aquarell von Friedberg. Es ist bezeichnend, das sich das Haus der Geliebten in übergroßen Proportionen aus seiner Umgebung heraushebt.

Ansonsten aber schwankt die Stimmung des jungen Liebhabers hin und her. Zuweilen vermißt er in den Briefen Fannys die Spontaneität, die er erwartet. Seine Unentschlossenheit, um ihrer gemeinsamen Zukunft willen sein Studium gewissenhaft voranzutreiben und es so bald wie möglich abzuschließen, läßt sie am Ernst seiner Liebesbeteuerungen zweifeln. Als man ihr zuträgt, Stifter habe noch weitere Freundinnen in Linz und Wien, reagiert sie mit wachsendem Mißtrauen. Am Ende war ihre Begegnung für ihn, so mutmaßt sie, eben doch nicht viel mehr als eine flüchtige Ferienepisode gewesen.

Noch einmal scheinen in den folgenden Sommerferien sich die dunklen Wolken, die das Verhältnis der beiden zu trüben beginnen, lichten zu wollen. Stifter hatte inzwischen zwar eine juristische Prüfung bestanden, war allerdings zu einer Nachprüfung überhaupt nicht erschienen. Er nahm sein Studium demnach nicht so ernst, wie man es von ihm erwarten durfte. Dafür konzentrierte er seine Gedanken zunehmend auf seine künftige künstlerische Laufbahn, für die er sich berufen hielt.

Immerhin reiste er mit hohen Erwartungen 1829 in das nahe von Kremsmünster gelegene Bad Hall, wo sich Fanny gerade mit ihrem Bruder aufhielt. Und noch einmal beginnt ein Sommer voll ungestörter Harmonie und Heiterkeit. In der ihm vertrauten Landschaft, und vor allem in der Nähe des geliebten Mädchens, läßt Stifter sich noch einmal ganz von seinen Gefühlen davontragen. Auch als Künstler fühlt er sich durch seinen Umgang mit Fanny merklich angeregt. Er nutzt diese produktive Phase dann auch weidlich aus, indem er eifrig malt und dichtet. Wieder wandert man in den endlosen Wäldern, und abermals schwelgt Stifter dabei in hochgespannten Erwartungen eines gemeinsamen Lebens.

Trotzdem schiebt er nach seiner Rückkehr nach Wien seine beruflichen Entscheidungen von Woche zu Woche hinaus. Und doch beschwört er die Freundin: »Wenn ich den Gedanken denken sollte, daß wir uns trennen müssen – ich bitte Dich, übereile Dich nicht, wenn man Dir eine Partie vorführt – Du zerrissest mir das Herz, wenn ich Dich unglücklich wüßte. Und doch, was wird es anders sein? Ein Fremdling wird kommen und mit kalter Hand Dein Herz dahinführen, das mich und Dich unendlich glücklich gemacht hätte. Er wird Dich nicht kennen, Dich nicht nach Verdienst würdigen können – und mir, mir bricht das Herz, wenn ich Dich in rohen, liebeleeren Händen wüßte. Doch wenn irgend Treue und Glauben in der Welt ist, so bitte ich Dich, baue und vertraue auf mich; eher verlasse ich das Leben, ehe ich Dich verlasse. Was mich betrifft, so wollte ich jede Kraft, die nur immer in mir liegt, aufregen zur Tätigkeit, ich will arbeiten, was ein Mensch arbeiten kann – aber Du müßtest aus Liebe und Vertrauen in mein Versprechen Dich selbst zum Lohne für meine Mühe aufsparen. Es müßte doch einmal die Zeit kommen, wo ich mit Ehren vor Deine Eltern treten könnte und sie bitten, daß sie Dich mir als mein Liebstes auf Erden geben möchten.«

Fannys Antwort auf solche Beschwörungen fällt erstaunlicherweise ebenso knapp wie ernüchternd aus. Offenbar hat sie sich mit den Eltern besprochen. Für diese spricht eigentlich alles gegen eine Verbindung ihrer vielumworbenen Tochter mit einem ewigen Studenten, der es dem Anschein nach doch nie zu Amt und Würden bringen wird, sondern von einer offenbar unerreichbaren Künstlerlaufbahn träumt. Damit sieht sich Fanny vor das immer gleiche Dilemma aller hoffnungslos Liebenden gestellt: Die Auflösung eines Verhältnisses, dessen materielle Absicherung keineswegs garantiert ist, oder aber seine Weiterführung unter höchst kritischen Umständen. »Immer unter lauter Heimlichkeiten fortleben, dies kannst Du selbst unmöglich gutheißen«, reagiert sie mit umwerfenden Realismus auf Stifters Liebesbeteuerungen.

»Bist Du für mich verloren«, so fließt es Stifter in die Feder, »dann liegt mir nichts mehr an der Welt. Mögen sie mir dann die glänzendste Stelle geben, mir gleichviel, dann ist es für mich zu spät. Möge der Himmel Dich bewahren und glücklich machen, dann will auch ich versuchen, die Liebe, die nun Dein ist, überzutragen auf meine Arbeiten und auf die Menschheit.«

Fanny hat auf die Briefe, die Stifter immer sehnsüchtiger und wohl immer noch hoffenden Herzens ihr sandte, schließlich offenbar gar nicht mehr geantwortet. Zweifellos hatten die Argumente, die ihre Eltern gegen Stifter vorzutragen hatten, sie überzeugt. Jedenfalls zeigt sie sich entschlossen, den Zustand des ewigen Hinhaltens, der ihr auf die Dauer unerträglich ist, zu beenden.

Die Andeutung Stifters, seine große Liebe zu Fanny auf seine Arbeiten und im weiteren auch auf die Menschheit zu übertragen, wirken sicher nicht übertrieben. Sein Lebenswerk spricht jedenfalls für diese Absicht. Man kann ganz allgemein sagen, daß er seinen unangefochtenen Platz in der Weltliteratur vor allem dem Umstand verdankt, daß er in einem ungemein schmerzlichen Prozeß seine Liebe in seinem Werk einbringen konnte.

Wie aber nun klingt diese so ganz in Moll getönte Romanze Stifters aus? Der Briefwechsel mit Fanny Greipl bricht jäh ab. Auch nach Jahren steht fest, daß der Lehramtskandidat Adalbert Stifter in Wien die hohen Erwartungen, die man auf Grund seiner Talente in ihn setzte, jämmerlich enttäuscht hat. Auch als er die Dreißig längst überschritten hat, war er bürgerlich noch nicht etabliert. An eine Heirat war unter solchen Umständen überhaupt nicht zu denken.

Noch einmal richtet Stifter einen Brief an Fanny, nachdem er sie bei der Hochzeit eines seiner Freunde in Christianberg wieder getroffen hat. Nach der Erschütterung, die dieses Wiedersehen in ihm auslöste, unternimmt er noch einmal den Versuch, das Schicksal zu seinen Gunsten zu entscheiden, obwohl er bereits ein halbes Jahr vorher einem anderen Mädchen ein festes Heiratsversprechen gegeben hatte.

»Oberplan ist mir fürchterlich leer, und nur Du beschäftigst immer mein Herz – ein unsägliches Gefühl, halb Trauer und halb Seligkeit, ist in mir«, versichert er ihr am 20. August 1835. »Seitdem weiß ich, Du liebst mich noch – ich hab' es wohl gesehen, wie Du während der heiligen Handlung etwas zurücktratest, um Dich dem Anblicke zu entziehen, und wie Du später verweinte Augen hattest; meinem Auge, das nur Dich suchte, ist gar nichts entgangen, weil Dein Inneres in schweren, traurig schönen Erinnerungen arbeitete, und mein Herz sagte es mir, daß wir uns in diesem Augenblicke in gleichen Gefühlen begegneten.«

Aber es blieb dabei: Stifter hatte sein bürgerliches Glück bereits verspielt, seit er sich für seine Kunst entschied. So mußten erst viele Jahre vergehen, ehe er die nötige Distanz zu der großen Liebe seines Lebens fand und er in seinem stark autobiographisch gefärbten »Heidedorf« sein anderes Ich auftreten und sagen läßt: »Es ist ein Mann, der aus Liebe zur Dichtkunst die Liebe seiner Braut opfert und in dem glücklich war, was ihm Gott verlieh.«

Sicher ist in jedem Fall, daß Stifter durch seine Entsagung und die Konzentration auf sein Lebenswerk zu einem Dichter von archaischer Größe heranreifen konnte. Und doch kreisen seine Gedanken immer wieder um das Thema einer unerfüllt gebliebenen Liebc. Seine Kunst entschädigte ihn zuletzt dann doch wohl für das große Opfer seines Herzens. Mit wachsender Reife begriff er, daß die Kunst eine harte, unerbittliche Herrin und Gebieterin ist, die keine Halben und Lauen in ihrem Reich duldet.

Stifter schien dazu verurteilt zu sein, sein Leben an der Seite einer ihm geistig unebenbürtigen und im Grunde sogar ungeliebten Frau zu leben. In der abgeschirmten Einsamkeit seiner Idealwelt feierte er fortan seine heimlichen Feste. Schließlich waltete er im Reich der Phantasie souverän wie ein Herrscher. Alles, was er an bürgerlichem Glück geopfert hatte, fiel ihm in seiner Kunst doppelt wieder zu.

Innerlich hat Stifter den Verlust Fannys nie recht verwinden können. Selbst noch in späteren Jahren soll er in Tränen ausgebrochen sein, wenn ihn sein Weg durch Friedberg führte. Noch in der letzten unvollendet gebliebenen Fassung seiner »Mappe meines Urgroßvaters«, die ihn über ein Leben hin begleitet hatte und ihn noch auf dem Totenbett beschäftigte, fällt über seinen unausgelebten Schmerz um Fanny verklärend ein Strahl versöhnender Menschlichkeit. Sie hatte ihn, wie er selbst feststellen konnte, durch ein ganzes tragisches Leben begleitet, in dem die glücklichsten Stunden eben jene waren, die er am Schreibtisch verbrachte.

»Du gutes Mädchen«, fährt es noch ein letztes Mal aus ihm heraus. »Vielleicht hätten Deine Eltern unsere Verbindung gewilligt und Deine sanften schwarzen Augen hätten mir einfach und gütig über mein Leben hinübergeholfen.«

Fanny selbst muß sich zuletzt in dem Irrgarten dieser Liebe nicht mehr zurechtgefunden haben. Sie ergab sich schließlich ihrem Schicksal. Im Oktober 1836 heiratete sie einen Kameralsekretär, der das volle Vertrauen ihrer Mutter genoß. Die inneren Beziehungen zu Stifter hat sie allerdings niemals lösen können. Jedenfalls brachte sie es nicht übers Herz, seine Briefe zu vernichten. Im dritten Jahr einer freudlosen Ehe starb sie dann im Wochenbett. Ihr Mann soll über ihren frühen Tod trübsinnig geworden sein.

Stifters Verhalten gab auch in den folgenden Jahren immer neue Rätsel auf. Er versuchte sich durch Privatunterricht notdürftig über Wasser zu halten. Bestenfalls galt er in der Wiener Gesellschaft als mittelmäßiger Maler, der allerdings nach dem Höchsten strebte. Lange schwankte er zwischen seiner Berufung zur Malerei oder zur Literatur, die ihn mit den Jahren immer mehr beschäftigte.

In dieser kritischen Zeit führte ihn das Schicksal mit einer Frau zusammen, mit der er dann bis ans bittere Ende sein Leben teilen sollte.

Auf einem privaten Faschingsball im Jahre 1833 spielt der Zufall wieder einmal Regie in seinem Leben. Als man nämlich aufbrechen will, setzt ein prasselnder Dauerregen ein. Da aber keine Kutschen aufzutreiben sind, finden sich die Kavaliere bereit, die Damen durch die düsteren Wiener Gassen nach Hause zu begleiten.

Stifter sieht sich auf diese Weise mit der um sechs Jahre jüngeren Amalie Mohaupt allein auf der Straße. Da die Hausherrin die Damen mit gröberem Schuhwerk versehen hat, hatte er Amaliens Ballschuhe in seinen Manteltaschen verstaut. Beim Abschied vergaß er, diese ihrer Besitzerin auszuhändigen. Am nächsten Tag erhält er daher ein Billet von ihr mit der Bitte um Rückgabe der Schuhe. Nur zu gern begibt sich Stifter in die Wohnung des jungen Mädchens mit dem Erfolg, daß sich seine Besuche bei ihr nun ständig wiederholen. Natürlich läßt ihn die vielbewunderte Schönheit Amaliens nicht unberührt. Nun hat er endlich jemanden gefunden, der ihn über seinen Kummer um Fanny hinwegtrösten kann. Sie scheint ihm geradezu vom Schicksal gesandt zu sein.

Außer ihrer Schönheit hat Amalie allerdings kaum nennenswerte Vorzüge aufzuweisen, die sie in das sich anbahnende Verhältnis hätte mit einbringen können. Sie ist die Tochter eines Unteroffiziers, der an der ungarischen Grenze in kümmerlichen Verhältnissen lebt. Nach dem Tode seiner Frau hatte sich Amalie mit einer Schwester nach Wien durchgeschlagen. Nun lebt sie hier von kleineren Näharbeiten. Zu Höherem scheint sie nun wirklich nicht geboren zu sein. Mit der Orthographie hat die spätere Schulratsgattin zeit ihres Lebens auf Kriegsfuß gestanden. Hingegen verfügte sie über einen durchaus entwickelten sechsten Sinn für die Realitäten des Lebens, eine Eigenschaft übrigens, die Stifter ungemein zustatten kam.

Immerhin muß die weibliche Ausstrahlung der jungen Amalie Mohaupt nicht eben unerheblich gewesen sein. Denn der nicht ganz unbedeutende Maler Ferdinand von Lampi hatte das Konterfei der jungen Frau, festlich gewandet vor einem Betstuhl stehend, der Nachwelt überliefert.

Im Kreise der Freunde sprach sich indessen herum, daß der weltfremde Idealist Stifter in seiner Verzweiflung über den Verlust Fannys in den Armen einer gänzlich unbedeutenden Putzmacherin gelandet wäre, die keinerlei Voraussetzungen besäße, an seinem geistigen Leben teilzuhaben. Eine noch boshaftere Version dieses Gerüchtes wollte wissen, er wäre einer heiratssüchtigen Kokette ins Garn gegangen. Er hat später selbst zugegeben, daß er, um sie überhaupt küssen zu können, sich dabei Fannys Lippen vorstellen mußte. Gleichwohl hatte er ihr zu Beginn des Jahres 1835 die Ehe versprochen. Die endgültige Eheschließung zögerte sich dann allerdings noch zwei Jahre hinaus.

In diesen Wochen und Monaten müssen den jungen Dichter immer wieder Skrupel und Zweifel an seiner Wahl angefochten haben. Natürlich ließ es ihn nicht gleichgültig, daß Amalie nicht so unbedingt der Idealvorstellung, die er sich von seiner künftigen Frau gemacht hatte, entsprach. Um so mehr verströmte er seine unausgelebten Gefühle in seine Dichtungen.

*37 Amalie Stifter geb. Mohaupt. Gemälde von Ferdinand v. Lampi*

»Ich fühle oft eine Einsamkeit, daß ich weinen möchte wie ein Kind«, schüttete er damals einem Freund sein Herz aus. »Wie hätte ich ein geliebtes Weib geliebt und geschmückt mit den Schönheiten, die Gott so unerhört in seiner Welt anhäufte... Dann hätte ich gejubelt und zu Gott gesagt, er solle mich nur gerade totschlagen, weil ich doch des Glückes unwert bin, wenn ihr liebes, großes Herz aufgegangen wäre in seine Wunderblüten, lauter Schönes, Herrliches, köstlich Liebendes in seinem Kelche tragend, das ich doch selber wieder vorgelockt habe.«

Während der Jean-Paul-Epigone so schwärmerisch noch in den Tag hineinträumte, führte er sein Hungerleben weiter. Er machte Schulden über Schulden. Es konnte sogar soweit kommen, daß ihn seine Gläubiger pfänden ließen, wenn er wieder einmal mit seinen Mietzahlungen in Rückstand geraten war. Das war übrigens auch der Grund, warum er immer wieder seine Wohnungen wechselte. Möglich auch, daß Amalie damals ein Kind von ihm austrug. Jedenfalls wird im Taufregister in dieser Zeit die Geburt eines Kindes vermerkt, als dessen Mutter Amaliens lungenkranke Schwester angegeben wird. Als das Kind schon bald nach der Geburt stirbt, verzeichnet das Sterberegister eine Anna Mohaupt als Mutter. In Stifters Papieren fanden sich jedoch nie Unterlagen über diesen mysteriösen, bis heute noch nicht aufgeklärten Vorfall.

Am 15. November 1837 löste Stifter sein Versprechen ein und ging die Ehe mit Amalie Mohaupt ein. Er wollte endlich und endgültig Fannys Bild aus seiner Seele verdrängen. Die Trauung fand in der Augustinerkirche in der Vorstadt Landstraße statt. Aber diese Hochzeit änderte eigentlich gar nichts an Stifters gewohntem Lebensstil. Im Januar 1839 ließ man sich weiter im Inneren der Stadt im Haus »Zum Küß den Pfennig« in der »Roten Turmstraße« 2. Steige, 5. Stock, Tür 421 nieder. »Die Wohnung war gerade ausreichend für zwei Leute, zwei Gemächer, alles in allem mit einer Bescheidenheit eingerichtet, von der sich die jungen Schriftsteller von heute kaum einen Begriff machen«, berichtet Stifters Schüler Emerich Ranzoni später. »Die Wände waren weiß getüncht, alle Möbel aus ungestrichenem weißen Holz. Das Zimmer, in das man aus dem kleinen Vorgemache trat, wurde von der Frau bewohnt; das daranstoßende war das Atelier, Schreib-, Studier- und Wohnzimmer des Mannes. Zunächst der Tür war ein Wandschrank angebracht, in welchem Stifter seine Bibliothek aufbe- oder vielmehr verwahrte; denn in der Regel sah man, wenn er nicht gerade mit dem Lesen beschäftigt war, nichts von Büchern bei ihm. Um so reichlicher waren Zeichnungen und Farbenskizzen zu sehen. Die lagen auf allen Tischen, und die Wände waren damit bedeckt. Auf der Staffelei, an der er zu jener Zeit die meisten Stunden des Tages zubrachte, stand stets ein mehr oder weniger fertiges Bild.«

Von der jungen Ehefrau, die still ihres Amtes waltet, entwirft der Berichterstatter das folgende Porträt: »Ein wundervolles, lichtbraunes Haar umrahmte das ebenmäßig geformte Gesicht. Die Stirne war glatt und rein, die Nase edel, die Wangen voll und von blühender Farbe, der Mund klein und frischrot, das Kinn fein und zierlich, das Ganze beliebt von einem gutmütig leuchtenden, großen hellbraunen Auge. Der Kopf saß auf einer vollen Büste, die Gestalt war mittelgroß und von jener angenehmen Fülle, welche, gleich entfernt von Mangel und Überfluß, den wohltuenden Eindruck vornehmer Ausgeglichenheit macht. Ihre Erscheinung hatte etwas wundersam Ruhiges, Anspruchloses und doch wieder Würdevolles. Sie war das verkörperte Bild der züchtig waltenden Hausfrau. Freilich verlor das Bild von seinem ursprünglichen Reiz, wenn man Gelegenheit hatte, es wiederholt und länger auf sich wirken zu lassen. Da bekam es einen Hauch von Unbeweglichkeit, Sattheit und einer gegen Menschen und Dinge ablehnenden Verschlossenheit. So wie die Frau stets und immer an sich selber sauber war, so hielt sie auch die kleine Wohnung. Da war alles spiegelblank, von einer fast an Nüchternheit streifenden Nettigkeit. Alles hatte seinen Platz und seine Ordnung. Die Frau hielt darauf, alles so schön zu haben und der Welt zu zeigen, wie es eben unter den gegebenen Verhältnissen möglich war. Da, wo sie herrschte, niemals Unordnung oder ein Fleck zu sehen war, so ist selbstverständlich, daß sie durch alles, was diesem Sinne für Reinlichkeit und äußere Gefallsamkeit widersprach, peinlich berührt wurde, und daß es ihr, die eine durchweg gerade und herrliche Natur war, nicht gelang, bei vorkommenden Fällen ihre Empfindungen zu verhehlen.

Solche Anlässe aber trafen sich mitunter. Stifter, der auf Äußerlichkeiten zu jener Zeit nahezu gar kein Gewicht legte, hatte einige Freunde, welche der armen Frau ohne Zweifel durch ihre Art, wie sie gekleidet waren oder wie sie sich gaben, unangenehme Nervenaufregungen verursachten. Frau Stifter fand, daß seine Gesellschaft für ihren Mann, den sie über alles liebte, nicht ersprießlich sei, und sie meinte auch, daß es auch genüge, etwas zu sein, man müsse auch etwas gelten. Und wie sie auf die Gefallsamkeit ihrer Erscheinung und ihrer Wohnung hielt, so war auch ihr Wunsch, daß ihr Mann einen Titel, eine feste Stellung, Ansehen und Ehren erlange. Dem Manne war es nur darum zu tun, Treffliches zu leisten, der Frau, daß die Welt ihn erkenne, schätze und ihn dafür achte und erhebe. Deshalb war sie jedesmal so erfreut, wenn er in das Haus angesehener und wohlhabender Leute eingeführt wurde, und hielt darauf, daß er dort heimisch würde.«

Neben den hier ausführlich beschriebenen Vorzügen scheint Amalie allerdings nicht auch über einen natürlichen Charme und besondere gesellschaftliche Talente verfügt zu haben. Ihr antiseptischer Haushalt ließ einige Gemütlichkeit vermissen. Da sie nicht gerade als besonders verbindlich und liebenswürdig galt, hielten sich viele Freunde Stifters vom Umgang mit ihm in seiner neuen Umgebung zurück.

Stifters literarische Erfolge, die sich allmählich einstellten, schlugen allmählich auch materiell merklich zu Buche. Man lebte von den neuen Einnahmen im Hause Stifter nicht eben schlecht. Amalie stellt sich als meisterhafte Köchin heraus, die ganz in ihrem Haushalt aufgeht. So leben sie in diesen Jahren in relativer Behaglichkeit nebeneinander. Fatalerweise jedoch neigen beide zur Korpulenz.

Als daher eines Tages der junge Schriftsteller Benkert bei Stifter vorsprechen will, steigen gerade ein Mann und eine Frau vor ihm keuchend die Treppen hinauf und verschnaufen sich in jedem Stockwerk. »Oben drehte sich der Mann auspustend um und sah mich fragend an«, erinnert sich Benkert. »Er war, abgesehen von der korpulenten Fülle, ein hübscher Mann, etwa fünfunddreißig Jahre alt, mit wohlwollendem, äußerst ruhigem, mehr phlegmatischem als sinnigem Mondgesicht, hoher Stirn, glattgestrichenem Kopfhaar, offenbar ein behaglicher und wohl auch intelligenter Spießbürger.

Die nicht minder beleibte Dame sah ich nur flüchtig an und fragte nur zögernd: ›Bitte, können sie mir nicht sagen, wo hier der Maler Adalbert Stifter wohnt?‹ – ›Ich bin Adalbert Stifter‹, sagte der dicke Herr völlig ruhig. ›Was wünschen Sie?‹

Ich weiß nicht, wie mir geschah, aber noch heute ist es mir erinnerlich, daß mir bei jedem Worte das Herz momentan stockte und ich etwas von einer plötzlichen Leere in mir fühlte. Es war, als hätte man mir einen Kübel kalten Wassers über den Kopf gegossen. Endlich wurde ich doch wärmer, die Erinnerung an die Novelle ›Kondor‹ brach durch, und ich sprach dem Dichter meine Bewunderung in enthusiastischen Worten aus. Das schien besonders Frau Stifter zu gefallen, welche mich darob in wohlwollendem mütterlichen Tone belobte.«

Wie sehr die beiden Stifters im Laufe der Jahre zusammengewachsen waren, zeigt sich auch während einer Reise, die Amalie zu ihrem Bruder nach Peterwardein unternahm. Er litt schwer unter ihrer Abwesenheit. Wahrscheinlich war ihm ihre Fürsorge inzwischen unentbehrlich geworden. Nach Fannys Tod, der Stifter schwer traf, fühlten sie sich zunehmend in einer unverbrüchlichen Gemeinschaft verbunden, die mehr als bloße Gewohnheit war. Nun geriet er bereits in Unruhe, wenn nur einmal ein erwarteter Brief von ihr ausblieb.

»O Mali«, jammert er, »Du kannst Dir gar nicht denken, wie ich mich abängstige. Du kennst meine Ungeduld und kennst ja auch meine Liebe zu Dir, aus der eben diese Ungeduld entspringt. Denn erinnere Dich an jene Nacht, wo Du bei der Tür ohnmächtig wurdest. Was habe ich da für einen un-

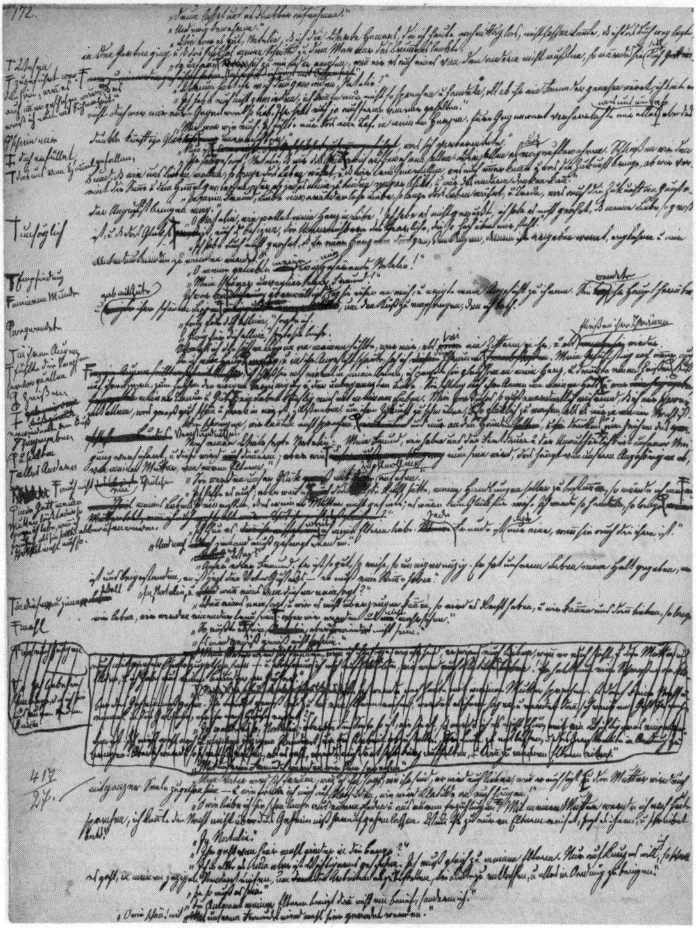

*38 Aus Adalbert Stifters Manuskript »Nachsommer«*

aussprechlichen Schmerz ausgestanden – und jetzt verfolgt mich ständig dieses Bild, wie Du leblos die Arme herabhängen ließest und kein Zeichen mehr geben wolltest.«

So sehr fühlt sich Stifter offenbar seiner Amalie verbunden, daß er sich entschließt, sie ohne alle Umstände aus Ungarn zurückzuholen. Er teilt ihr seine Reiseabsicht in allen Details mit und schließt den Brief dann mit der peinlichen Versicherung: »Und nun, meine schöne liebe Frau, bitte ich Dich nur eins: gebäre mir recht bald einen Knaben, der so schön ist wie Du und so lustig wie ich, dann ist alles gut bis auf ein Mädchen, um das ich Dich auch bitte.«

Stifters Kinderlosigkeit belastete sein ohnehin zur Melancholie neigendes Gemüt mit den Jahren immer mehr. Auch diesen Kummer versuchte er in seinen Dichtungen zu kompensieren. »Der unfruchtbare Feigenbaum wird ausgerottet und ins Feuer geworfen«, hatte er als Motto über seinen »Hagestolz« gesetzt, mit dem er sich die Tragödie seiner Kinderlosigkeit von der Seele schrieb. Weil er sich nicht in eigenen Kindern fortpflanzen konnte, sah er sich immer wieder dem Grauen menschlicher Vergänglichkeit ausgeliefert. Nur der Kinderlose hatte nämlich nach seiner festen Meinung den Fluch ewiger Einsamkeit zu ertragen. »Wahrhaft ausgestoßen, verlorengegangen für jede Zeit ist nur er allein; denn sein Dasein hat ein Bild geprägt, und seine Spuren gehen nicht mit hinunter in dem Strome der Zeit.«

Den Stoff, den Stifter im »Hagestolz« behandelt, schöpft mit Sicherheit aus seinem eigenen tragischen Erleben, über das er sonst zu niemandem sprach. Was er da aufrollt, ist wieder einmal nichts anderes als die Geschichte eines verfehlten Lebens, das in Lebensangst und völliger Vereinsamung ausklingt. Er tröstet sich am Ende mit der Lebenserfahrung, daß das Glück der Erdenkinder in ihrer Selbstentfaltung zum ausgeglichenen Individuum besteht. Im Grunde handelt es sich bei seinem Hagestolz aber auch um einen wegen einer unerfüllten Liebe vereinsamten Mann, der um sein verloren gegangenes Glück klagt, das er nun nie mehr zurückerlangen kann. An diesem nie versiegenden Schmerz ändert auch nichts, daß Stifter die Fabel schließlich doch noch in einen einzigen Hymnus an das Leben und vor allem an die Jugend ausklingen läßt. Der Sonderling vollzieht schließlich noch die kühne Metamorphose zum Wohltäter, der anderen die Gründung einer glücklichen Familie ermöglicht, die ihm selbst nicht ohne eigene Schuld versagt geblieben ist.

Sieht man in den Erzählungen Stifters so etwas wie Bruchstücke einer großen Konfession, so findet man an vielen Stellen immer wieder Anklänge an das Trauma seiner Liebe zu Fanny Greipl. Auch das Thema seiner glücklosen Ehe und seiner Kinderlosigkeit hat er immer wieder variiert. Und doch bietet das Ehepaar Stifter nach außen hin ein Bild vollkommener Harmonie. Der Schulrat von Linz wollte sich auch in dieser bürgerlichen Hinsicht keine Blöße geben.

Der Dichter Hieronymus Lorm, mit Stifter befreundet, spricht sich daher über die Lebensumstände des Freundes sogar geradezu emphatisch aus: »Der Mann kann sehr glücklich sein. Ich habe nie einen Menschen gesehen, der so identisch wäre mit seinen Büchern; er lebt und ist und spricht, als wäre er nichts als eine Novelle, die er selber geschrieben. Nur aussehen tut er nicht so. Er ist breit, korpulent und gleicht einem bierliebenden Schustermeister.«

Der Wunsch Stifters, an verantwortlicher Stelle im Staate bei der Durchsetzung seiner pädagogischen Idealvorstellungen mitwirken zu können, erfüllt sich schneller, als er es selbst erwarten konnte. Im November 1849 trug man ihm die Funktion des Schulrats für die Gymnasien in Oberösterreich mit Sitz in Linz an. Der examenslose Kandidat, der privatisierende Gelehrte, dilettierende Maler und bereits arrivierte Schriftsteller stieg nun doch noch sehr zur Freude seiner Frau zu hohem bürgerlichen Ansehen auf. Doch zeigte sich schon bald, daß eine solche rein administrative Arbeit so ganz und gar nicht seine Sache war. Der Dichter in ihm blieb dabei fast völlig auf der Strecke. Er mußte sich der Nachtstunden bedienen, um sein literarisches Pensum, an dem ihm so viel lag, zu bewältigen. Dazu stellten sich ab 1855 die ersten Symptome seines Leberleidens ein, das schließlich zu seinem Tode führen sollte. Er hatte, wie er sich nun eingestehen mußte, über Jahre hinweg mit seiner an sich robusten Bauernnatur durch einen überzogenen Lebensstil und einer unbändigen Arbeitsbesessenheit

Raubbau getrieben. Nun sieht sich der erst Fünfzigjährige an den Grenzen seiner physischen Möglichkeiten angelangt. Immer mehr sehnt er sich nach einem »Tusculum«, in das er sich vor aller Welt zurückziehen und nur gänzlich seinem künstlerischen Schaffen leben kann.

Amalie hat es seitdem mit einem kranken und hypochondrischen Mann zu tun. Das Zusammenleben mit ihm stellt sich als immer problematischer heraus, und sie versucht, voll und ganz auf ihn einzugehen. Darüber hinaus trifft die Stifters ein furchtbarer Schicksalsschlag, als Amaliens Nichte, die man nach dem Tode von deren Mutter als Pflegetochter ins Haus genommen hatte, sich aus nie recht geklärten Gründen mit achtzehn Jahren in die Donau stürzte. Nach vier Wochen peinigender Ungewißheit wurde ihr Leichnam schließlich ans Land gespült. Der Pädagoge Stifter, darüber besteht kein Zweifel, hatte in der erzieherischen Praxis völlig versagt. Dieses Fiasko verdunkelt sein Leben über viele Monate hin. Nur durch ein erhöhtes literarisches Arbeitspensum, das er sich zudiktiert, kann er sich über das Unglück hinwegsetzen. Aber von nun an muß er Werk um Werk schon einer hart angeschlagenen Gesundheit abringen.

Stifter war ehrlich genug, seine Leberinsuffizienz auch den opulenten Mahlzeiten Amaliens zuzuschreiben. Aber auch sie selbst hatte im Laufe der Jahre immer mehr an allen nur erdenklichen Krankheiten zu laborieren. Für sie ging offenbar die Liebe unter anderem auch durch den Magen, und sie verhielt sich nach diesem alten Kernspruch. Man hat später Stifters »ausschweifendes Leben« damit zu rechtfertigen versucht, daß er das Seraphische seines Wesens, das neben dem »Tigerhaften« seiner Natur sein Recht forderte, durch eine betonte Erdenschwere ausgleichen mußte.

Mit zunehmender Krankheit wurde Stifter von einer pathologischen Unruhe ergriffen, die zu seinem Krankheitsbild gehörte. Auf der Flucht vor sich selbst trieb es ihn von Ort zu Ort. Immer war er irgendwie im Aufbruch begriffen. Schließlich ist sein ganzes Leben nur noch ein täglicher Kampf gegen seine seelischen Qualen und natürlich auch gegen seinen körperlichen Auflösungsprozeß. Kaum ist er wieder einmal bei seiner Amalie in Linz angelangt, so treibt es ihn auch schon wieder in die Berge, von denen er sich Heilung verspricht. Vor allem die Höhenluft von Kirchschlag verschaffte ihm zuerst noch seine alte berserkerhafte Arbeitslust, so daß er unter diesen Umständen noch seinen »Witiko« im Wettlauf mit dem Tode zu Ende führen konnte.

Von Kirchschlag wechselte der Dichter unzählige Briefe mit seiner Frau, und alle sind sie von einer auffallenden Zärtlichkeit. Hat Stifter noch zu guter Letzt in Hinblick auf seine späteren Biographen den liebevollen und glücklichen Ehemann herauskehren wollen, um das Urteil der Nachwelt über seine problematische Ehe zu korrigieren? Die Wahrheit dürfte wohl sein, daß der Dichter, die Nähe des Todes ahnend, sich immer mehr an seine Frau anlehnte, die ihm gegenüber zunehmend die Mutterrolle übernommen hatte.

An seinem Hochzeitstag zum Beispiel bedankt er sich bei Amalie für alles, was sie in schweren Jahren für ihn getan hat. »Das Herz der teuren Gattin, das Herz des Gatten ganz sein nennen zu können, in seinem Herzen sich einzig und ohne Ende geliebt zu wissen, ist doch das süßeste Glück auf dieser Erde, und alles, was man an Taten und Gesinnungen sich unterfängt, ist doch zuletzt eitel Stückwerk, so wie es zuletzt doch nur ein Flickwerk sein wird, was ich in diesem Leben hervorzubringen gestrebt habe. Daß ich doch so viel Wert gehabt habe, daß Dein Herz mich so liebt, wird dereinst mein größter Schmuck vor dem Herrn sein«, beteuert er ihr.

Sein sonstiges Verhalten scheint mit diesen Liebesbezeigungen keineswegs übereinzustimmen. Kaum waren aus Wien einige Cholerafälle gemeldet worden, bricht Stifter in krankhafter Furcht vor Ansteckung wieder in die Einsamkeit der Lackenhäuser auf, wo er vor der Krankheit verschont zu bleiben hofft. Amalie läßt er in Linz zurück, nicht ohne sie zu ermahnen, alles zu tun, um von der möglichen Epidemie verschont zu bleiben. Selbst als Amalie erkrankt und zu Bett liegen muß, kann sich Stifter nicht zu einer Heimkehr entschließen, obwohl von einer Choleraepidemie längst keine Rede mehr ist.

In den winterlichen Bergen gerät er in einen ungewöhnlich früh einsetzenden Schneesturm, dem wir eine der klassischen Naturschilderungen unserer Literatur verdanken. Kaum ist er aber der weißen Hölle entronnen, bricht er abermals nach Kirchschlag auf. Dort angekommen, rührt ihn sein Gewissen, und so schreibt er an Amalie: »Jedenfalls fühltest Du Schmerz über mein Fortgehen. Das faßte ich in meiner Unruhe nicht so recht auf. Allein im Fahren, als die Nerven ruhiger wurden, ward es mir immer klarer, daß ich nicht recht getan habe. Mein Herz macht mir Vorwürfe und erregt mir bittere Unruhe. Wüßte ich Dich in Gefahr einer Erkrankung, so ertrüge ich meine Einsamkeit nicht und eilte zurück, um Dir in Gefahr beizustehen und Dich zu pflegen.«

Nach der Vollendung seines »Witiko« bleibt dem Dichter nur noch eine spärliche Gnadenfrist, die er daheim bei Amalie verbringt. Er beschäftigt sich mit der »Mappe meines Urgroßvaters« und läßt seine Gedanken in die glücklichsten Tage seines Lebens, die er mit Fanny in Friedberg verbringen konnte, zurückschweifen.

Während Amalie ihn hingebungsvoll pflegt, schreitet Stifters körperlicher Verfall rapide voran. Seine natürliche Widerstandskraft ist an ihr Ende gelangt. Aber auch Amalie erkrankt an einer Grippe, die sie an den Rand des Todes bringt. Stifter ist verzweifelt. »Ich bin davon unsäglich angegriffen«, schreibt er seinem Verleger. »Wenn ich die Lebensgefährtin, das Teuerste, was die Erde für mich trägt, verlöre, würde ich den Schlag kaum ertragen können.«

In der Nacht zum 26. Januar 1868, gegen drei Uhr, vollzog sich ein furchtbares Ereignis, das die Nachwelt noch lange beschäftigt hat. Als Folge einer Autointoxikation hatte Stifter, in seinem Schmerz seiner selbst nicht mehr mächtig, nach dem Rasiermesser gegriffen und sich einen tiefen Schnitt am Halse beigebracht.

Als Amalie ihn nur wenig später blutüberströmt entdeckte, brach sie ohnmächtig zusammen. Herbeigerufene Hausbewohner alarmierten sogleich den Arzt, der die Blutung stillte und die klaffende Wunde vernähte. Stifter überlebte diesen Zwischenfall noch um zwei Tage. Dann starb er an seinem Leiden, das ihm mehr als ein Jahrzehnt so übel mitgespielt hatte. Dementsprechend zeigte die Totenmaske auch einen Schmerzensmann mit einem von unsäglichem Leid verklärten Gesicht und vergeistigten menschlichen Zügen. Man rechnet sie zu den am meisten beeindruckenden Totenmasken überhaupt.

Am Morgen des 30. Januar 1868 trugen die Linzer Schulkinder ihren Schulrat in dichtem Schneegestöber zu Grabe. Amalie Stifter überlebte ihren Mann noch um fünfzehn Jahre. Sie wurde an seiner Seite beigesetzt. Sein Grabstein vermerkt wohl seine Orden und seinen Titel. Die Tatsache, daß es sich bei dem Toten um einen unserer bedeutendsten Dichter handelte, hielt man offenbar keiner Erwähnung wert.

# *Theodor Storm und Constanze Esmarch*

Im Herbst 1842 hatte Theordor Storm sein juristisches Staatsexamen abgelegt; im Februar des folgenden Jahres ließ er sich daraufhin als Rechtsanwalt in seiner Heimatstadt Husum nieder. Er ist nun ein etablierter Bürger der Stadt, zu deren Honoratioren bereits seine Vorfahren gezählt hatten. Mit einer entsprechenden Klientel kann er dementsprechend rechnen. Seine schriftstellerischen Ambitionen hat man in der Stadt jedoch noch nicht zur Kenntnis genommen. Und doch wird er zeit seines Lebens das Kunststück fertigbringen müssen, seinen Brotberuf mit seiner dichterischen Berufung in eine schöpferische Harmonie zu bringen.

Mit seinen 25 Jahren ist Storm bereits so etwas wie ein gestandener Mann. Damit ist auch der Zeitpunkt gekommen, wo er an die Gründung einer Familie denken kann. Er überläßt es dem Zufall, sich unter den Töchtern des Landes eine Frau fürs Leben auszusuchen. Diese tritt ihm bereits im Sommer 1843 im alten Stormschen Familienhaus in Gestalt seiner achtzehnjährigen Kusine entgegen. Es handelt sich um Constanze Esmarch, Tochter des Segeberger Bürgermeisters, die mit ihren großen grauen Augen und ihrer hohen vollen Gestalt als eine begehrte Schönheit gilt.

»Wir leben in Saus und Braus«, läßt Constanze ihrer Mutter von ihrem Husumer Besuch im Hause Storm wissen. In Wirklichkeit hielten sich die Vergnügungen, die man sich erlaubte, durchaus im Rahmen des Schicklichen.

Man unternahm Kutschfahrten über Land und trank in irgendeinem verträumten Dorfgasthaus seine Tasse Tee. Oder man ließ sich zur Zeit der Pflaumenernte nach Schwabstedt fahren, wo es den besten Kuchen aus gelben Pflaumen gab.

*39 Theodor Storm (1817–1888)*

Natürlich war der junge Advokat immer mit von der Partie, und ebenso natürlich blieb er von der gerade sich entfaltenden Schönheit seiner Kusine keineswegs unberührt. Dabei legte diese es keineswegs darauf an, ihrem Vetter den Kopf zu verdrehen. Eigentlich entsprach er gar nicht einmal der Vorstellung, die sie sich von ihrem künftigen Mann gemacht hatte. Er galt übrigens Frauen gegenüber als betont herrisch und intolerant. Das Bestechendste an ihm waren seine leuchtend blauen Augen, über denen sich eine hohe Stirn wölbte. Er hatte, etwas durchaus Imperatorisches in seinem Wesen, das sie eher abstieß als anzog.

*40 Constanze Storm geb. Esmarch*

Es war also keineswegs ihrer Zuneigung zu ihrem Vetter Theodor zuzuschreiben, wenn Constanze ihren Sommerbesuch in Husum bis in den Winter hinein ausdehnte. Sie fühlte sich im Hause der Storms ungemein geborgen. Mit der Zeit konnte sie sich sogar ihre aufkeimenden Empfindungen für den jungen Juristen, hinter dem sie den Poeten zu ahnen begann, nicht ganz verheimlichen. Es war mit Sicherheit keine Leidenschaft, die in ihr aufflammte, wohl aber ein Gefühl, von dem sie annehmen mußte, daß es die Liebe war.

Damit nahm das Schicksal seinen Lauf. Schon im Januar 1844 weiß eine gleichaltrige Freundin von einem abendlichen

Besuch bei Storms folgendes zu berichten: »Constanze war fast übermütig. Theodor und sie machten sich gegenseitig Liebeserklärungen. Wir wurden alle zu Zeugen aufgerufen, daß Theodor Constanze die Ehe angetragen und Constanze sie angenommen habe. Wie es geworden ist, weiß ich nicht.«

Auch Storm war sich darüber im klaren, daß es keineswegs Leidenschaft war, was ihn zu seiner schönen Kusine hinzog. Noch nach ihrem Tode ist er so ehrlich, sich einzugestehen: »Meine und Constanzes Hände waren mehr aus einem stillen Gefühl der Sympathie ineinander liegen geblieben. Die leidenschaftliche Anbetung des Weibes gehört seiner Entstehung nach einer neueren Zeit an.«

Das gegenseitige Eheversprechen löste bei den Verwandten keine helle Freude aus. Vater Storm zeigte zunächst wenig Enthusiasmus für den Eheplan seines Sohnes. Er hielt ganz allgemein nicht viel von Verwandtenehen, äußerte bei richtiger Einschätzung der Charaktere der beiden jungen Leute einige Skepsis und besprach sich sogleich mit seinem Segeberger Schwager.

»Die Nachricht, welche die heutige Post Dir bringt, war mir bis gestern abend ebenso fremd wie sie Dir in diesem Augenblick, wo ich diese Zeilen schreibe, noch ist«, meldet er seine Bedenken an. »Ich habe mich noch nicht von meinem Erstaunen erholen können, wenn sie mir gleich bei Constanzes Persönlichkeit erklärlich sein muß. Wie Du darüber denkst, weiß ich nicht. Im allgemeinen bin ich nicht für Familienheiraten, und im besonderen kann ich mir nicht verhehlen, daß die allgemeine Bedenklichkeit in meines Sohnes Charakter liegt, der, wie ich bekennen muß, launenhaft ist, wie ich Deiner Tochter geradezu erklärt habe.

Das Fortkommen des Jungen Paares scheint nach menschlicher Voraussicht durchaus gesichert. Er ist sehr gescheit und arbeitstüchtig, und wenn er mit Anstrengung darangeht, kann ihm, wenn ich noch einige Jahre lebe, die gesicherte Existenz nicht fehlen. Theodor hat alles, was dazugehört, ein Familienglück zu gründen, und ich habe keine Ursache, zu bezweifeln, daß er das Seinige dazu tun wird. Du mußt, falls Du Deinen Konsens gibst, die Bedingung stellen, daß die Heirat anderthalb bis zwei Jahre hinausgeschoben werde. Dann dürfte es wünschenswert sein, daß Constanze nach vier Wochen zurückkehre, weil ein solches Verhältnis die Arbeitslust vermindert.«

Vater Esmarch bestand in der Tat darauf, Constanze solle noch vor der Eheschließung nach Segeberg zurückkehren. Mit diesem Vorschlag stieß er bei seinem künftigen Schwiegersohn jedoch auf erheblichen Widerspruch.

»Für Deinen lieben Brief und das Vertrauen muß ich Dir von ganzem Herzen danken«, antwortete ihm Storm umgehend. »Über mein persönliches Verhältnis zu Constanze kannst Du vollkommen beruhigt sein. Ich weiß sehr wohl, was ich an ihr habe. Möchte es mir doch vergönnt sein, meiner und Deiner Constanze eine dauernde Zufriedenheit mit ihrem Leben bereiten zu können. Gewiß verdient sie wie keine mehr ein heiteres Lebenslos. Das Gefühl der Verantwortlichkeit steigt täglich mit der Überzeugung ihres Wertes. Aber davon bin ich überzeugt, daß sie mir durch ihren einfachen Sinn und durch ihre unergründliche Herzensgüte mit jedem Tag lieber werden muß. Wenn Du aber Constanze schreibst, daß Du sie in einigen Wochen nach Hause wünschst, so darf ich das wohl nicht so ernst nehmen. Wenn wir uns nicht gleich heiraten können, warum sollen wir denn nicht soviel wie möglich zusammen sein? Sie ist hier auch in ihrer Familie und in jeder Hinsicht gut aufgehoben. Auch kann Constanze ja kochen lernen, wenn's denn schon nötig ist. Vorläufig bitte ich, wenn's Euch lieb ist, sie wenigstens bis Ostern behalten zu dürfen. Dann will ich sie selbst nach Segeberg bringen.«

Vater Esmarch läßt sich erweichen und geht auf Storms Vorschlag ein. Ostern fährt das Brautpaar gemeinsam nach Segeberg, und von nun an überschüttet Storm seine Braut täglich mit Briefen, in die er seine Gefühle einfließen läßt, und man kann sich nicht des Eindrucks entziehen, daß Constanzes Antworten betont kurz, zuweilen sogar etwas lustlos ausfallen. Im Herbst tritt sie dann wieder die Reise nach Norden in die »graue Stadt am Meer« an, um bei Storms Mutter das Kochen zu lernen.

»Constanze ist vor Mittag die tüchtigste Hausfrau«, berichtet der stolze Bräutigam Anfang Februar 1845 seinen Segeberger Verwandten. »Jetzt strickt sie mir Strümpfe, während sie nachmittags die Zeit mit mir teilt.«

Im übrigen läßt sich der bildungsbeflissene Jurist einiges einfallen, um seinc künftige Frau auf einen höheren Bildungsstand zu bringen. Damit stößt er allerdings nicht immer auf Constanzes Gegenliebe. Aber im Husumer Singverein gehört sie mit ihrer wohltönenden Altstimme zu den Stützen der Frauenstimmen. In Gesellschaften und Bällen kann sich Storm sehr wohl mit ihr sehen lassen, und als er damit beginnt, französische Theaterstücke zu übersetzen und sie aufführen zu lassen, fällt auch für seine Braut immer eine tragende Rolle ab.

Der Schulmeister, der in Storm steckt, gibt sich alle Mühe, der Segeberger Mädchenschulbildung seiner künftigen Frau ein wenig aufzuhelfen. Er legt ihr Goethes »Wilhelm Meister« dringend ans Herz, und sie hat sich dieser Pflicht dann auch widerstandslos unterzogen. Als dann sein pädagogischer Eros doch über die Stränge schlägt, reagiert Constanze allergisch. Schließlich wird sogar der künftige Schwiegervater als vermittelnde Instanz zu Rate gezogen.

»Nach meiner Ansicht muß die Bildung zwischen Mann und Frau insoweit sich gleich sein, daß gegenseitige Anregung und leichtes Verständnis sich daraus ergeben«, doziert Storm seinen Standpunkt. »Ich weiß wohl, lieber Vater, daß die ältere Zeit der Frau einen niedrigeren Platz anmißt und jedes Mehrverlangen für überspannt hält.

Wir von jetzt denken da anders, und ich bin ein Kind meiner Zeit. Constanze hat mir entgegnet, daß ihr dann wenig Zeit übrigbliebe, um sich nützlich zu machen und einen bürgerlichen Hausstand führen zu lernen, zumal sie täglich eine Stunde spazieren gehen müsse. Ich habe ihr darauf geantwortet, daß nach meiner Ansicht die bürgerliche Stellung ihrer Eltern so ist, um wohl täglich ihrer Tochter vier bis fünf Stunden ihrer eigenen Ausbildung zu gestatten, die sie für ihr Leben mit mir, was denn doch am Ende jetzt ihre Lebensbestimmung ist, bedarf, daß ihr aber neben der Erlernung eines so einfachen Hausstandes, wie er für uns in Aussicht steht, auch außer den fünf Stunden noch manch andere Zeit übrig bliebe, wenn man den Tag von 8 bis 10 rechne. So klar dies auch ist, so sehr Constanze dies auch einsehen wird, so weiß sie doch, daß ich nicht eher meinen Zweck bei ihr erreiche, bis ihr täglich fünf Stunden gewährt werden, die sie ganz frei und unbekümmert für sich hat.«

Im Sommer 1845 verlebte Storm mit seiner Braut eine glückliche Zeit in deren Elternhaus in Segeberg. Diese Tage haben sich fest in sein Gedächtnis eingegraben. »Ich brachte meine Braut nach Segeberg zurück«, erinnert er sich. »Damals hatten wir noch keine Eisenbahn. So machten wir im Dorfe Hollingstedt Station und aßen seelenvergnügt einen Eierkuchen. Als ich nach heiteren Tagen allein nach Husum zurückkehrte, aß ich wieder in Hollingstedt einen Eierkuchen. Aber Mutters Hälfte blieb ungegessen, und bei diesem Anblick durchfuhr mich, vielleicht zum ersten Male, mit allem Schmerz das Bewußtsein des Scheidens.«

Da für den 15. September 1846 Storms Hochzeit in Segeberg festgesetzt war, erwarb er ein behagliches altes Haus in der Husumer Neustadt. Er hatte damit einen guten Griff getan; denn es hatte eine durchaus poetische Atmosphäre. Der Garten hinter dem Haus war von Linden und Ulmen umstanden. Storm knauserte nicht und ließ eine ganze Fülle von Rosen anpflanzen, Constanzes Lieblingsblumen. Als das junge Paar dann in das geschmückte Haus einzog, schien er den Gipfel seines Glücks erklommen zu haben.

Nur vier Tage später verfertigte der glückliche Ehemann einen ersten Bericht für die Segeberger, in dem es heißt: »Es war am ersten Morgen ein solcher Taumel mit Aus- und Einpacken, daß wir, aufrichtig gesagt, erst ans Schreiben dachten, als es bereits zu spät war... Constanze war durch die hübsche Wohnung und den Garten, in dem wir gestern eine große Fliederbeerernte hielten, sehr erfreut, und ich kann versichern, daß sie die Qualität der Hausfrau bereits aufs beste an den Tag gelegt hat. Augenblicklich kocht sie Fliederbeersaft ein. Doch ich sehe, daß ich mich zu sehr ins Haushälterische verliere, daß die liebe, kleine Frau selbst das Wort nehmen muß.«

Natürlich hatte das noch ungetrübte junge Eheglück auch den Lyriker Storm inspiriert. In diesen Husumer Herbsttagen entstand eines seiner bekanntesten Gedichte:

»Schließe mir die Augen beide
Mit den lieben Händen zu!
Geht doch alles, was ich leide
Unter deiner Hand zur Ruh.
Und wie leise sich der Schmerz
Well' um Welle schlafen leget,
Wie der letzte Schlag sich reget,
Füllest du mein ganzes Herz.«

Erfreulicherweise begann in den ersten Ehejahren der Poet in Storm bemerkenswert seine Flügel zu regen. Die ersten Kinder stellten sich ein und wurden jubelnd begrüßt. Im übrigen gestaltete sich das Familienleben so ganz nach Storms Vorstellungen. Der Holsteiner, der, wie Theodor Fontane mit Recht herausfand, so leicht seiner »Husumerei« verfiel, betrieb auf seine Fasson so etwas wie einen Heimatkult. Offenbar war er sich darüber im klaren, daß er aus dem heimatlichen Boden auch seine dichterischen Kräfte sog. Eben deswegen berührte das Familienleben die »heiligsten Tiefen seiner Seele«.

Um dieses Idyll zu gestalten, hatte er in Constanze Esmarch die richtige Frau gefunden. Sie war bereit, mit ihm abendliche Teestunden abzuhalten, die Weihnachts- und Silvesterfeiern bis zum Exzeß zu betreiben und den verschiedenen Geburtstagen Glanz zu verleihen. Darüber hinaus wird er nicht müde, seinen Briefpartnern mit einer geradezu schwelgerischen Detailfreude von seinem häuslichen Glück zu berichten. In Fontane, der dieses Philistertum als »Provinzsimpelei« und »Bürgersentimentalität« ironisch abfertigte, fand er einen eher skeptisch gestimmten Leser dieser häuslichen Berichte. Der realistische Gaskogner machte von vornherein schon entsprechende Abstriche von diesen allzu euphemistischen und überschwenglichen Husumer Berichten.

Selbst Storms Sohn Ernst sah rückblickend das Stormsche Familienleben eher ernüchtert. Er stand der ganzen Familie überhaupt etwas distanzierter gegenüber. So hielt er rückblikkend seine oft verklärte Mutter schlicht für eine »Frau ohne Talente«. Damit mochte er gar nicht einmal so unrecht haben.

»Ich habe niemals gesehen, daß sie gezeichnet oder schöne Stickereien angefertigt hätte«, entsinnt er sich. »Auch im Gesangverein sang sie schlicht als Choristin mit, und ich erinnere mich sehr wohl, daß sie, um dem zu genügen, zu Hause mit meinem Vater übte. Sie hatte aber einen außerordentlich klaren Verstand und, was man früher wenigstens den Frauen absprechen wollte, das logische Denken war ihr mühelos, ja selbstverständlich. Verbunden war damit eine große Wahrhaftigkeit, die, wenn sie irgendwie einmal im Unrecht war, dieses niemals verteidigte, sondern gleich eingestehen ließ.

Die Wahrheit sozusagen war das erste und letzte, was sie später ihren Kindern einprägte, und zwar mehr durch die Tat als durch das Wort. Launen gab es nicht, es stand immer gut Wetter am ehelichen Himmel. Die gewöhnliche Stimmung meiner Mutter möchte ich mit einem klaren, stillen Herbsttag vergleichen. Sie war stets einfach gekleidet. Wenn sie aber mit ihrem schlicht gescheitelten, vollen, braunen Haar im grauen Lüsterkleid, den Schlüsselbund am Arm, durchs Haus ging, so ist es mir doch in Erinnerung, als ob unter dem schlichten Gewande eine Königin einherwandelte. In ihren tiefliegenden grauen Augen war ein stilles Leuchten. Was dies war, weiß ich jetzt, nachdem ich alt geworden bin und viele Menschen kennengelernt habe, es war die große Güte, die meine Mutter für alle Menschen hatte.«

Im Sommer pflegten die Storms den schönen Garten mit in

ihren Wohntrakt mit einzubeziehen. Im Winter beschränkte man sich vor allem auf das sogenannte Vorzimmer. Storm selbst empfing seine Klienten in einem bescheidenen Raum an der anderen Seite des Flures, wo er in vergleichsweiser Ruhe und Abgeschiedenheit auch an seinen Dichtungen und Erzählungen arbeitete.

Constanzes Mutter konnte sich im Juli 1847 bei einem Besuch in Husum von dem jungen Eheglück sehr wohl überzeugen. »Nun bin ich bereits eine Woche hier«, schrieb sie nach Hause, »und täglich wird mir klarer, wie glücklich Constanze ist, wenn die kleinen Schwächen und Krankheiten, die sie in Segeberg hatte, sie auch nicht verlassen haben.«

Und trotzdem: Das vermeintliche Eheglück war doch auf schwankendem Boden gebaut. Damals hatte Storm bereits erkannt, daß diese ansprechende junge Frau nicht sein ganzes Wesen ergriffen hatte. Er wußte ihre Anhänglichkeit und Treue sehr wohl zu schätzen, aber ihr moderates Temperament ließ keine mitreißenden Gefühlsregungen erwarten. Der Mann in ihm, hatte er den Eindruck, kam augenscheinlich bei ihr zu kurz. Es brauchte nur eine Frau seinen Weg zu kreuzen, die wirkliche Leidenschaft in ihm erweckte, um die ganze Problematik seiner Ehe aufzudecken.

Diese Versuchung begegnete ihm in der Gestalt einer Freundin seiner Schwester Cäcilie, in der Tochter Dorothea des Senators Jensen, die in ihm in den ersten Ehemonaten jene Leidenschaft weckte, von der er immer geträumt hatte. Diese verfügte über eine erotische Anziehungskraft und eine Hingabefähigkeit, der er kaum widerstehen konnte. Zweifellos war er dieser zierlichen Blondine mit den großen blauen Augen und dem durchschlagenden Temperament mit einem Schlage verfallen. Etwas kleinlaut gestand er sich ein, er habe die Wahl seiner Frau eigentlich viel zu früh und viel zu impulsiv getroffen.

Storm lief Gefahr, mit der jäh in ihm aufwallenden Leidenschaft zu der um elf Jahre Jüngeren sich gesellschaftlich zu ruinieren. Dorothea zeigte sich nämlich in ihrem jugendlichen Ungestüm durchaus bereit, sich bedingungslos und ohne Rücksicht auf die zu erwartenden Folgen dem geliebten Mann hinzugeben. Dabei war es ihr klar, daß sie auf dem besten Wege war, durch einen Ehebruch ihr ganzes weiteres Leben zu zerstören. Die Husumer hätten ihr diesen Schritt nie verziehen. Aber auch Storm hätte seine ganze bürgerliche Existenz aufs Spiel gesetzt, wäre er den Regungen seines Herzens und Blutes gefolgt.

Während alle Welt das junge Glück bewunderte, durchlitt Storm damals die »erschütternste Leidenschaft seines Lebens« in allen Tiefen seiner leicht verwundbaren Seele. Er war so ehrlich, sich Constanze zu offenbaren. Sie zeigte sich bereit, den unerträglichen Zustand zu dulden. Man erwog sogar, Dorothea in den gemeinsamen Haushalt mit aufzunehmen. Am Ende löste diese selbst generös das Problem, indem sie sich selbst zum Opfer brachte und sich Storms Nähe mit schwerem Herzen entzog. Sie nahm auswärts eine Stelle als einfache Hausangestellte an, ohne daß sie die Trennung von Storm jemals verwinden konnte.

Auch in Storm kam die große Sehnsucht und Leidenschaft nur langsam zum Abklingen. Alle Beteiligten versuchten, das große Schicksal, das erbarmungslos in ihr Leben eingebrochen war, mit der Zeit zu bewältigen. Man verbrachte die Tage im Umgang mit der Husumer Verwandtschaft, als wäre nichts geschehen. Sonntags ging man nach einem feststehenden Ritual zum Mittagessen zu den Eltern in der Hohlen Gasse. Im Sommer pflegte man dort im Lusthaus unter dem alten Ahornbaum den Nachmittagskaffee einzunehmen.

In der Husumer Gesellschaft konnte Constanze sehr wohl bestehen. Zuweilen lud sie selbst Gäste zu sich ins Haus. Von einer dieser Zusammenkünfte berichtete sie ihrer Mutter: »Es waren 33 Personen da. Du kannst Dir denken, daß ich mich ordentlich rühren mußte, denn ich mußte aus Ost und West zusammenleihen. Es fiel vorzüglich aus. Alle amüsierten sich, aber das Haus war auf den Kopf gestellt, das versichere ich Dir.

Vorne in den beiden kleinen Stuben wurde Tee getrunken, oben auf dem größten Zimmer spielten die Herren L'hombre, hinten im Saal wurde ein kleines Konzert aufgeführt. Theodor sang wunderschön. Er hat jetzt wieder eine Stimme, so herrlich, wie sie noch nie gewesen ist, und unser kleiner Doktor spielte die Klarinette dazu. Nach dem Konzert wurden noch zwei Partien für die älteren Damen arrangiert, und einige jüngere führten Charaden auf, die reizend waren. Dann wurde gegessen: ein Auflauf, belegte Butterbrote und zuletzt ein Linzer Kuchen. Nach dem Essen wurde getanzt, und um halb ein Uhr ging die Gesellschaft auseinander.

Wir leben überhaupt sehr gesellig, und selten haben wir einen Abend ganz für uns. Glauben wir einmal, es sei der Fall, so kommt gegen neun Uhr gewiß der kleine Doktor und sitzt bis zwölf Uhr, so daß ich, wenn ich nicht angestrengt arbeite, einschlafe. Ein solcher Besuch gehört zu den kleinen menschlichen Leiden und muß mit Geduld ertragen werden.«

In dieses vermeintliche Idyll brach die Politik mit ihrer ganzen Vehemenz unerbittlich herein. Die Absicht der Dänen, Schleswig von Holstein zu trennen, rief eine explosive Proteststimmung in den Herzogtümern hervor. In dieser Stimmung einer allgemeinen Unruhe schrieb Storm sein berühmtes »Oktoberlied«. Nach dieser Niederschrift trat sein Freund Brinkmann ins Zimmer und sah Storm in freudiger Erregung. Im Bewußtsein, eine schöpferische Sternstunde erlebt zu haben, reichte er Brinkmann mit den Worten die Hand: »Ich habe eben ein unsterbliches Gedicht gemacht.«

Am 25. Dezember des gleichen Jahres wurde Constanzes erstes Kind geboren. Noch am gleichen Abend schrieb Storm nach Segeberg: »Dieses unscheinbare Papier, lieber Vater, soll ein Gevatterbrief sein, zu dessen Abfassung, wie ich wohl fühle, meinem Wesen die erforderliche Würde abgeht. Darum sage ich lieber kurzweg, daß wir am 4. Februar unseren Jungen mit dem Namen Hans Kasimir Ernst Woldsen Storm taufen lassen wollen und Dich, lieber Papa, feierlich einladen, neben Großmutter und meinem Vater Patenstelle bei dem Jungen zu vertreten. Der Täufling und Constanze, wie wir sie als Mutter eines kleinen Kindes nennen wollen, befinden sich wohl.«

Als nach der Schlacht von Idstedt beide Herzogtümer wieder in dänischen Besitz übergegangen waren und die Fremdherrschaft schwer über dem Land lastete, dichtete Storm seine Protestlieder, und als die Dänen dann ihre Siegesfeier in Husum abhielten, grollte der junge Rechtsanwalt:

»Sie halten Siegesfest, sie ziehn die Stadt entlang.
Sie meinen Schleswig-Holstein zu begraben.
Brich nicht, mein Herz! Noch sollst du Freude haben;
Wir haben Kinder noch, wir haben Knaben,
Und auch wir selber leben, Gott sei Dank!«

Als den Storms am 30. Januar 1851ein zweiter Junge geboren wurde, »der sich zum Besten seiner Mutter auch des Nachts bürgerlich und ruhig aufführte«, schreibt der glückliche Vater seinem Freunde Brinkmann folgende Zeilen: »Es ist eine eigene Sache, zwei Söhne zu haben. Ich habe mich auch noch nicht hineinfinden können, werde es auch nicht, solange die Seele in meinem zweiten kleinen Kinde nicht etwas deutlicher erwacht ist. Soviel aber weiß ich, ich werde sie beide lieben, sie und ihre Mutter, mit jedem Tag mehr. Einen Namen hat der Junge natürlich noch nicht. Wer mag eine heilige Handlung durch Menschen vollziehen lassen, die unsere Heimat mit Füßen treten?«

Obwohl man in den unterdrückten Gebieten sich alle Mühe gibt, das Leben auf die gewohnte Weise weiterzuführen, wird der Aufenthalt in der Heimat für Storm immer unerträglicher. Noch feiern die Storms ihr Weihnachtsfest 1851 wie gewohnt daheim, aber schon empfindet man so etwas wie Abschiedsstimmung.

»Ich bin in diesen Tagen ein rechter Weihnachtsmann gewesen«, schreibt Storm an Brinkmann. »Darum sollt Ihr Euch nicht wundern, wenn dieser Brief zum Teil von einem Kinde geschrieben wird. Ich sitze hier in unserem Saal, der das Wohnzimmer für die Festtage ist, und vor mir steht der Weihnachtsbaum – und welch einer! Die schönste Tanne meines Gartens, mit der Spitze fast an die Decke reichend, mit den unteren Zweigen fast die Holzhütte überhängend. Zuckerzeug von Meier aus Altona, schleswig-holsteinische Dragoner, Eisele und Beisele, Frösche in natürlicher Größe und Affen; kleine nackte Wachskinder, die jedes Mädchenherz entzücken müssen, schweben auf den Tannenspitzen, unzählige Glaskugeln, goldene Eier, goldene Nüsse, denen ich die Arbeit der Feiertage widmete, während Probst Feddersen aus Arnims »Appelmänner« vorlas, Rosengirlanden, Rauschgoldstreifen, buntgefüllte weiße Netze, über deren richtige Konstruktion eine ganze Ratsversammlung gehalten ist. Hans, der, bis der ersehnte Ruf erscholl, wie eine Stahlfeder, so oft die Tür aufging, gar nicht in der Vorstube zu halten war, wurde so mit dem Spielzeug von allen Seiten überschüttet, daß er eigentlich an keinem einzelnen ein rechtes Interesse finden konnte. Er bekam zwanzig verschiedene, zum Teil größere Sachen, darunter vier Bilderbücher, und in der Tat die Creme vom diesjährigen Kinder-Bilderbüchermarkt. Der kleine Ernst hatte an allem die unaussprechlichste Freude. Er saß auf der Diele und trommelte auf seiner kleinen Trommel, und dann hielt er wieder still und brach in laute Bewunderung aus, indem er rief: ›Papa‹ oder ›Mama‹ oder sonst einen entzückenden Laut aus seiner kleinen Kinderkehle.

Der Baum mit seinen Lichtern machte die Luft im Saale so heiß, daß wir die Türen öffnen mußten. Die alte Großmutter saß ganz selig im Sofa. Sie wünschte nur, daß wir noch viele so schöne Weihnachten verleben möchten, aber es sei wohl ihr letzter. Sie habe sich so darauf gefreut, daß sie in den letzten Tagen jede Stunde gezählt habe. Nachdem der Baum anderthalb Stunden gebrannt hatte, wurden die Lichter gelöscht, wogegen Hans heftig protestierte, und nun gab es in dem ganz finsteren Saal Schattenspiel.

Um sieben Uhr fuhr die Hohle Gasse nach Hause, und die Kinder wurden ins Bett gebracht. Der Rest der Gesellschaft besah die Bilderbücher, die 24 ersten Münchener Bilderbogen und die Schiefertafelbilder, die ich für den Weihnachtsabend angeschafft hatte. Wir saßen in der angenehmsten Wolke von Tannenbaum- und Weihnachtskuchenduft. Zum Schlusse kam noch das unerläßliche Festgericht von Fisch und Futjen. So schreibe ich diese Lieben – und dann war die Polizeistunde und die vollkommene Müdigkeit da.«

Storm konnte, als er noch so in seiner Husumer Weihnachtsseligkeit schwelgte, nicht ahnen, daß er bereits das nächste Weihnachtsfest als Emigrant allein in Berlin verleben mußte. Damals schrieb er in seiner Verlorenheit sein bekanntes Weihnachtsgedicht, das mit den Worten beginnt:

»Die fremde Stadt durchschritt ich sorgenvoll,
Der Kinder denkend, die ich ließ zu Haus.«

Die dänische Regierung hatte nämlich inzwischen Theodor Storm, der in dem zweifelhaften Rufe stand, »vor Patrotismus zu rasen«, seine Zulassung als Rechtsanwalt entzogen. Um seine Familie unbeschadet durch so turbulente Zeiten bringen zu können, blieb ihm nur das Exil. Er hatte sich um eine Position im preußischen Justizdienst beworben.

Inzwischen war auch bei Duncker in Berlin eine Sammlung von Versen und Erzählungen von ihm erschienen: »Sommergeschichten und Lieder«, die er seiner Constanze widmete. »Weil sie Dir gewidmet sind«, versicherte der junge Dichter seiner Frau, »so heißen sie ›Sommergeschichten‹ nach der schönen, an unserer Küste nur zu kurzen Zeit des Jahres, die Du, wenn sie fern ist, so sehr ersehnst, wenn sie da ist, so voll zu genießen weißt, die Dir, was immer unter Menschen geschehen möge, auf dieses Jahr und viele Jahre Deine geliebten Rosen bringen wird.«

Eben diese »Sommergeschichten« hatten Storm den Weg in die Berliner Gesellschaft geebnet. Der Kunsthistoriker Franz Kugler lud ihn zu einem Treffen mit Berliner Autoren wie Fontane, Heyse, Eggers und Merkel ein. Man schätzte Storm als

*41 Ansicht von Potsdam um 1850*

Poeten über alle Maßen. Als dann im Herbst 1852 sein »Immensee« erschien, hatte er eigentlich schon den Durchbruch zu einem arrivierten Autor geschafft. Er hatte seine eigene, unverkennbare Handschrift gefunden.

Als Storm 1853 noch einmal seine Familie in Husum besuchte, schwelgte er in einem Brief an Eggers über seinen sommerlichen Garten: »Ich sehe eben aus seinem Fenster in den Garten. Unter den niederhängenden Zweigen des Walnußbaumes, der vor dem Fenster steht, hindurch sehe ich auf ein sonnenbeschienenes Rasenfleckchen. Auf der einen Seite ist es von der Mauer des Hauses, auf der anderen von rotblühenden Himbeerbüschen eingefaßt. In diesem Rahmen und auf diesem Grunde spielen meine beiden ältesten Knaben Hans und Ernst. Aber während ich dies schreibe, läuft mir die Staffage aus der Landschaft heraus und dekoriert meine Stube.«

Als sich im Juni 1853 bei Storms ein dritter Junge einstellt, sieht er der Zukunft des Kindes mit einiger Furcht entgegen. In der Tat verläßt im Oktober die gesamte Familie die angestammte Heimat, um draußen in der Fremde ihr Glück zu versuchen. Der Wagen steht vor dem Haus der Husumer Neustadt und entführt Storm mit den Seinen in ein unbekanntes Schicksal. In Segeberg wird noch einmal Zwischenstation gemacht, dann geht es weiter nach Potsdam, wo man ein Haus in der Brandenburger Straße bezieht, ein paar Schritte bloß vom Brandenburger Tor entfernt.

»Wir wohnen in einem angenehmen Quartier«, läßt Storm seinen Freund Brinkmann wissen. »Drei geräumige Zimmer nach der Straße, Kinderstube, Schlafstube und Küche nebst Kammer.« Trotz einer geradezu emphatischen Begrüßung durch seine Berliner Freunde und Verehrer und Verehrerinnen, die ihn als Ebenbürtigen in ihre Reihen aufnahmen, blieb Storm in Preußen doch immer ein Fremdling, der sich vor Sehnsucht nach der Heimat im Norden verzehrte.

»Halt Dich möglichst von Heimweh fern«, hatte Vater Storm seinem Sohn als väterlichen Rat mit auf den Weg ins Ungewisse gegeben. Aber dieser hatte seine liebe Not, sich in das komplizierte preußische Recht einzuarbeiten. Der Poet in ihm blieb unter diesen schwierigen Umständen kläglich auf der Strecke. Das war auch der Grund, warum selbst die Weihnachtsfeier zum ersten Mal verhältnismäßig dürftig ausfiel. Man leistete sich zwar einen bescheidenen Weihnachtsbaum, aber beschränkte sich im wesentlichen darauf, unter seiner Lichterflut die Briefe aus der fernen Heimat zu lesen. Storm war von der anstrengenden Arbeit inzwischen so geschwächt, daß er sich wegen eines nervösen Magenübels zwei Monate lang vom Dienst dispensieren lassen mußte. Als er dann im März endgültig sein Amt im Schwurgericht übernehmen konnte, klagt er seinen Eltern: »Von des Morgens acht Uhr bis abends um sieben Uhr geht es meist, einen kleinen Spaziergang abgerechnet, in einem fort: Dekrete, Informationen, Verhandlungstermine, Relationen usw. Und nicht wie zu Hause, wo man einmal in den Garten guckt und die Amseln pfeifen hört oder zwischendurch einmal ein Bekannter kommt. Nein – es geht in atemloser Hast, ohne aufzusehen, von einem zum anderen.«

Zu Weihnachten 1853 kann man dann schon etwas hoffnungsvoller in die Zukunft blicken. Jedenfalls schreibt Theodor am 22. Dezember folgenden Brief nach Hause: »Constanze wird Husumer Pfeffernüsse und Kuchen backen, und ich werde, wie leider vorauszusehen ist, nicht dabei helfen können. Ich stehe nämlich trotz alledem noch immer auf meinem alten, kindlichen Standpunkte. Mich selbst anlangend, so habe ich augenblicklich vierzig Taler Diäten monatlich. Man tritt mit 500 Talern ein (unter 1000 kann ich nicht leben) und rückt langsam mit hundert Talern weiter. Eure, wenn auch leisen Hoffnungen auf eine ehrenvolle Heimkehr kann ich nicht teilen; daß wir aber, wenn wir nicht vor der Zeit sterben, noch einmal in die Heimat kommen, das ist mein fester Glaube. Mir selbst, wenn ich mich wieder in der Heimat und wieder in den alten Verhältnissen denke, kommt schon jetzt die Gegenwart wie eine wunderliche Odysseusfahrt vor. Heimisch werde ich mich hier nie fühlen.«

Im Juli 1854 wurde den Storms dann endlich das erste so heiß ersehnte Mädchen, Lisbeth, geboren. Constanze konnte sich diesmal nur schwer vom Wochenbett erholen und klagte der Mutter ihr Leid: »Meine älteste Töchter hat mich um zehn Jahre älter gemacht.« Überhaupt ist dieses Jahr voller Miseren, gegen die man heroisch anzukämpfen versucht. Noch zu Weihnachten heißt es in einem Brief Storms an die Eltern: »Wir sind eifrig damit beschäftigt, uns in das so ziemlich graue Leben für einen Abend ein kleines Paradies hineinzubauen, worin nichts sein soll wie der Weihnachtsbaum mit seinen Kerzen und seiner kleinen Herrlichkeit, wie lächelnde Kindergesichter und stille, friedliche Gedanken.«

Während eines kurzen Urlaubs in Husum erreichte Storm seine Ernennung zum Kreisrichter von Heiligenstadt. In dieser für sie so fremden, dazu noch katholischen Umwelt fanden die Storms eine »reizende Natur und wirklich eine von der Eisenbahn ungestörte Behaglichkeit provinziellen Stillebens« vor. Constanze bemühte sich redlich, noch einmal, wie so oft schon, einen neuen Hausstand einzurichten. Storm mußte mit einem Kreisrichtergehalt von nur 600 Talern auskommen, dafür verfügte er nun aber über bedeutend mehr Zeit als in Potsdam. Er konnte begonnene dichterische Konzepte zu Ende führen und durch allerdings nur spärlich fließende Honorare sein Gehalt ein wenig aufbessern.

Immerhin besteht die Aussicht, daß die in die Welt verschlagenen Holsteiner in Heiligenstadt Wurzeln schlagen werden. »Ich habe keinen weiteren Wunsch, als daß ich hier ohne große Sorge für den täglichen Schilling werde leben können«, teilt er den Eltern mit. »Daß ich trotzdem wie ein Arbeiter von der Hand in den Mund leben muß und der letzte Groschen glücklichsten Falles am Tage vorher ausgegeben wird, ist unglaublich bedrückend. Ich habe nur den Trost, daß ich an diesen Verhältnissen keine Schuld trage und daß ich sie beim besten Willen nicht ändern kann.«

Trotz aller Miseren wird das gewohnte Familienleben wieder aufgenommen. Man richtet sich ganz nach dem eigenen Geschmack ein. »In der Mittelstube haben wir die Fußböden streichen lassen; die heizen wir dann nun, und das ist unsere Welt«, beschreibt Storm den Eltern das Heiligenstädter Winterleben. »Darin sitzen Hans und ich, zu arbeiten, Constanze zu flicken, Ernst, Karl und Lite zu malen und zu schnitzeln, darin schläft das Piepchen, tänzelt mit ihr, wenn sie wach ist, das Kindermädchen Ottilie. Dahinein kommen jeden Nachmittag noch wenigstens drei Nachbarskinder, darin – in unserem Weltgebäude nämlich – setzt sich auf Tisch und Stühle diese ganze Kinderbande und spielt unter lebhaftem Geschrei ›Tod und Leben‹, dem ich aber, da die Kinder schließlich an nichts anderes mehr dachten, durch Verbrennung der Karten ein plötzliches Ziel gesetzt habe. Darin, in dieser betäubenden kleinen Welt, habe ich in den letzten beiden Monaten eine Novelle geschrieben, die wohl um die Hälfte länger als ›Immensee‹ ist, was ich in meiner künftigen Biographie nicht zu vergessen bitte.«

Nachdem sich durch den Tod des Dänenkönigs Friedrichs VIII. die politischen Verhältnisse in Schleswig-Holstein wieder normalisiert hatten, erreichte Storm im Februar 1864 die Aufforderung, das Amt des Landvogts in Husum zu übernehmen.

*42 Von 1866 bis 1880 wohnten die Storms in diesem Haus*

Die Familie war gerade um den großen Tisch versammelt, als diese Nachricht eintraf. In dem ausbrechenden Jubel beschlich den Dichter ahnungsvoll die bange Frage: »Wen von Euch soll ich dafür zum Opfer bringen?« Nach Rücksprache mit seinem Vater nahm Storm das Angebot an und schied damit aus dem preußischen Staatsdienst aus.

Erst beim Abschied merkten er und Constanze, wie sehr sie doch mit der katholischen Heiligenstadt verwachsen waren. »Mein Herz ist in der Tat ganz zerrissen beim Abschied von hier«, bekennt der Familienvater. »Mir ist, als schiede ich von einer zweiten Heimat. Ihr könnt Euch nicht vorstellen, mit welchem Enthusiasmus, ja ich kann sagen, welcher Liebe die Menschen aus den verschiedensten Schichten der Gesellschaft an mir hängen und wie hoch und lieb Constanze gehalten wird.«

In Husum bezog man ein schmales, hochgiebliges Haus in der Süderstraße. Gleich nach der Ankunft begab sich Storm mit Constanze in den Garten. Sie gingen Hand in Hand, und Storm hat sich später noch oft an diese Stunde erinnert: »Ich glaube, daß ich in solchen Stunden das höchste Glück genossen habe, dessen ein Mensch teilhaftig werden kann.«

Am 5. Mai 1865 kann Storm den Schwiegereltern abermals die Geburt eines Kindes melden. »Die Geburt war leicht, nachher haperte es etwas, und Emil nahm sich der Sache an«, berichtet er. »Es folgten Stunden ohnmächtiger Zustände, doch war gegen Abend alles so weit in Ordnung, daß ich sogar noch in meinen Gesangverein ging.«

Dann aber stellte sich eben doch heraus, daß Constanze wahrscheinlich durch eine Wartefrau vom Kindbettfieber infiziert worden war. Obwohl man neben Theodors Bruder Emil auch noch auswärtige Ärzte zu Rate zog, war jede Rettung aussichtslos. Storm hatte sich damit abzufinden, daß er seine Frau verlieren würde.

Constanze ließ sich noch einmal in Storms Armen ans Fenster tragen und nahm Abschied von der Welt und ihren Kindern. Ihr Mann wachte die ganze Nacht an ihrem Bett. Dann starb sie am 20. Mai 1865 um sechs Uhr in der Frühe. Noch im Tode lag ihre Hand in der seinen.

»Plötzlich in vernichtender Schönheit ging eine wunderbare Verklärung über ihr Gesicht, ein sanfter, blauer Glanz wandelt flüchtig durch die gebrochenen Augen, und dann war Friede«, schildert Storm diese Todesstunde, in der er, wie er beteuerte, sein Liebstes auf Erden verlor.

Constanze wurde an einem strahlenden Frühlingstag, als der Flieder in ihrem Garten blühte, in aller Stille beigesetzt. Heimgekehrt, setzte sich Storm stundenlang ans Klavier und improvisierte, um sein aufgewühltes Gemüt zu besänftigen. Noch am gleichen Abend schrieb er ein Abschiedsgedicht, das zu den anrührendsten unserer deutschen Lyrik gehört.

In der Gruft bei den alten Särgen
Steht nun ein neuer Sarg,
Darin vor meiner Liebe
Sich das süßeste Antlitz barg.

Den schweren Deckel der Truhe
Verhängen die Kränze ganz;
Ein Kranz von Myrthenreisern,
Ein weißer Syringenkranz.

Was noch vor wenig Tagen
Im Wald die Sonne beschien,
Das duftet nun hier unten:
Maililien und Buchengrün.

Geschlossen sind die Steine,
Nur oben ein Gitterlein;
Es liegt die geliebte Tote
Verlassen und allein.

Vielleicht im Mondenlichte,
Wenn die Welt zur Ruhe ging,
Summt noch um die weißen Blüten
Ein dunkler Schmetterling.«

»Es ist schwer, weiterzuleben, wenn das Leben eigentlich zu Ende ist, denn daß dem so ist, darüber täusche weder ich mich noch irgendjemand, der sie und mich gekannt hat«, schreibt der Witwer nach Segeberg. »Und wenn ich daran denke, daß ich ihrer Kinder wegen ebenso lang ohne sie zu leben wünschen muß, als ich mit ihr gelebt habe, so schaudert mich vor dieser ewig öden Zukunft. Doch sei versichert, ich gehöre nicht zu den Menschen, die sich hilflos zugrunde gehen lassen. Ich bemühe mich, die Lebensinteressen, die ich bisher gehabt, aufrechtzuerhalten und zu stärken. Freilich muß ich fürchten, daß die Kraft der produktiven Poesie mit ihr für immer schlafen gegangen ist; denn niemals, wenn ich fern von ihr war, habe ich außer ein paar Versen, die die Sehnsucht nach ihr hervorgerufen, auch nur eine Zeile geschrieben.«

In der Tat war der Dichter Storm nach Constanzes Tod von einer seltsamen Seelenstarre befallen. Drei Jahre später, am 13. Juni 1866, heiratete er in aller Stille Dorothea Jensen, die ihr Leben ihrer Liebe zu Storm geopfert hatte. Er hatte nicht vergessen, daß Constanze ihm in noch glücklichen Tagen ans Herz gelegt hatte, im Falle ihres Todes würde sie ihre Kinder am liebsten Dorothea Jensen anvertraut wissen.

# *Theodor Fontane und Emilie Rouanet*

Als sich der Berliner Journalist Theodor Fontane im Juli 1850 auf den Weg nach Schleswig-Holstein begeben hatte, um als Kriegsberichterstatter im deutsch-dänischen Krieg seine verdammte preußische Pflicht und Schuldigkeit zu erfüllen, erreichte ihn in Altona die Nachricht von seiner Anstellung als Lektor im »Literarischen Kabinett« der reaktionären Regierung Manteuffel. Diese »Rückberufungs-Order« sollte im Leben Fontanes, der bis dahin mehr schlecht als recht von publizistischen Gelegenheitsarbeiten gelebt hatte, ein neues Kapitel aufschlagen. Zum erstenmal konnte er mit festen Einnahmen rechnen und somit ein einigermaßen erträgliches bürgerliches Leben beginnen.

In dem beschwingenden Gefühl, endlich »im Hafen« eingelaufen zu sein, schrieb er postwendend an seine Braut Emilie Rouanet nach Berlin die kurzen, aber inhaltsschweren Worte: »Schleswig-Holstein aufgegeben. Wenn Dir's paßt, im Oktober Hochzeit.«

Fünf Jahre waren ins Land gegangen, seit Fontane sich mit Emilie verlobt hatte. Er hatte sie bereits viele Jahre zuvor im Hause seines Onkels August in der Großen Hamburger Straße kennengelernt. Hier hatte der Neuruppiner Apothekerssohn Quartier bezogen, um die Gewerbeschule zu besuchen.

Damals war ihm Emilie als ein »ziemlich verwildertes Kind« aufgefallen. Sie war nämlich während der Witwenschaft ihrer Mutter als Kind eines preußischen Armeearztes geboren und dem Ehepaar Kummer zur Adoption überlassen worden. Fontane ließ die bizarre Erscheinung dieses Kindes keineswegs gleichgültig. Später bekannte er: »Ich möchte beinahe sagen, daß ich mich auf der Stelle in das sonderbare Kind verliebte.«

*43 Theodor Fontane (1819–1898) zur Zeit seines ersten London-Aufenthaltes*

Bei dieser ersten Begegnung trug das um fünf Jahre jüngere Mädchen einer Refugié-Familie, das sich ihm wie ein »Cioccia-ren-Kind aus den Abruzzen« darstellte, »heruntergeklappte nasse Stiefel, einen kleinen Mantel aus rotem Marino mit schwarzen Käfern drin und einen sonderbaren nach hinten sitzenden Strohhut, der ihr bei den Berliner Straßenjungen den

Beinamen des Mädchens mit der Eierkiepe eingetragen hatte... Das Gesicht, ein blasses Dreieck mit vorspringender Stirn und Stupsnase, war nahezu häßlich, aber die zurückliegenden, etwas unheimlichen Augen glühten wie Kohlen und machten, daß man das Kind bermerken mußte.«

Aus einer Augenblickslaune verfertigt Fontane vor der Hochzeit einen Vers auf Emilie, in dem er auf die nicht eben leichte Jugend des »Ciocciarenkindes« anspielt und in dem es heißt: »Wenig Liebe, viele Hiebe, Mädchen mit der Eierkiepe.« Er entsann sich auch noch der besonderen melodramatischen Begabung der Halbwüchsigen. Sie hatte nämlich durch eine gelunge Darstellung von Shakespeares Julia nicht nur ihn in helles Entzücken versetzt.

Als er sie danach wiedersah, war von dem herausfordernden Exotentum des jungen Mädchens nicht eben viel übriggeblieben. »Die Kleine, mittlerweile 19 Jahre alt«, erinnert sich Fontane, »hat sich total verändert. Nicht bloß das Abruzzentum war hin, auch die mildere Form, das Südfranzösische, hatte sich beinahe ganz verflüchtigt, und die tiefliegenden dunklen Augen, die mir, ohne schwarz zu sein, immer kohlschwarz erschienen waren, sahen jetzt in dem hierzulande üblichen Halbgrau hell und lachend in die Welt hinein.

Alles in allem, beweglich und ausgelassen, vergnügungsbedürftig und zugleich arbeitsam, war sie der Typus einer jungen Berlinerin, wie man sie sich damals vorstellte. Sie hatte sich vergleichsweise verhübscht, aber von ihrer Rassenhöhe war sie ziemlich herabgestiegen – wohl zu ihrem Glück. Wir nahmen nämlich den alten herzlichen Ton gleich wieder auf, und die Leute wußten bald, was daraus werden würde. Sie hatten sich auch nicht verrechnet, und anderthalb Jahre später, an jenem 8. Dezember, war ich verlobt.«

An diesem für Fontanes Biographie so bedeutsamen Tag hatte man gemeinsam Onkel Augusts Geburtstag gefeiert. Anschließend brachte Theodor das junge Mädchen nach Hause. »Da wir beide plauderhaft waren«, beschreibt er die nun folgende Verlobungsszene mit echt Fontanescher Ironie, »so war an Verlegenheit nicht zu denken, und diese Verlegenheit kam auch kaum auf, als sich mir im Laufe des Gesprächs mit einem Male die Betrachtung aufdrängte: ›Ja, nun ist es eigentlich das Beste, dich zu verloben.‹

Es war bereits einige Schritte vor der Weidendammer Brücke, daß mir dieser gefährlichste Gedanke meines Lebens kam, und als ich die Brücke um ebenso viele Schritte hinter mir hatte, war ich denn auch verlobt. Mir persönlich stand das fest. Weil sich aber die dabei gesprochenen Worte von manchen früher gesprochenen nicht sehr wesentlich unterschieden, so nahm ich plötzlich, von einer kleinen Angst erfaßt, zum Abschied noch einmal die Hand des Fräuleins und sagte ihr mit einer mir sonst fremden Herzlichkeit: ›Wir sind aber nun *wirklich* verlobt.‹«

Die ganze Tollkühnheit dieser spontanen Überrumpelungsaktion auf der Weidendammer Brücke bekam Fontane, der im Grunde nichts als ein armer Schlucker war und auf absehbare Zeit an keine Eheschließung und Familiengründung denken konnte, bald zu spüren. Ein Jahr nach dem anderen verstrich seit jenem denkwürdigen Dezemberabend, ohne daß er seiner ewigen Braut auch nur die geringste Hoffnung auf eine Beendigung der Verlobungszeit machen konnte. Ganz in diesem Sinne schrieb er an seinen Freund Wilhelm Wolfsohn: »Ich habe in meiner Liebe viele Kämpfe durchgemacht; ich habe (ohne deshalb meine Braut je minder geliebt zu haben) meine Verlobung wie eine Übereilung betrachtet; ich habe mir die Befähigung abgesprochen, je ein Weib glücklich machen zu können, und habe gleichzeitig meinen eigenen Untergang als eine Gewißheit vor Augen gesehen. Zu allem habe ich den Höllensaft brennender, verzweifelter Eifersucht gekostet, oder richtiger, meine Seele monatelang damit getränkt.«

Fontane wurde in seiner fünfjährigen Verlobungszeit eigentlich das marternde Gefühl nie so recht los, sein Leben zwischen einer Frau, die mit gutem Recht Erwartungen an ihn richten konnte, und seiner Kunst, also der Literatur, der er sich mit Leib und Leben verschrieben hatte, teilen zu müssen. Die Vor-

*44 Emilie Rouanet als Braut*

stellung, in Zukunft wie der Graf von Gleichen mit zwei Geliebten leben und dabei für die rechte Harmonie zwischen ihnen sorgen zu müssen, befeuerte ihn nicht gerade zu immer neuen Taten des Geistes. Er ließ seine dichterische Phantasie oft spielen und stellte sich dabei die Gewissensfrage, ob er seine Muse oder seine Frau künftig mit der »feurigen Orientalin«, die der thüringische Graf von seinem Kreuzzug mit nach Hause gebracht hatte, identifizieren sollte.

In den folgenden Jahren hatte er seine liebe Not, Emilie immer wieder von einem Hochzeitstermin zum anderen vertrösten zu müssen. Da er sich für unfähig hielt, irgendwelche ausreichende Geldquellen anzuzapfen, trug er sich bisweilen schon mit dem Gedanken, da er im eigenen Lande nicht recht zu Stuhle kam, kurzerhand nach Amerika auszuwandern und dort irgendwo als Desperado sein Glück zu versuchen. In diesen Gewissensnöten mobilisierte er seinen schwarzen Humor und reimte für seine bejammernswerte Braut ein paar Verse zusammen, in denen er sie zur Auswanderung in glücklichere Regionen zu überreden versucht:

»Liebchen komm, vor dieser Zeit, der schweren,
Schutz zu suchen in den Kordillieren;
Aus der Anden ew'gem Felsentor
Tritt vielleicht noch kein Konstabler vor.

Statt der Savignys und der Uhden
Üben dort Justiz die Botokuden,
Und durchs Nasenbein der goldne Ring
Trägt sich leichter als der Bodelschwingh.

Ohne Wühler dort und Agitator
Frißt uns höchstens mal ein Aligator,
Schlöffel Vater und selbest Schlöffel Sohn
Respektieren noch das Maranon.

Dort kein Pieper und kein Kiolbassa,
Statt der Darlehnsscheine Geld in Kassa,
Und in Quito oder Santa Fé
Nichts von volksbeglückender Idee.

Laßt die Klänge Don Juans und Zampas,
Hufgestampfe lockt uns in die Pampas,
Und die Rosse dort, des Reiters wert,
Sichern sich vor Rellstabs Musenpferd.

Komm, o komm; den heimatlichen Bettel
Werfen wir vom Popokatepettel,
Und dem Kreischen nur des Kakadu
Hören wir am Titicaca zu.«

Auf so becircende Sirenenklänge hin hat noch nie ein Mädchen seine Koffer gepackt, um hinter dem heimischen Elend einen dicken Strich zu ziehen und dem geliebten Mann in ein fragwürdiges Abenteuer zu folgen. Emilie hielt auch ohne alle unsoliden Versprechungen fest und treu zu ihrem Verlobten, der ihre Geduld, weiß Gott, auf eine harte Probe stellte.

Auch Fontanes erste Liebe blätterte nicht so bald ab. Was er auch nach Jahren noch für Emilie empfand, vertraute er wieder einmal seinem Freund Wolfsohn an: »Du hast das junge Mädchen bei Deinem Hiersein gesehen. Das Hervorstechende ihres Wesens ist, körperlich und geistig, das Interessante; sie wird mich auch da zu fesseln wissen, wo mir größere Schönheit, umfassenderes Wissen und selbst tieferes Gefühl auf meinem Lebenswege begegnen sollten. Mit einem Wort, sie ist ›liebenswürdig‹, sie hat jenes unerklärliche Etwas, was allem einen Reiz verleiht. Die Schwächen selbst werden so zu Tugenden gestempelt; launenhafte Wünsche und Einfälle kleiden sich in das Gewand des Eigentümlichen.«

Unter solchen Umständen beteuert Fontane auch später immer wieder, es wäre eben doch der wohl glücklichste Gedanke seines Lebens gewesen, den er »wenige Schritte vor der Weidendammer Brücke« gefaßt hatte. Er verzichtete daher auch schlicht und einfach auf seine Ausreisepläne und äußerte sich seinem Freund Bernhard von Lepel darüber folgendermaßen: »Ich gedenke auszuhalten, einmal weil ich noch hoffe, dann aber auch, weil ich, übersiedelnd in die neue Welt, Bande zerreißen müßte, die mich mit meinem eigentlichen Leben an unsere deutsche Erde fesseln. Ich liebe die deutsche Kunst, das ist mein eigentliches Vaterland, und es aufgeben, hieße, sich selbst aufgeben.«

Mit seiner ehrenvollen Berufung ins »Literarische Kabinett« glaubte Fontane zunächst, das große Los gezogen und endlich seine materiellen Miseren überwunden zu haben. In der Erwartung, die vierzig Taler, die sein neues Amt abwarf, würden ausreichen, eine Familie zu gründen, fand dann die Hochzeit Theodor Fontanes mit Emilie Rouanet in der Berliner Französischen Kirche statt. »Pastor Fournier a béni dans le temple de Berlin la mariage de Henri Theodore Fontane, Littérateur, avec Georgine Emilie Caroline Rouanet-Kummer«, heißt es im offiziellen Bericht über diese Trauung.

Fontane wird sich später an diesen Tag nicht ohne besonderes Behagen erinnern. Die Hochzeitsgäste, darunter so illustre Tunnelfreunde wie Paul Heyse und Friedrich Eggers, aber auch viele französische »Rasseköpfe« hatten sich in einem kleinen Lokal in der Bellevuestraße versammelt, das wegen seiner Spargel und Kalbskoteletts in hohem Ansehen bei Berliner Gourmets stand. Der Ober vom benachbarten Café National, dem Treffpunkt der Mitglieder der literarischen Vereinigung »Tunnel über der Spree«, hatte das festliche Arrangement übernommen.

»Das Reizendste für mich war, daß ein Bräutigam nicht zu antworten braucht«, vermerkt Fontane sarkastisch zu diesem Tag. »Ich beschränkte mich auf Kuß und Händedruck und aß ruhig und ausgiebig weiter.« Dabei entwickelte er offenbar einen so gesegneten Appetit, daß Pastor Schultz von Bethanien die glücklich strahlende Braut neckte: »Liebe Emilie, wenn der so fortfährt, so wird seine Verpflegung Ihnen allerhand Schwierigkeiten bereiten.«

An diesem gewöhnlichen Berliner Oktobertag des Jahres 1850 begann eine Dichterehe, deren Erfüllungen und Krisen heute ohne besondere Schwierigkeiten aufzudecken sind, da Emilie mit Abstand die intensivste Briefpartnerin des passionierten Briefschreibers Fontane war. Sie blieb es auch bis zuletzt. Noch an seinem Todestag hat er seiner damals von Berlin abwesenden Frau einen seiner menschlich so überlegenen Briefe geschrieben, die dann das helle Entzücken aller Fontane-Enthusiasten werden sollten. Fontane selbst hat die Zahl der Briefe, die er von seinen vielen Reisen an Emilie richtete, mit selbstironischer Übertreibung, die er so sehr liebte, selbst einmal auf zehntausend Stück beziffert, aber einige tausend dürften es wohl schon gewesen sein. Sie alle zeugen von einem überaus lebhaften Austausch mit seiner Frau. In vielen von ihnen versuchte er sogar, Gehalt und Form der literarischen Projekte zu klären, die ihn gerade beschäftigten. Das alles deutet darauf hin, daß sie mitfühlend und mitdenkend Anteil an seiner Arbeit zu nehmen pflegte.

Fontane hat stets die so überaus positiven weiblichen Eigenschaften Emiliens, vor allem aber auch ihre haushälterischen Qualitäten zu schätzen gewußt. Nicht zu vergessen: Sie schenkte ihm sieben Kinder, von denen drei bald nach der Geburt starben, vier andere, drei Söhne und eine Tochter, wuchsen jedoch heran.

»Um zwei Dinge zu nennen«, hob Fontane in seinem Erinnerungsband »Von Zwanzig bis Dreißig« Emiliens Verdienste ausdrücklich hervor, »sie hat mir alle Bücher und alle Zeitungen vorgelesen und mit mir alle meine von Korrekturen und Einschiebseln starrenden Manuskripte abgeschrieben, also, meine dicken Kriegstagebücher eingerechnet, gute vierzig Bände. Sie war vor allem eine Haushälterin von jener nicht genug zu preisenden Art, die Sparsamkeit mit Ordnungssinn und Helfefreudigkeit verbindet... Ich muß aber auch auf die Gefahr hin, mich in ein komisches Licht zu stellen, noch weiteres an meiner Ehehälfte loben, und zwar ihr Temperament, ihren ausgesprochenen ästhetischen Sinn, ihre Naivität und nicht zum wenigsten ihre Unlogik.«

Trotz ihres selbstlosen Einsatzes für das Fontanesche Lebenswerk scheint seine Frau jedoch für den exquisiten literarischen Rang ihres Mannes, auch als er bereits weltliterarisches

Format erreicht hatte, bis zuletzt kein geschärftes Organ besessen zu haben. Sie widersprach daher auch ihrem Bruder nicht, als er den erfolglosen und immer noch um seine Anerkennung ringenden Schwager ironisch folgendermaßen auf die Schippe nahm: »Mein berühmter Schwager, den keiner kennt.« Fontane verfügte über genug menschliche Größe, um dieses Bonmot folgendermaßen zu kommentieren: »Niemals bin ich richtiger beurteilt worden. Endresultat von 45 Arbeitsjahren, in denen ich immerhin meine Balladen, meine Wanderungen zuwege gebracht habe.« All diese Mühen schienen jedoch nicht auszureichen, um ihm wenigstens im engsten Familienkreise eine entsprechende Anerkennung als Schriftsteller zu verschaffen.

Noch im höheren Alter, als Fontane von Literaturexperten längst eine gewisse Klassizität zugestanden wurde, mokierte sich Emilie gegenüber dem jungen Gerhart Hauptmann hinter der vorgehaltenen Hand: »Da hält er sich immer für einen Dichter, und er ist doch nun einmal kein Dichter, nein wirklich, er ist keiner.«

Da sie schließlich ihren Mann um einige Jahre überlebte, konnte sie noch den stetig wachsenden postumen Ruhm Fontanes miterleben. Wahrscheinlich hatte sie ihm nun einiges abzubitten. Obwohl sie mit ihm höchst kritische Zeiten zu durchleben hatte, die die Tragfähigkeit ihrer Ehe oft genug in Frage stellten, gestand sie sich ganz am Ende dann doch ein, die Ehe mit ihm wäre ungemein interessant gewesen, so daß sie immer wieder von neuem mit diesem Habenichts Fontane dergleichen riskieren würde.

Natürlich hatte sie unter dem Lebenskonzept ihres Mannes am meisten zu leiden gehabt; denn ein Apotheker, der anstatt von einer Apotheke von der brotlosen Kunst der Schriftstellerei zu leben sich in den Kopf gesetzt hatte, das war nach seiner eigenen Meinung so ziemlich das »Tollste, was es überhaupt gibt«.

Natürlich hätte Emilie, wäre es nach ihr gegangen, ihren Mann lieber in irgendeinem einträglichen Regierungsamt gesehen, wo er mit einem gesicherten Einkommen zu rechnen hatte. So mußte er sich ein Leben lang am heimischen Schreibtisch schinden, ohne jemals auf einen grünen Zweig zu kommen. Trotzdem nahm sie am Ende das abenteuerliche Schriftstellerleben ihres Mannes, das zuweilen von »totalen Nervenpleiten« begleitet war, mit der Gelassenheit einer aus höherer Einsicht Resignierenden hin. Während er als Frondeur gegen alle Erscheinungsformen der Beamtenbürokratie in Preußen sich resistent verhielt, hatte Emilie ihre liebe Not, die Familie mit dem Bettellohn seiner schriftstellerischen Arbeit notdürftig über Wasser zu halten.

Fontanes junge Ehe begann dann auch schon mit einer maßlosen Enttäuschung. Bereits am 7. Januar 1851, also nur ein Vierteljahr nach Aufnahme seiner Amtstätigkeit, heißt es in einem Brief an Lepel: »Am 31. v. M., als ich in der Schadowstraße 4 erschien, überraschte mich die Silvestergabe, daß das Kabinett aufgelöst und der Literat Th. Fontane an die Luft gesetzt sei. Eilig strich ich noch 40 Rth. Diäten für Monat Dezember ein und verschwand für immer aus den heiligen Hallen, in denen ich fünfmal vier Wochen Zeuge der Saucenzubereitung gewesen war, mit welcher das Literarische Kabinett das ausgekochte Rindfleisch Manteuffelscher Politik tagtäglich zu übergießen hatte. Gott sei Dank kann ich mir nachträglich das Zeugnis ausstellen, daß von meiner Seite kein Salz-, Senf- oder Pfefferkorn jemals zu der Schandbrühe beigesteuert worden ist.

Meine Frau, als ich ihr erklärte, daß nun jedes Hindernis beseitigt sei und das Hungern losgehen könnte, kriegte natürlich einen kleinen Schreck; meine Beredsamkeit indes und der Hinweis auf vorläufig noch vorhandene 40 Rth. beruhigten ihr geängstigtes Gemüt, und es werden nun bald acht Tage, daß sie das Unverschuldete mit Fassung erträgt. Es versteht sich von selbst, daß meinerseits Schritte in Hülle und Fülle geschehen, um den Schaden wieder auszuflicken.«

In dieses verflixte Jahr 1851 fällt auch die Geburt des ersten Sohnes Georg und die Publikation von Fontanes erstem Gedichtband. Sonst aber erlebt der junge Dichter nichts als Schlappen. Seine Manuskripte, die er den Redaktionen vorlegt, werden ohne Rücksichtnahme postwendend wieder zurückgeschickt. Am Ende ist er froh, daß er sich mit Privatunterricht notdürftig über Wasser halten kann. Inzwischen war jedoch seine physische Widerstandskraft nach den Entbehrungen so vieler Jahre an ein natürliches Ende angelangt. Auch von seinem gewohnten dichterischen Elan war kaum noch etwas zu verspüren. Schließlich erkrankte er sogar ernsthaft, und das schreckliche Jahr endete für ihn und seine junge Frau noch unglücklicher als es begonnen hatte.

Noch viele Jahre gingen ins Land, in denen die wachsende Familie Fontane von der Hand in den Mund lebte und Emilie ihre nicht unerheblichen hausfraulichen Tugenden in die Waagschale werfen mußte, um die »Powertät« wenigstens der Umwelt gegenüber geschickt zu verbergen. Fontane selbst legte einen gemäßigten Stoizismus an den Tag, um das triste Lebensgefühl ein bißchen aufzufrischen. So traktierte er seine Frau zu Weihnachten mit dem gutgemeinten, aber eher aufreizend klingenden Spruch:

»Sei heiter!
Es ist gescheiter
Als alles Gegrübel.
Gott hilft weiter;
Zur Himmelsleiter
Werden die Übel.«

Als schließlich auch Emilie zu kränkeln anfing, schrieb er ihr nicht gerade einfühlsam und versöhnlich: »Man hat gegen sich selbst und fast noch mehr gegen andere die Pflicht, nicht mehr und nicht länger krank zu sein, als eben unvermeidlich ist. Man kürzt sich und anderen dadurch die frohen Lebensstunden ab und gibt gar nichts dafür. Daß es an Bangen und Sorgen im Leben nicht fehlt, dafür ist ja ohnehin gesorgt; aber nun mache man auch dies Trübsals-Maß nicht voller, als nötig ist.«

Dieser Brief endet mit einer hörenswerten Quintessenz Fontanescher Lebenskunst, die er einem immer bedrängten Leben abgerungen hatte: »Leicht zu leben ohne Leichtsinn, heiter zu sein ohne Ausgelassenheit, Mut zu haben ohne Übermut, Vertrauen und freudige Ergebung zu zeigen ohne türkischen Fatalismus, das ist die ganze Kunst des Lebens.«

Die sicher unvermeidlichen Krisen seines Lebens, die ihm mehr zusetzten, als er sich selbst eingestehen mochte, versuchte Fontane mit einer nur geheuchelten Nonchalance zu überspielen. Seiner Mutter gegenüber sprach er später einmal offen über seine permanenten Ehe-Miseren. »In unserem Hause geht es leidlich«, lautete eine aufschlußreiche Stelle in diesem Brief aus dem Jahre 1869. »Emilie, die von Weihnachten bis Ostern körperlich und geistig in trauriger Verfassung war, hat sich wieder recht erholt und sieht die Welt im allgemeinen und mich im speziellen wieder mit anderen Augen. Ich könnte Ehe-Monatstabellen herausgeben. Vom November an abnehmend, Weihnachten letztes Viertel, dann vier Monate totale Verfinsterung, zu Ostern der erste goldene Sichelstreifen, der holde Mondkahn, um nun in den Stillen Ozean des Frühlings und Sommers einzuschiffen. Nach Pfingsten Vollmond. Ich nehme dies alles jetzt wie Naturerscheinungen hin, freue mich des blauen Himmels und murre nicht, wenn es regnet. Ich weiß, alles hat seine Zeit.«

Mit erstaunlicher Gelassenheit nahm Fontane seine häuslichen Malaisen in Kauf. Für ihn handelte es sich vor allem darum, seine innere Freiheit, seine »Independenz«, zu bewahren. Es wurde ihm nichts geschenkt, aber er hatte die seltene Kunst entwickelt, aus jeder noch so prekären Lage Honig zu schlürfen.

Der Realist und Lebenspraktiker Fontane dachte mit gesunder Nüchternheit über die Ehe. Das half ihm über so manche kritische Situation hinweg. Selbst über das sogenannte Glück hatte er höchst prosaische Vorstellungen: »Vielleicht kann man glücklich sein, wenn man es sein will. Ich habe einmal gelesen, man könne das Glück auch lernen. Das hat mir gefallen. Und wirklich, es muß Mittel dazu geben.«

Auch im Umgang mit seiner Frau hat sich Fontane durchaus als Lebenskünstler, der er nun einmal war, bewährt. Er hat nie daran gezweifelt, daß in der Regel bereits eine herzhafte Portion Eisbein das gestörte Verhältnis zwischen Menschen wieder einrenken könnte. Als er im Frühjahr 1872 eine Badekur für seine gesundheitlich angeschlagene Frau für notwendig hielt, beschwor er eine ihrer Freundinnen, sie unbedingt zu einem gemeinsamen Badeaufenthalt zu überreden. Emiliens Einwand wegen der hohen Kosten zerstreute er mit dem Einwand: »Wer nicht wohlhabend ist, hat *nie* Geld zu solchen Dingen, ebensowenig wie ich Geld dazu gehabt hätte, mir einen Überzieher machen zu lassen. Ich trage aber doch Überzieher seit länger als dreißig Jahren, und sie sind schließlich immer bezahlt worden. Wo ein ›Muß‹ ist, da findet sich auch ein Weg. Im übrigen darf ich versichern, daß eine solche Badereise uns nicht mal eine wirkliche Verlegenheit schaffen würde, auch nicht eine Minute.«

Seine beiden längeren England-Aufenthalte hat Fontane schon wegen der Trennung von seiner Frau als eine Art Exil empfunden. Als Korrespondent der ministerialen Presse gelangte er trotz mancher Kontakte auf der Insel nie zu euphorischen Gefühlen, die ihn seine Isolation unter lauter Insulanern vergessen ließen.

»Wär ich erst wieder weg!« so lautet sein Grundgefühl, gegen das er tapfer ankämpfte. Schon das er sein »Eigentliches«, also seine Schriftstellerei, nicht ungehemmt ausüben konnte, bereitete ihm unsägliche Qualen. Aber immerhin verdanken wir diesen langen Trennungszeiten einige der exquisiten Briefe Fontanes, die er mit Emilie austauschte. Als sie gerade ein Kind erwartete und sich zu Recht um ihre gemeinsame Zukunft Sorgen machte, versuchte Fontane sie zu trösten.

»Jetzt sag ich: ›Du mußt zurück. Es ist erbärmlich, eine Frau so lange allein zu lassen.‹ Und dann sag ich mir wieder: ›Courage! Ausgehalten! Helfen kannst du deiner Frau doch nicht. Du kannst nun schlechterdings das Kind nicht kriegen.‹«

Um ein bißchen Glück und Unabhängigkeit für sich und

seine Frau zu ergattern, mußte er Monat für Monat die ihm immer unerträglicher werdende Londoner Langeweile ertragen. Je mehr er dem schäbigen Mammonismus der Inselbewohner auf die Schliche kam, um so mehr packte ihn die Sehnsucht nach Berlin. Vom »merry old England«, das er mit seiner binnendeutschen Seele ehrlich gesucht hatte, war am Ende nicht eben viel übriggeblieben.

Bei seinem dritten England-Aufenthalt ließ Fontane sogar im Juli 1857 Emilie und die Kinder nachkommen. Sie bezogen ein passabel hergerichtetes Haus im feudalen nördlichen Londoner Vorort Camdon Town. Aber schon anderthalb Jahre später reicht Fontane seine Demission ein und kehrt Anfang 1859 ins heimatlich vertraute Berlin zurück. Er zog es vor, sich arm, aber dafür unabhängig durchs Leben zu schlagen, als das harte Brot der Fremde zu essen. Emilie fiel es natürlich nicht leicht, ihm auf diesem steinigen Weg zu folgen. Aber in England, fand er heraus, wären sie auf die Dauer seelisch verkümmert.

Natürlich stand Fontane nach seiner Rückkehr wieder einmal vor dem Nichts. Wieder einmal mußte er sich auf die Suche nach neuen Geldquellen begeben. Als Redakteur der konservativen Kreuzzeitung fand er immerhin genügend Zeit und Gelegenheit, das Berliner Umland zu durchstreifen und schließlich seine »Wanderungen durch die Mark Brandenburg« zu schreiben. Auch versuchte er sich während der folgenden Kriege nicht ohne materiellen Erfolg als Kriegsberichterstatter zu betätigen. Danach führte er eher eine »Mauselochexistenz« im dritten Stock des Hauses Potsdamer Straße 134c. Hier schrieb er seine Romane, die zur Weltliteratur gehören, und hier beendete er schließlich sein Leben.

Im Grunde hatte Fontane stets trotz aller Nackenschläge und Schlappen immer an seinen guten Stern geglaubt. Eben deswegen gab er schließlich die ungeliebte Kreuzzeitungsstellung auf. Er mußte natürlich seine ganze Beredsamkeit aufwenden, um Emilie diesen Schritt plausibel zu machen. Fünf Tage brauchte er dazu, um seine konsternierte Frau seelisch wieder aufzurichten.

Die Stimmung im Hause Fontane war damals höchst explosiv. Henriette von Merckel, eine Freundin Fontanes, schilderte die verfahrene Situation sicher zutreffend so: »Die Genies haben für ihre Angehörigen doch zuweilen recht schwer zu ertragende Einfälle. Fontane hat mir mit seiner gewohnten Offenheit die Gründe auseinandergesetzt – es läßt sich nichts dagegen sagen, ja ich war ergriffen von der Macht seines Glaubens an sein Genie.« Bei Emilie traf dies keineswegs zu. Sie hatte schließlich für die Existenzgrundlage der wachsenden Familie zu sorgen, die sie nicht auf die leichte Schulter nahm. Fontane versucht sie immer wieder von der Richtigkeit seiner Entschlüsse zu überzeugen. Bis ins letzte Detail rechnet er ihr daher die Einkünfte vor, die er als Romancier zu erwarten hat. »Meinst Du nicht, daß diese Summe unter allen Umständen ausreichen würde, uns vor Erniedrigung und Unwürdigkeit zu bewahren?« zieht er das Fazit. »Und nur *darauf* kommt es schließlich an. Independenz über alles! Alles andere ist zuletzt nur Larifari ... Also sei heiter und vertrauensvoll. Wenn unser Niedergang nicht in den Sternen beschlossen ist, so werden wir nicht zugrunde gehen.«

Und wirklich: Das Schicksal ist mit dem Tollkühnen, der alles auf eine Karte gesetzt hat. Ende Juni 1870 wird er von der »Vossischen Zeitung« als Theaterkritiker für die Königlichen Schauspiele engagiert und bezieht für das nächste Menschenalter seinen Parkettplatz am Gendarmenmarkt. Gleichzeitig rückt er damit in die erste Reihe der damaligen Kritiker ein.

Aber die größte Zerreißprobe der Fontaneschen Ehe stand noch bevor, als Fontane sich 1876 dazu überreden ließ, die Stelle eines Ersten Sekretärs an der Königlichen Akademie anzutreten. Man glaubte, damit sein ständig von der Havarie bedrohtes Lebensschiff in einen sicheren Hafen navigiert zu haben.

Fontane hatte sich vor allem seiner Frau zuliebe dazu bereitgefunden, dieses einträgliche Amt anzunehmen. Außerdem versprach diese herausgehobene Position auch noch, es eines Tages zu einem Wirklichen Geheimrat zu bringen. Damit begann ein Kapitel in Fontanes Leben, das ihm eher eine tragikomische Rolle aufzwang und das sich schließlich zu einer unangenehmen Farce auswuchs.

Natürlich hatte Emilie Fontane diese – wie sie meinte – glückliche Schicksalswende begrüßt. Nun schienen sich endlich ihre Erwartungen auf eine solide bürgerliche Existenz an der Seite eines durch und durch unkonventionellen Mannes zu erfüllen. Aber er war auch jetzt noch nicht bereit, wie sich bald herausstellen sollte, einem bürgerlichen Dasein zuliebe auf die Erfüllung seiner künstlerischen Berufung zu verzichten. Eine Beamten-Existenz war ihm im höchsten Maße suspekt. Eben darum schrieb er aus einer Augenblickslaune heraus die sarkastische Skizze »Wie meine Frau sich einen Beamten denkt«:

1. Ein Beamter lebt lange.
2. Solange er lebt, so wird er vertreten, je öfter, desto besser.
3. Badereisen sind garantiert.
4. Solange er lebt, hat er ein auskömmliches Gehalt.
5. Dispositionsfonds ist unerschöpflich und wird nur von der unergründlichen Güte seines Verwalters überboten.
6. Arbeit Chimäre.
7. Dienststunden werden gehalten oder nicht gehalten. Werden sie gehalten, so wechselt die Lektüre der »Nationalzeitung« mit der der »Vossischen«.
8. Fehler sind gleichgültig, solange nur nach außen hin die eigene und die des Standes Unfehlbarkeit gewahrt wird.
9. Zum Ordensfest zu Königs Geburtstag muß der Beamte gesund sein (Weiße Binde).
10. Erfüllt er dies, so verdoppelt der König die Witwenpension aus dem Schatullenfonds. Für die Töchter: Erziehungsgelder, für die Söhne: drei Kadettenstellen frei.«

Noch ehe er eigene und nicht gerade rosige Erfahrungen mit dem preußischen Beamtentum einsammeln konnte, hatte Fontane also schon Glanz und Elend dieses Standes gnadenlos dekuvriert. Nun aber war es an ihm selbst, die Hungerexistenz eines deutschen Poeten, der sich auf einen schwindelerregenden Seiltanz ohne absicherndes Netz eingelassen hatte, mit einer sicheren Pfründe zu vertauschen. Aber es zeigte sich bald, daß Fontane für bürokratische Kleinarbeit ebensowenig geschaffen war wie für das obligate Intrigenspiel in Preußens Ämtern.Das Fiasko stellte sich dann auch früher ein, als er es offenbar selbst erwartet hatte.

Bei allem ernsten Willen, schon seiner Frau zuliebe die ihm aufgezwungene Aufgabe eines Akademiesekretärs mit einiger Bravour zu bewältigen, scheiterte Fontane schließlich doch an den Imponderabilien seines Amtes.

»Ich fand es von Anfang an miserabel«, berichtet er über seinen Passionsweg als Beamter, »schleppte mich aber bis Ende Mai hin, wo mir der Geduldsfaden riß. Ich hatte eine Szene im Senat und reichte am anderen Tag meinen Abschied ein. Nach langen, langweiligen und kämpferischen Wochen, in denen ich die Menschennatur nicht von ihrer glänzendsten Seite kennenlernte, erhielt ich am 2. August meine Entlassung, die schon am 17. Juli vom Kaiser genehmigt war. An literarisches Arbeiten war in diesen Trauermonaten wenig zu denken. Erst ließ mich meine Bedrücktheit nicht dazu kommen, später, als alles krank und verreist war, lag die ganze Akademiearbeit auf meinen Schultern.«

Die Szenen einer Ehe, die sich während des Sommers 1876 in der Mansardenwohnung des Hauses in der Potsdamer Straße abspielten, kann man wohl kaum dramatisieren. Jedenfalls muß Emiliens Enttäuschung über den, wie sie meinte, unüberlegten Entschluß ihres Mannes maßlos gewesen sein. Sein auf die knappste Formel gebrachter Einwand »Mir ist Freiheit Nachtigall, den anderen Leuten das Gehalt« mußte sie bis aufs Blut reizen. Sie hielt ihren Mann für einen unerträglichen Egozentriker, dem das Schicksal der Familie kaum am Herzen lag.

In dieser schweren Lebenskrise fand Theodor Fontane in Mathilde von Rohr, die er durch die Vermittlung Lepels ken-

*45 Wohnung Fontanes in Berlin, Potsdamer Str. 134c*

nengelernt hatte, einen menschlich reifen und verständnisvollen Briefpartner.

»Unser Schweigen hat darin einen Grund«, schrieb er ihr ins Damenstift nach Dobbertin, »daß sich in unserem Hause große Umwälzungen vollzogen haben. Ich habe vor etwa drei Wochen meine Entlassung aus meinem Amte nachgesucht. Alle Welt verurteilt mich, hält mich für kindisch, verdreht, hochfahrend. Ich muß es mir gefallen lassen. Das Sprechen darüber habe ich aufgegeben. Es führt zu nichts. Ich muß durch Taten beweisen, daß ich nicht leichtsinnig gehandelt habe. Ob mir dies gelingen wird, muß abgewartet werden.

Ich habe furchtbare Zeiten durchgemacht, namentlich in meinem Hause. Meine Frau ist tiefunglücklich, und von *ihrem* Standpunkt aus hat sie recht. Andererseits konnte ich ihr diese schmerzlichen Wochen nicht ersparen. Und was geschehen sollte, mußte rasch geschehen. Doch hab' ich vielleicht die Kraft und Elastizität, die Dinge wieder in so guten Gang zu bringen, wie sie bis zu dem Tage waren, wo mir diese unglückselige Stelle angeboten wurde.«

Vierzehn Tage später schüttete Fontane nochmals der neun Jahre älteren Stiftsdame sein Herz aus: »Ich hatte mich zu entscheiden, ob ich, um der äußeren Sicherheit willen, ein stumpfes, licht- und freudloses Leben führen oder wenigstens die Möglichkeit heiterer Stunden zurückerobern wollte. Ich wählte die letztere, während meine Frau das erstere von mir forderte. Ich würde diese Forderung unendlich lieblos nennen müssen, wenn ich nicht annähme, sie hätte sich in ihrem Gemüt mit dem berühmten Alltagssatz beruhigt: der Mensch gewöhnt sich an alles. Dieser Satz ist falsch. Ich bin so sentimental wie möglich, aber es ist ganz gewißlich wahr, daß zahllosen Menschen, alten wie jungen, das Herz vor Gram, Sehnsucht und Kränkung bricht. Jeder Tag führt den Beweis, daß sich der Mensch *nicht* an alles gewöhnt. Auch *ich* würde es nicht gekonnt haben und wäre entweder tiefsinnig geworden oder hätte doch wenigstens eine traurige Wandlung aus dem Frischen ins Abgestandene, aus dem geistig Lebendigen ins geistig Tote durchgemacht.«

Während Fontane so seiner mütterlichen Freundin im Norden sein betrübtes Herz ausschüttete, schloß er die Auseinandersetzungen mit seiner Frau mit einem seiner wohl persönlichsten Briefe an sie ab, der nicht nur den Schlußstrich unter die leidige Affäre zog, sondern auch erfreulichere Zukunftsperspektiven eröffnete.

»Heute früh erhielt ich Deine Zeilen«, schrieb er ihr am 15. August. »Es waren die freundlichsten, die ich in diesen fünf Wochen empfangen habe. Du schreibst, alles verwöhnt Dich dort, nur von hier aus würdest Du knapp behandelt.

Dem Zusammenhange nach kann sich dies nur auf mein

Briefschreiben beziehen, und da gehört denn diese Bemerkung wieder zu jenen rätselhaften Äußerungen, in denen Du, wenigstens zuzeiten, groß bist... Meine liebe Frau, es ist im großen und kleinen das alte Lied. Du reizest mich bis aufs Blut und wunderst Dich hinterher, wenn ich heftig und bitter werde, wenn ich Dir aus dem Wege gehe. Du verhältst Dich ablehnend und verwunderst Dich, wenn ich nicht zärtlich bin. Natürlich bin ich zuweilen unzärtlich, ohne vorher einer Nüchternheit begegnet zu sein. Aber das ist nicht zu ändern, weil es ebenso in der menschlichen Natur wie ganz besonders in unseren Lebensverhältnissen liegt.

Wenn ich bei einer Arbeit nicht von der Stelle kann oder das Gefühl des Mißlungenen habe, so bedrückt das mein Gemüt, und aus bedrücktem Gemüt heraus kann ich nicht nett, quick, elastisch und liebenswürdig sein. Aber das müßtest Du auch, wenn Du Dich ein bißchen auf meine Art verstündest, gar nicht von mir fordern. Daß ich Dich liebe, weißt Du; daß ich es Dir tausendfälig gezeigt habe, wirst Du wohl nicht bestreiten können. An diesem schönen Bewußtsein müßtest Du genug haben und als kluge Frau wissen, in 24 Stunden ist das alles vorüber. Statt dessen zeigst Du Deine ganz und gar unberechtigte Verstimmung, die mich nun erst wirklich verdrießlich und aus dem tristen Tag eine triste Woche macht.

Wenn Du doch dies alles einsehen, wenn Du Dich nicht in der Vorstellung verblenden wolltest, daß Du eine arme, zurückgesetzte Kreuzträgerin wärst. Es ist ja alles bittere Torheit. Du bist eine durch Deinen Mann, Deine Kinder, Deinen Lebensgang und Deine Lebensstellung unendlich bevorzugte Frau. Es gibt wenige, die es so gut getroffen haben. Daß Du das Glück nach der Zahl der Goldrollen bemessen solltest, für so inferior halte ich Dich nicht...

Ich ersehne den Moment, wo ich aus diesem wichtigtuerischen Nichts, das mit Feierlichkeiten bekleidet ist, wieder heraus sein werde. Dinge, Personen, Zustände sind alle gleich unerquicklich. Ich passe in solche Verhältnisse nicht hinein und will mich lieber weiter quälen. Eine gute Theaterkritik, um das

*46 Grabstätte von Theodor und Emilie Fontane*

Kleinste herauszugreifen, ist viel, viel besser als diese Reskriptefabrikation, bei der ich noch nichts Erfreuliches habe herauskommen sehen. Übrigens spreche ich über diese Dinge zu niemand, am wenigsten in diesem Ton. Die Welt verlangt nun einmal ihre Götzen. Meinetwegen, wenn ich sie nur nicht anzubeten brauche.

Akademie, lebe wohl! Aber, enfin, es muß auch so gehen. Eine Fülle neuer Arbeiten ist angefangen, und mir ist nicht so zumute, als würde ich mit nächstem in den Skat gelegt werden. Im Gegenteil.«

Die Briefe, die Fontane in diesen kritischen Wochen schrieb, sind wahrscheinlich seine menschlich ansprechendsten. In konzessionsloser Eindeutigkeit artikulierten sie seinen endgültigen Durchbruch zu seinem »Eigentlichen«, auf das er seit Jahr und Tag all seine geistigen Kräfte gerichtet hatte. Daß er seine Frau in diesen schweren inneren Kämpfen nicht auf seiner Seite als seine Verbündete hatte, schmerzte ihn besonders tief.

»Meine Frau, die große Meriten hat und in vielen Stücken vorzüglich zu mir paßt, hat nicht die Gabe des stillen Tragens, des Trostes, der Hoffnung«, schrieb er am 22. August der alten Stiftsdame. »In Momenten, wo ich ertrinkend nach Hilfe schreie und ein ausgestreckter Finger mich über Wasser halten würde, hat sie eine Neigung, ihre Hand nicht rettend auszustrecken, sondern sie wie einen Stein auf meine Schulter zu legen. Bescheiden in ihren Ansprüchen, ist sie in ruhigen Tagen eine angenehme, geist- und verständnisvolle Gefährtin, aber ebensowenig wie sie Stürme in der Luft vertragen kann, ebensowenig erträgt sie die Stürme des Lebens. Sie wäre eine vorzügliche Prediger- oder Beamtenfrau in einer gut und sicher dotierten Stelle geworden. Auf eine Schriftstellerexistenz, die, wie ich einräume, sich immer am Abgrund hin bewegt, ist sie nicht eingerichtet. Und doch kann ich ihr nicht helfen. Sie hat mich als Schriftsteller geheiratet und muß sich schließlich darin finden, daß ich trotz Abgrund und Gefahren diese Art des freien Daseins den Alltagskarrieren mit ihrem Zwang, ihrer Enge und ihrer wichtigtuerischen Langeweile vorziehe. Jetzt, wo ich diese Karriere allerpersönlichst kennengelernt habe, mehr denn je.«

Mit dem gewagten, aber unumgänglichen Austritt aus der Akademie war Fontane endlich nach unendlichen Mühen und Demütigungen am Ziel seines schriftstellerischen Parforcerittes angelangt. Endlich konnte er als der Romancier an die Öffentlichkeit treten, zu dem er sich berufen fühlte. Von nun an erschien Jahr für Jahr ein Roman aus seiner nimmermüden Feder, einer immer besser als der andere. Die meisten von ihnen gehören heute zum eisernen Bestand unserer Literatur. Die Hälfte von ihnen kann man ohne Übertreibung als Meisterwerke bezeichnen. Er hatte eine lange Einübungszeit hinter sich bringen müssen, ehe er sich freigeschrieben und im vorgerückten Alter dazu durchgerungen hatte, wozu er sich stets berufen fühlte.

Von Emilie Fontane läßt sich mit Recht sagen, daß sie dem Genie, das sie nie recht anerkennen wollte, den Lebensraum schuf, in dem es sich voll entfalten konnte. Sie erlebte es am

Ende dennoch gemeinsam mit ihrem Mann, mit dem sie alle Höhen und Tiefen eines Dichterlebens in Deutschland durchgestanden hatte, wie der späte Lorbeer ihm zufiel.

Im August 1898 reiste Emilie noch einmal gemeinsam mit Fontane nach Karlsbad. Bereits wenige Wochen später, am 20. September, starb Fontane in seiner Berliner Wohnung ebenso unauffällig, wie er gelebt hatte. Noch am Morgen seines Sterbetages hatte er einen seiner charmanten Briefe an seine Frau geschrieben, die von Karlsbad aus noch einen Abstecher nach Dresden gemacht hatte. Es war übrigens der letzte jener unvergleichlichen Fontane-Briefe, die er ein Leben lang mit einer bemerkenswerten Promptheit geschrieben hatte und von denen jeder ein kleines Kunstwerk ist.

Nur fünf Jahre später folgte Emilie Fontane ihrem Mann in den Tod. Sie liegt auf dem Friedhof der Reformierten Französischen Gemeinde in der Liesenstraße im Berliner Norden an seiner Seite. Noch kurz vor ihrem Tode hatte sie in einer verklärenden Rückschau die Summe ihres Lebens gezogen und dabei die versöhnlichen Worte gefunden: »Es war doch ein schönes Leben mit ihm, und ich würde sogleich noch einmal beginnen.«

# *Wilhelm Raabe und Bertha Leiste*

Er war eine verzwickte Natur, dieser Wilhelm Raabe. Bereits in der Schule hatte er so seine Schwierigkeiten, daß er nicht einmal das Abitur schaffte. Nach einem seelischen Kollaps schickte ihn die ratlose Mutter kurzerhand in eine Buchhändlerlehre nach Magdeburg. Ein Büchernarr war dieser introvertierte junge Mann, der so ganz aus der Norm des Gewöhnlichen fiel, eigentlich immer schon gewesen. Seine Aufsätze waren das einzige, was seinen Lehrern Respekt abgefordert hatte. Aber der Handel mit Büchern, stellte sich bald heraus, war seine Sache nun auch wieder nicht. Jedenfalls tauchte er nach drei Jahren wieder im heimischen Wolfenbüttel auf. Wegen nervlicher Malaisen, so hieß es, hatte der junge Mann seine Lehre abbrechen müssen. Damit blieb er den braven Wolfenbüttelern nach wie vor ein psychologisches Rätsel, genau genommen sogar eine verkrachte Existenz.

Noch einmal versucht Raabe in einem neuen verzweifelten Anlauf wenigstens das Abitur zu machen. Aber auch diesmal bleibt er kläglich abgeschlagen auf der Strecke. Er zieht sich nun vollends in eine lebensfeindliche Isolation zurück und beginnt, an sich selbst herumzurätseln, ohne allerdings zu schlüssigen Antworten zu gelangen.

Immerhin ist er inzwischen 23 Jahre alt, als er eine kleine Erbschaft von einer entfernten Verwandten erhält. Nun kann er wenigstens nach Berlin übersiedeln und an der Universität einige Vorlesungen hören, die ihm allerdings nicht viel zu sagen haben. Dementsprechend sieht man ihn nur selten in den Hörsälen. Dafür liest er sich mit einem wahren Bieneneifer durch die Bestände einer Berliner Leihbücherei. Dann aber, am 15. November 1854, seinem »Federansetzungstag«, beginnt er damit, ein Buch zu schreiben, etwas Belletristisches, das im Grunde nicht einmal ein richtiger Roman ist.

Er schreibt vielmehr Impressionen von allem, was ihm gerade in sein Blickfeld gerät, eine Chronik der großen Stadt Berlin, vielleicht sogar eine Chronik seiner ganzen verworrenen Zeit, der er zeitkritisch zu Leibe rückt – und das mit einer Distanz, wie sie für einen noch so jungen Autor allerdings erstaunlich ist. Als er die Feder dann wieder beiseite legt, ist ihm, ohne daß er es ahnen würde, geradezu ein Geniewurf gelungen. Seine »Chronik der Sperlingsgasse« hat das Licht der Welt erblickt und wird seinen Autor berühmt machen. Sie wird sich im Sturm die Buchmärkte erobern und dem jungen Mann, der als gescheitert gilt, einen Platz in der Literaturgeschichte einräumen. Als er nach vollbrachter Tat dem keineswegs sonderlich geliebten Berlin den Rücken kehrt und wieder in Wolfenbüttel auftaucht, ist er bereits so etwas wie ein arrivierter Autor, dessen »Chronik der Sperlingsgasse« auch in den heimischen Buchläden ausliegt.

Die seltsame Metamorphose einer verkrachten Existenz zu einem Erfolgsautor, dem man dazu noch eine glänzende Zukunft voraussagt, setzt die Wolfenbütteler in der Tat in einige Verwunderung. Man hat sich damit abzufinden, daß dieser gescheiterte Abiturient ein namhafter Literat geworden ist, vielleicht sogar ein richtiger Poet, der nun in einem wahren Schaffensrausch sein Metier ausübt. Von den ihm zufließenden Honoraren kann er nicht eben schlecht leben. Also integriert man ihn wieder in die Gesellschaft. Von seinem Außenseitertum ist auf einmal keine Rede mehr. Selbst seine früheren Schulkameraden suchen seine Nähe, um sich auch ein wenig in seinem Ruhm zu sonnen.

Raabe ist mittlerweile ein etablierter Bürger geworden. Im Jahre 1859 kann er sich sogar einen Jugendtraum erfüllen und sich auf eine Bildungsreise begeben. Diese führt ihn zwar nicht ins Ausland, aber immerhin zieht es ihn zunächst nach Leipzig, der Metropole des deutschen Buchhandels. Dort ist er längst kein Unbekannter mehr. Er wird im Kreis der Kol-

*47 Die Sperlingsgasse mit dem Raabe-Haus*

legen und Buchhändler gefeiert und umworben. Kaum anders ergeht es ihm in Dresden, Prag, Wien und München. In Stuttgart überkommt ihn dann so etwas wie Heimatgefühl. Die Urbanität dieser süddeutschen Stadt spricht ihn auf Anhieb an. Diese Siedlung verfügt über ein geistiges Fluidum, das ihn zu immer neuen Taten des Geistes inspiriert. In wenigen Tagen hat er sich hier einen Freundeskreis geschaffen. Er wird diese süddeutsche Residenz also nicht wieder aus den Augen lassen. Er wird wiederkommen, versichert er seinen neuen Freunden sogar beim Abschied.

Als er wieder in Wolfenbüttel auftaucht, liegen wieder einige Neuerscheinungen Raabes im Buchhandel vor. Er hat die Welt inzwischen mit anderen, mit neuen Augen sehen gelernt. Die etwas mufflige Luft der norddeutschen Provinz scheint ihn mit einem Male zu ersticken. Zugleich regt sich der Wunsch in ihm, sich nunmehr auch bürgerlich zu etablieren und einen Hausstand zu gründen. Mit sicheren Einnahmen kann er nun rechnen. Anlaß genug also, Ausschau unter den Schönen des Landes zu halten.

Im Herbst 1859 taucht dann auch schon der Name einer Wolfenbüttelerin aus dem Honoratiorenmilieu in seinem Tagebuch auf: »Frau Bertha Leiste am Abend mit den Weintrauben und dem vollen Herzen.« Der Name Leiste wird nun einen zentralen Platz in seinen Aufzeichnungen finden. Er schließt sich dieser Familie bei gemeinsamen Ausflügen und Theaterbesuchen an. Immer zieht es ihn offenbar in die Nähe der um vier Jahre jüngeren Tochter Bertha, deren Namen er zuweilen mit einem oder mehreren Ausrufungszeichen versieht. Das scheint immerhin für ein stetig wachsendes Interesse zu sprechen.

Es lag im Wesen des prüden Viktorianischen Zeitalters, daß man zum Objekt seiner Verehrung nur unter Umgehung der bürgerlichen Schicklichkeit einen Kontakt finden konnte. Raabe, der bewußt jede bohemienhafte Attitüde verschmäht, obwohl er sie sich als angehender Literat leisten könnte, sitzt brav am gemeinsamen Tisch und konversiert über lokale Ereignisse, wie man den Stadtklatsch umschreiben könnte. Und dennoch entgeht es der Umgebung keineswegs, daß seine Blicke vorwiegend auf die Tochter des Hauses gerichtet sind. Schließlich bietet sich ihm doch einmal die Gelegenheit, der Angebeteten seine Zuneigung zu gestehen. Diese Empfindung wird, wie sich zeigt, auf Gegenseitigkeit beruhen. Immerhin faßt man sich nun ein Herz und beginnt nach altem Brauch der Liebenden, Biletts mit offenen oder verklausulierten Liebeserklärungen auszutauschen. Damit kommt man sich merklich näher.

Unter dem 14. März 1861 vermerkt der fast Dreißigjährige in seinem Tagebuch: »Ich hab's gewagt! Der Sonnenstrahl. Ich schwör's Euch zu, es ist mir wie ein Traum. Zur ihr! Briefe! Glück!« Raabe fühlt sich erhört und verstanden. Seiner Verlobung mit Bertha Leiste steht nun nach bürgerlichem Ermessen nichts mehr im Wege.

Die Begegnungen der Liebenden unter vier Augen bleiben auch nach diesem Verlöbnis ein Glücksfall. Um so leidenschaftlicher kann sich seine junge aufkeimende Liebe in einem nicht abreißenden Briefwechsel aussprechen. Es versteht sich dabei, daß Raabe zu den bedeutenden Briefschreibern unserer Literatur gehört. Er fällt ihm jedenfalls nicht schwer, seine Empfindungen zu artikulieren. Seine Briefe reflektieren genauestens die Steigerung seiner Empfindungen.

»Liebstes Berthchen«, heißt es da zuerst, »allerschönsten Morgengruß! Ich küsse Dich viele tausend Male, und da ich selbst nicht kommen darf, so schicke ich Dir einen hübschen Brief. Ach, wäre es doch erst drei Uhr! Die böse Mutter! Und dazu scheint die Sonne so hell! Hast Du geträumt? Ich habe es getan!«

Und am 4. April: »Mein liebes, liebes Herz, mein herzliebes Berthchen, wenn die Buchhändler damit zufrieden wären, so würde ich nur noch Deinen Namen schreiben, denn darin fasse ich jetzt doch alles Gute und Schöne, was sich denken und empfinden läßt, zusammen ... Liebes, liebes Berthchen, ich grüße, küsse und herze Dich viel tausend Mal.«

Der um seine bürgerliche Reputation ringende Raabe hatte sich durch seine Verlobung mit der Tochter eines Oberappelationsgerichtsadvokaten in der Wolfenbütteler Haute volée fest integriert. Berthas Eltern hatten gegen eine Verbindung ihrer Jüngsten mit einem Poeten nichts einzuwenden. Schließlich sagte man ihm eine glorreiche literarische Karriere voraus. Die drei älteren Schwestern, die noch unverheiratet waren, hatten allen Grund, mit gelindem Neid auf Bertha zu blicken.

Inzwischen geht Raabe daran, seine Heiratspläne zu schmieden. Er will sein Glück herausfordern und als freier Schriftsteller eine Familie gründen. Daß er damit ein Vabancque-Spiel riskiert, dessen ist er sich durchaus bewußt. Und trotzdem schlägt er diesen neuen Weg mit einer erstaunlichen Sicherheit ein. Voraussetzung für ein gutes Gelingen ist natürlich, daß die Honorare pünktlich von seinen Verlegern eintreffen.

»Könnten Sie mir vielleicht jetzt wohl den Rest des Honorars, die letzten 50 Rth. schicken?« richtet er eine unmißverständliche Anfrage an seinen Prager Verleger Kober. »Das wäre mir gerade jetzt, wo ich mehr Geld als sonst brauche, recht erwünscht. Ohne die neue Lebenslage, in welche ich eingetreten bin, würde ich gern die Zahlung auch ferner ganz in Ihr Belieben stellen, wie ich es auch bis jetzt getan haben.«

Der hoffnungslose Versager von ehedem legt also gesteigerten Wert darauf, daß er im bürgerlichen Sinne vor seiner Braut bestehen kann. Und während er seine Gedanken auf die Arbeit an seiner »Schwarzen Galeere« konzentriert und sich mit dem Schicksal der tapferen holländischen Geusen identifiziert, geben sich die Eltern Leiste der Hoffnung hin, ihre Tochter hätte in ihrer Ehe finanziell nichts auszustehen. Man bringt einen erklecklichen Betrag für eine ansehnliche Mitgift auf, um dem jungen Poeten eine solide Lebensgrundlage zu bieten.

An seine Verlobungszeit wird Wilhelm Raabe immer mit ungetrübten Empfindungen zurückdenken. Er unternimmt im Sommer ausgedehnte Spaziergänge mit Bertha, wobei sie ausgiebig Gelegenheit haben, Zukunftspläne zu schmieden. Ansonsten baut man die gesellschaftlichen Kontakte weiter aus. Im übrigen ist Raabe pausenlos tätig. Die Verleger sind geradezu versessen darauf, neue Manuskripte von ihm vorgelegt zu bekommen. Aber schon beginnt den hypersensiblen Poeten der intensive gesellschaftliche Umgang zu überfordern. Er braucht die Einsamkeit, um seiner Phantasie freien Spielraum zu lassen. Sein Körper reagiert auf diese Überbeanspruchung mit schlaflosen Nächten und Stimmungschwankungen. Es kann nicht ausbleiben, daß er sich in der Gesellschaft dieses Provinznestes immer mehr langweilt. Das Gefühl, seine beste Zeit zu vergeuden, läßt ihn nach außen hin immer unzugänglicher und schroffer erscheinen.

Schon ventiliert er den Gedanken, nach der Hochzeit nach Stuttgart überzusiedeln. Hier verspricht er sich neue äußere Anregungen. Schon im Dezember malt er Bertha ihre gemeinsame Stuttgarter Zukunft so aus: »Ich denke mir, wie hübsch es sein wird, wenn wir erst in Stuttgart zusammensitzen werden.«

Die Hochzeit wird auf den 24. Juli 1862 angesetzt. Die Ver-

*48 Wilhelm und Bertha Raabe*

wandten zeigen sich ungemein spendabel, beschaffen eine feierliche Hochzeitskutsche und spenden einen kapitalen Rehbock. Aber schon sieben Stunden nach der Trauung und einem opulenten Festmahl brechen die Raabes mit der Eisenbahn in den Süden auf, einem ungewissen Glück entgegen.

An jenem denkwürdigen 24. Juli trifft man mit großer Verspätung mitten in der Nacht in Stuttgart ein. In der württembergischen Hauptstadt bezieht man notdürftig im Hotel »König von Württemberg« Quartier und richtet sich solange dort ein, bis die Handwerker die neue Wohnung ganz nach Raabes Geschmack ausstaffiert haben. Solange seine Bücher noch nicht aus Wolfenbüttel eingetroffen sind, ist der Dichter irgendwie zum Nichtstun verurteilt. Aber schließlich kann man im Hause Gymnasiumstraße 13 feierlich Einzug halten. Die Wohnung ist repräsentabel genug, wie sie der gesellschaftlichen Stellung eines Autors zukommt, dessen Namen man sich zu merken beginnt.

Am 2. August 1862 kann Raabe seiner Mutter den vollzogenen Umzug melden: »Allmählich fällt ein erster Strahl von Ordnung in das Chaos, und es fängt an, behaglich zu werden. Unsere Möbel treffen nach und nach ein. Ich habe einen sehr hübschen Schreibtisch, sechs Stühle, einen Divan usw. erstanden. Unsere Sachen von Wolfenbüttel bis auf die Polsterabendkissen sind sehr gut angekommen und bereits ausgepackt. Auch Bertha fängt an zu glauben, daß unsere Wohnung recht behaglich werden könnte. Der Salon ist 30 Fuß lang und 16 breit, unsere mittlere Stube 18 bis 19 lang und 15 breit. Berthas Schränke, Sessel und Sofa, Kommoden sehen recht gut aus; meine Bücher stehen in Reih und Glied. Die Madonna sowie alle Bilder, Glassachen sind völlig unbeschädigt eingekramt. In den Bodenkammern sitzen Wanzen; die eisernen Bettstellen sind elegant und gewiß praktisch.

Unsere Ausgeherin ist eine ältere, sehr anständige Person, die außer bei uns noch bei der Gräfin Traubenheim beschäftigt ist. Gescheuert ist in den vorigen Tagen nach Herzenslust; morgen werden Vorhänge, Portieren aufgesteckt. Berthas Klavier hat in Hinsicht auf Transport und Aufstellung die meiste Mühe gemacht, doch scheint es keinen Schaden erlitten zu haben. Meine persönliche Ausstattung kostet ungeführ 80 Reichstaler. Es ist doch ein großes Vergnügen, in seinem eigenen Hauswesen zu sitzen. Wir sehen aus jedem Fenster einen grünen Berggipfel und dann auf den Turm der Hauptkirche, von welchem nach Stuttgarter Sitte morgens, mittags und abends ein Choral geblasen wird. Bertha amüsiert sich über das Leben auf den Dächern, das hierorts herrscht; es ist aber auch wirklich merkwürdig, was die Leute alles auf Balkonen, Brüstungen, platten Dächern, ja sogar Schornsteinen treiben.«

In so veränderter Umgebung macht sich Raabe sogleich wieder an die Arbeit. Der erste Entwurf zu seinem Roman »Die Leute aus dem Walde« wird verworfen und immer wieder neu gestaltet. Er vergräbt sich ganz in die Arbeit und haßt nichts mehr, als unterbrochen zu werden. Bertha entgeht es nicht, daß sie einen recht komplizierten und sensiblen Mann geheiratet hat, der sein künstlerisches Temperament nur schwer bändigen kann. Er scheint zu wissen, daß er für seine Kreativität teuer zu zahlen hat und daß ihm nichts geschenkt wird. Zunächst ist es seine körperliche Labilität, die ihm immer wieder zu schaffen macht.

Bertha ist den größten Teil des Tages in der fremden Stadt sich selbst überlassen. Die Atmosphäre dieser Residenz von 62000 Einwohnern sagt den beiden Norddeutschen ungemein zu. Man ist eigentlich froh, dem Wolfenbütteler Kleinstadtmief entronnen zu sein. Man nimmt die Anregungen der größeren Stadt gern wahr, besucht Konzerte, Theater, Ausstellungen und Vorträge, und Bertha widmet sich wieder ihren Zeichenkünsten, indem sie Landschaften und Stadtansichten zu Papier bringt.

»Heute sind wir gerade ein Vierteljahr verheiratet und feiern den Tag durch einen Apfelkuchen und häusliches Glück«, erstattet der junge Ehemann der Mutter Bericht. Er berichtet ferner, daß sie fast jeden Abend außerhalb des Hauses sind. Offenbar lebt man auf großem Fuße, wahrscheinlich sogar etwas über die eigenen Verhältnisse. Aber Raabe kann nicht klagen: seine Honorare fließen reichlich in die Haushaltskasse.

»Ihr seht, daß das Theater bei unseren Vergnügungen eine große Rolle spielt«, berichtet Bertha ihrer Schwiegermutter. »Der Unglücksfall des alten Hamels verschafft uns sehr häufig ein Billet, weil er noch immer den Arm im Bande trägt. Seine

Töchter sind auch sehr liebenswürdig, und Wilhelm sitzt wie die Perle im Golde zwischen ihnen im Theater. Fast sollte ich eifersüchtig werden, denn er gibt sehr viel auf seine Toilette, wenn er mit diesen Damen in Berührung kommt. Jedesmal muß ich ihm den Scheitel ziehen. Er sieht sich viermal in seinem Spiegel, weil er meine Beteuerung, es sei alles in schönster Ordnung, nicht glaubt. Er trägt seinen hohen Hut sehr stolz für alle Tage und sieht aus wie ein patenter Engländer. Dagegen im Hause trägt er noch immer seinen schmutzigen Schlafrock, während der andere im Schranke hängt. So wenig Autorität habe ich über ihn, daß ich nicht einmal diesen Tausch der Schlafröcke erreichen kann. Jetzt ist seine Stube auch so günstig gelegen, daß er auch nicht zu fürchten hat, von Damen überrascht zu werden, und so wird wohl nichts helfen als ein Machtspruch von Dir, liebe Mutter. Dein Einfluß wirkt noch immer fort.

Wilhelms größtes Wohlgefallen errege ich, wenn ich zufällig etwas tue, wie Du es gemacht haben würdest, oder eine Ansicht äußere, die der Deinigen gleicht, und es schmeichelt mich auch sehr, wenn er dann sagt: ›Das machte meine Mutter auch so oder das sagte meine Mutter auch.‹«

Die Raabes verschaffen sich in erstaunlich kurzer Zeit einen Kreis von interessanten Freunden. Auf die ungewöhnlich starke gesellschaftliche Aktivität der ersten Stuttgarter Jahre zurückblickend, äußert sich Raabe später: »In Stuttgart sind in einem Jahr mehr Schriftsteller und Literaturfreunde durch mein Haus gegangen als in Braunschweig während der ganzen Zeit meines Aufenthaltes.« Während er schon beginnt, unter seinen Bekannten auszuwählen, läßt sich Bertha noch ganz von diesem Strom täglicher Ablenkungen davontragen. Ihr Bildungseifer ist unbegrenzt. Dazu verzichten die beiden Raabes keineswegs darauf, sich ein bohemienhaftes Air zu verleihen. Eine Fotografie aus dieser Zeit, die Bertha in einem geradezu ausschweifend weiten Krinolinenkleid und einem aufwendigen Mantel mit wertvollem Pelzbesatz zeigt und ihren Mann in einer nicht weniger pompösen Aufmachung, erregt in Wolfenbüttel keineswegs die Zustimmung, die man erwartet hatte.

*49 Das junge Ehepaar Raabe*

Man findet den anspruchsvollen Lebensstil dann eben doch zu unsolide.

Raabe sieht sich veranlaßt, seine Verwandten aus der Provinz zu beruhigen. Man habe sich nur dem Stuttgarter Stil angepaßt, gibt er ihnen zu verstehen. Im übrigen habe er nichts von seiner Sittenstrenge und Unschuld verloren. Man müsse eben mit den Wölfen heulen.

Mitte 1863 kommt das erste Kind Raabes zur Welt: ein Mädchen mit Namen Margarethe. Schwiegermutter Leiste und Raabes Schwester Emilie kommen angereist, um der Wöchnerin beizustehen und auch sonst ein wenig nach dem Rechten zu sehen. Man kann schließlich durchaus befriedigt mit den gewonnenen Eindrücken wieder abreisen.

Da man sich ein Kindermädchen leisten kann, wird das gewohnte Leben mit Theater- und Konzertbesuchen wieder aufgenommen. Im Zirkel der Stuttgarter Literaten werden die Raabes durchaus respektiert. Man lädt ein und wird eingeladen. Dabei ist Bertha immer bereit, mit ihrem Klavierspiel und

Gesang einen Beitrag zur Geselligkeit beizusteuern. Man bewegt sich unter lauter Prominenz so locker, wie man sich das in Wolfenbüttel nie hätte träumen lassen. Alles in allem kann Raabe von diesen Stuttgarter Jahren behaupten, sie wären die schönsten und unbeschwertesten seines Lebens gewesen.

Eine besondere reife Frucht dieser Zeit ist vor allem »Der Hungerpastor«, der 1864 erscheint, nachdem er in der »Deutschen Romanzeitung« in Fortsetzungen vorveröffentlicht war. Er wird Raabes populärster Roman werden und auch bleiben. Unzweifelhaft hat er mit der Zeit an erzählerischen Qualitäten zugelegt, wenn auch das Handlungsgeflecht seiner Bücher wenig transparent ist.

Natürlich geht im gemeinsamen Leben nicht alles nach Wunsch. Bertha hat zwei Fehlgeburten zu überstehen, die merklich an ihrer Kraft zehren. Raabe selbst wird immer wieder von Asthmaanfällen und Depressionen heimgesucht und aus seiner Arbeit gerissen. Außerdem bringt ihn der preußisch-österreichische Krieg ein wenig aus dem Gleichgewicht. Die politische Atmosphäre verdüstert sich merklich. Leider besteht mit den württembergischen Freunden keine Einmütigkeit mehr über die politische Lage. Zeitweilig sieht er sich in dieser Hinsicht so isoliert, daß er mit dem Gedanken spielt, seine Zelte im Süden wieder abzubrechen. Er fürchtet sogar, wegen der Freimütigkeit, mit der er seinen politischen Standpunkt vertritt, ausgewiesen zu werden.

Auch die Ehe Raabes hat in dieser Zeit noch einige Zerreißproben zu überstehen, als sich das freundschaftliche Verhältnis zu dem Schriftstellerehepaar Jensen intensiviert. Wilhelm Jensen ist zwar mehr ein talentierter Journalist als ein begnadeter Romancier. Aber er wird von den Raabes wegen seiner gesellschaftlichen Begabung durchaus respektiert. Seine Frau Marie entstammt einem jüdischen Wiener Elternhaus und läßt ihren Esprit im täglichen Umgang gern versprühen. Sie verfügt über einen intellektuellen Charme, der den introvierten Raabe nicht unberührt läßt. Immer wieder bringt sie Saiten in ihm zum Klingen, die ihm selbst bis dahin unbekannt waren.

Es läßt sich nicht leugnen, daß sie ein unverkennbares Faible für den hochaufgeschossenen Norddeutschen hat, der in ihrer Nähe aufzutauen pflegt. Sie kann sich der damals so eindrucksvollen Erscheinung des Dichters nicht entziehen. »Lang und schmächtig«, beschreibt sie ihn. »Wangen und Kinn des mageren Gesichts von kurzem dünnen Bartgeflecht umgeben und gleichartig der Schnurrbart über der Lippe. Der Mund besaß einen, wie es schien, an leises Lächeln gewohnten Ausdruck, in dem der Augen mochte auf den ersten Hinblick nichts Absonderes liegen. Mir erregten sie unwillkürlich die Empfindung, aus eigenem Antrieb alles um sich her in sich aufzunehmen.« Sie bescheinigt ihm mit seinen dunklen Haaren und blauen Augen eine »wahre Teufelsschönheit«.

Marie, deren Umgangston immer vertraulicher wurde, gab sich indessen alle Mühe, ihr Interesse für Raabe seiner Frau gegenüber zu verbergen. Zur Geburt einer Tochter am 17. Juni 1888 gratuliert ihr Marie Jensen umgehend: »Liebste Frau Bertha! Mit Ihrem lieben Manne ist zur Zeit kein vernünftiges Wort zu reden – sei es, daß die Jungfrau vom Feuersee mit ihrer süßen Gabe, sei es, daß das eigene, neu erschienene kleine Jungfräulein ihn aus dem Konzept gebracht hat, sei es, wie es immer wolle –, ich wende mich an Sie direkt mit meinem Glückwunsch und der brennenden Frage: Was macht das Kleine und wie sieht es aus?«

»Vielen Dank für all Ihre Teilnahme und ihre freundlichen Anerbietungen«, fiel Berthas Antwort aus. »Das Jüngste im Rabennest ist also ein Mädel und seines Vaters echte und leibhaftige Tochter. Mit Husten und Prusten und viel Geschrei begrüßte es das Licht der Welt. Hoffentlich unterscheidet es sich aber von seinem liebenswürdigen Papa dadurch, daß es mir nur vor seinem Dasein das Leben sauer machte.«

Während sich Wilhelm immer mehr mit den Jensens in Stuttgarter Lokalen und Cafés zu treffen pflegt, bleibt Bertha daheim und muß die Kinder hüten. Sie bringt damit kein allzu großes Opfer. Dem Umgang mit der emanzipierten Jüdin, die bereits einen neuen Frauentyp vorwegnimmt, fühlt sich Bertha in keiner Weise gewachsen. Sie sieht sich vom Schicksal ein wenig benachteiligt und schreibt in diesem Sinne an den Bruder: »Außer der Pflege der Kinder komme ich eigentlich zu nichts; sie sind aber auch meine ganze Freude, und ich bin von Herzen vergnügt, wenn sie wohl und munter sind. Interessanter aber wird man dabei nicht: wenn man ein gutes Hausmütterlein sein will, so ist man häufig eine langweilige dumme Frau, und das tut mir des Mannes wegen leid.«

Bertha läßt es nicht gleichgültig, daß ihr Mann in Maries Gegenwart merklich über sich hinauswächst. Gibt er sich zu Hause einsilbig und in sich gekehrt, so entfaltet er nun all seine gesellschaftlichen Fähigkeiten und entwickelt sich zu einem Causeur von bewundernswertem Format. Immer wieder muß sich Bertha unter diesen Umständen die Frage stellen, ob Raabe am Ende nicht doch die falsche Frau geheiratet hat, die er nun wie ein Klotz am Bein hinter sich herziehen muß und die ihn bei seinen Höhenflügen empfindlich stört.

Sie zieht dann auch die Folgerung aus diesen Erkenntnissen und distanziert sich immer mehr von den Jensens. Sie fühlt sich bei den gemeinsamen Zusammenkünften bestenfalls doch nur als Statistin. Der geistreichen und eher intellektuellen Marie Jensen kann sie nicht das Wasser reichen. Ihr trockener niederdeutscher Humor kann neben dem Esprit der Jüdin nicht bestehen. Raabe kann da schon eher mithalten. Seine humorvollen Bonmots treffen hingegen in der Regel immer ins Schwarze.

Daheim kann sie sich immer schwerer mit ihrem Mann arrangieren. Er läßt sich kaum zu einem verbindlichen Wort herab. Im Gegenteil. Er befindet sich meist in einem für sie unerträglichen Zustand ständiger seelischer Hochspannung. Selbst die Kinder suchen kaum seine Nähe, wenn er mit finsterem Blick, die rechte Faust geballt und aufgeregt gestikulierend ziellos durch die Wohnung irrt.

»Bei Wilhelm ist es immer schwer, das Rechte zu treffen, da er sich nicht entschieden ausspricht und doch unzufrieden ist, wenn man es nicht so macht, wie er gedacht hat«, beklagt sich Bertha bei einer ihrer Schwestern. Offenbar hat sie längst eingesehen, daß sie sich übernommen hat, als sie sich mit Raabe auf eine Ehe einließ. Nun merkt sie zu ihrem Entsetzen, daß er mehr mit seiner Muse als mit ihr verbunden ist. Dabei ist sie kritisch genug um zu bemerken, daß sich seine Hervorbringungen nicht immer auf der gleichen künstlerischen Höhe bewegen, ohne daß er ihre Kritik oder ihren wohlwollenden Rat annehmen würde. Auch andere haben ja bereits herausgefunden, daß seine Prosa allzu eigenwillig ist und oft barocke Wege geht, denen die Zeitgenossen nicht mehr so recht folgen können. Dabei läßt sich dieser niedersächsische Querdenker nicht dazu überreden, auch nur eine Konzession an den literarischen Zeitgeschmack zu machen. Sie weiß aber auch, daß er auf diese Weise nie auf einen grünen Zweig kommen wird und daß sie ihren Hausstand immer mehr auf ein kleinbürgerliches Niveau zurückschrauben muß. Viele Raabe-Bücher gelten bereits als unverkäuflich.

Die Affäre mit Marie Jensen, obwohl rein platonischer Natur, läßt Bertha nicht unberührt. So enden die Stuttgarter Jahre der Raabes, die so hoffnungsvoll begonnen hatten, mit einer permanenten Ehekrise, deren einzelne Etappen sich minuziös aus Raabes Tagebüchern rekonstruieren lassen. Immer mehr zieht sich Bertha auf ihre unbefriedigende Hausfrauenrolle zurück und konzentriert sich auf die Kinder, von denen sie wenigstens Zuneigung zu erwarten hat. 1868 war die Tochter Elisabeth geboren worden. Aber da ist dann auch schon der Zeitpunkt erreicht, an dem sich Bertha aus Stuttgart fortwünscht. Sie empfindet sich nun einmal betont als Norddeutsche, und wenn sie ihre schwäbischen Jahre an sich vorüberziehen läßt, so zweifelt sie keinen Augenblick, daß sie im deutschen Süden nie Wurzeln geschlagen hat und auch nie schlagen wird. Das größte Glück, das sie noch so ganz jungmädchenhaft erträumte, hatte sich nicht erfüllt. Schon die Vorstellung, ihre Kinder würden den ihr vielfach noch unverständlichen schwäbischen Dialekt sprechen, versetzte sie in steigende Unruhe. Zum erstenmal verspürt sie Heimweh nach ihrer niederdeutschen Heimat. Aber Raabe ist zu autokratisch, um die geheimen Wünsche seiner Frau zu respektieren.

Erst als Wilhelm Jensen ein Chefredakteurposten in Flensburg angeboten wird und der Umzug der Intimfreunde nur noch eine Frage der Zeit ist, ventiliert auch Raabe den Gedanken, Stuttgart zu verlassen und den Norden anzusteuern. Angesichts der Stagnation seiner schriftstellerischen Arbeit kann er sich von einem Ortswechsel nur neue schöpferische Impulse versprechen. Denn immer noch kämpft er um seinen angemessenen Platz in der Literatur. Der schleppende Verkauf seiner Bücher hat eine Schaffenskrise in ihm ausgelöst. Er muß sich die Zeit nehmen, einmal gründlich seinen Standort als deutscher Schriftsteller zu überdenken. Durch Vertragsablehnungen und Honorarkürzungen steht er vor der Tatsache, erhebliche Einnahmensverluste hinnehmen zu müssen. Vor allem aber ist Raabe durch das mangelnde Verständnis der Literaturkritik zutiefst resigniert. Er hatte sich mit den Größten unserer Literatur messen wollen, nun läßt man ihn vielfach nur als provinziellen Kleinmeister gelten, dem irgendwie immer noch der Mief des Kleinbürgerlichen anhaftet. Kommt noch hinzu, daß er sich im Süden mit den großdeutschen politischen Konzepten seiner Freunde nicht anfreunden kann. Er kann aus seinem preußischen Herzen eben keine Mördergrube machen, und so schlägt seine Resignation im Laufe der Zeit in Verbitterung um.

Im Februar 1870 ist es dann soweit, daß auch Raabe sich zum Aufbruch aus dem Süden durchgerungen hat. Er bittet seinen Braunschweiger Schwager darum, doch eine Wohnung für ihn in Braunschweig zu besorgen. Als Grund für seinen Umzug gibt er an: »Ein Hauptgrund unserer Heimkehr liegt für mich darin, daß ich unseren Kindern eine norddeutsche Erziehung geben möchte.« Dieses Argument war zwar nicht so ganz aus der Luft gegriffen, aber den Kern der Sache traf es sicher nicht. Sein männlicher Stolz ließ es nicht zu, sich einzugestehen, daß er unter anderem auch den verständlichen Bedürfnissen Berthas nachgegeben hatte.

Der drohende deutsch-französische Krieg veranlaßt ihn zu einem geradezu überstürzten Fortzug von Stuttgart nach

Braunschweig. Hier wird er dann die letzten vierzig Jahre seines Lebens in relativer Zurückgezogenheit bis zu seinem Lebensende verbringen.

Natürlich machen ihm die Stuttgarter Freunde, die ihm inzwischen ans Herz gewachsen sind, den Abschied nicht eben leicht. Zweifellos ist der Wegzug Raabes nämlich ein Verlust für das Stuttgarter Kulturleben. »Neu ist mir, daß man Stuttgart Lebewohl sagen muß, um bei Leuten darin beliebt zu werden«, bemerkt Bertha sicher nicht ohne treffenden Sarkasmus gegenüber Jensens in Flensburg. »Alles schreit und rauft sich fast die Haare, daß Wilhelm Raabe so bald Stuttgart verlassen will, nachdem er acht Jahre hindurch ungesehn und ungekannt täglich nach dem Museum gewandert ist. Ohne Liebeszeichen und Dankeswort schrieb er in Stuttgart ›Die Leute aus dem Walde‹, den ›Hungerpastor‹, ›Abu Telfan‹, den ›Schüdderump‹. Die Zeit war den Leuten zu kurz, um mit ihm bekannt zu werden. Abschiednehmen und das brüderliche ›Du‹ schwebt nun auf allen Lippen.«

Am 17. Juli 1870, also mitten in der Mobilmachung, verlassen die Raabes mit ihren kleinen Kindern und ihrem gesamten Hausstand Stuttgart. Da die Züge sich maßlos verspäten, brauchen sie eine Ewigkeit, ehe sie der deutsche Norden wiederhat. Erst am 21. Juli fährt man in den Braunschweiger Bahnhof ein, um noch einmal einen neuen Lebensstart zu versuchen.

Raabe ist sich darüber im klaren, daß die »glücklichste Zeit seines Lebens« nun hinter ihm liegt. Die extravertierte Periode seines Lebens mit dem intensiven Umgang mit Künstlern und Literaten ist zu Ende gegangen. Nun erwartet ihn das Philisterium der deutschen Provinz. Vielleicht gelingt es ihm nun auf heimatlichen Boden, aus dem er seine besten Kräfte schöpft, endlich den ersehnten Durchbruch zu schaffen. Er ist sich seines literarischen Wertes sehr wohl bewußt und weist sich selbst einen Platz in der Nähe von Goethe und Schiller zu.

Natürlich erfüllen sich seine hochgesteckten Erwartungen keineswegs. Enttäuschung und Resignation werden für den Rest seines Lebens seine ständigen Begleiter bleiben. Seine de-

*50 Zeichnung des Marsches der »Kleiderseller« in ihr Stammlokal »Grüner Jäger« von Wilhelm Raabe*

pressive Stimmung nimmt eher noch zu, und immer mehr quälen ihn seine periodisch wiederkehrenden Asthmaanfälle, die seine Arbeitslust beträchlich lähmen.

Bertha bleibt nichts anderes übrig, als sich mit dem dauernden Stimmungstief ihres Mannes abzufinden. Sie hat Stuttgart überstanden, und sie hat den festen Willen, mit einer guten Portion von Stoizismus nun auch die kommenden Malaisen, die sie heraufziehen sieht, zu bewältigen. Jedenfalls stellen ihre Verwandten übereinstimmend fest, daß sie trotz der Kinder und mancherlei häuslichen Miseren noch unverändert aussieht. Sie ist immer noch eine ansehnliche Frau mit kräftigen, kastanienrotem Haar und ausdrucksvollen dunklen Augen. Außerdem hat sie viel an Selbstbewußtsein und Selbständigkeit in den Stuttgarter Jahren hinzugewonnen. Den etwas herben Zug um ihren Mund kann man übersehen.

Raabe ist im ganzen männlicher geworden. Er tritt nunmehr mit einer Selbstsicherheit auf, die den Versager seiner späteren

Jugendtage völlig vergessen läßt. Zuweilen nimmt er ein Lorgnon zur Hilfe, um seine Gesprächspartner ganz ungeniert ins Visier zu nehmen. Durch seinen Kinnbart wirkt sein Gesicht im ganzen etwas kantiger und härter. Ist er früher schon schweigsam gewesen, so überlegt er sich nun jedes Wort. Bestenfalls lächelt er versonnen vor sich hin, wenn er in ein Gespräch verwickelt wird. Man spürt, daß er sich ein wenig den Wind der weiten Welt um die Ohren hat wehen lassen. Nun ist er etwas aus den engen niedersächsischen Verhältnissen herausgewachsen, und er läßt es seine Umgebung auch spüren.

Gleichwohl ist Raabe nicht darauf versessen, aus seinem exquisiten literarischen Rang Kapital zu schlagen. Er integriert sich bewußt in das bürgerliche Leben Braunschweigs, schließt sich einigen Klubs und Vereinen an, und er findet es nicht unter seiner Würde, etwa mit seinen trinkfrohen »Kleidersellern« in ihrem Stammlokal »Grüner Jäger« zu Riddagshausen die Abende zu verbringen. Männerbünde sind durchaus seine Sache. Hier ist von Literatur nicht einmal am Rande die Rede. Man schätzt Raabe als Mitbürger und als Stammtischbruder, dessen amüsante Bemerkungen jedes Gespräch auffrischen. Daß dieser Mann aber auch Tag für Tag am Schreibtisch sitzt, um mit dem Dämon zu ringen, und daß sein literarischer Rang schon damals unbestritten ist, dämmert den wenigsten seiner Freunde. Auch wenn ihn ihre Gespräche zu langweilen beginnen, machte er doch gute Miene zum bösen Spiel. Er braucht die Menschen vor allem während des Bismarckreiches, dessen Entwicklung er mit wachsender Sorge verfolgt. Die guten alten deutschen Traditionen sieht er dahinschwinden, und so begibt er sich in eine innere Emigration, indem er sich immer mehr auf die Familie zurückzieht.

»Die einzige Möglichkeit für ein wenigstens gedeihliches Zusammenwohnen liegt einzig und allein auf dem Sichaufeinanderverstehen«, umschreibt er sein neues Lebenskonzept, von dem vor allem seine Frau und die Kinder profitieren.

Da die pekuniäre Lage oft geradezu bedrohlich ist, sieht Raabe sich gezwungen, sogar die eiserne Reserve, die Mitgift seiner Frau, anzugreifen. 1876 kommt seine Tochter Gertrud zur Welt, und damit steigen auch die Kosten. Was hilft es schon, daß Raabe sich mit Berserkräften auf seine Arbeit stürzt? Er wird später rückblickend von sich sagen: »Ich bin mein ganzes Leben durch die heiße Hand an der Gurgel die Frage: Was wird mit Dir und den Deinen morgen? nicht losgeworden.« Schon um Silvester 1880 vermerkt sein Tagebuch nach so manchen materiellen, aber auch ideellen Schlappen den vielsagenden Satz: »Öde und voll Sorgen in das Neue Jahrzehnt.«

Seine Tochter Klara, 1872 geboren, wird sich später an diese gemeinsam verbrachten Jahre nicht gerade mit euphorischen Empfindungen so erinnern: »Wochen, Monate vergingen, in denen das düster glühende Auge des Vaters sich nicht aufhellen, die geballte Faust sich nicht öffnen wollte. Nun gab es auch für Wilhelm Raabe keinen Platz in der Welt, an dem er sich behaglich fühlen konnte, nicht daheim, nicht unter seinen Freunden, alles ›ekel, schal und unersprießlich‹. Das liebe Gesicht der Mutter wurde bleich, ihre Augen bekamen dunkle Ringe. Wir Kinder machten uns schmal und gingen auf Zehen. Auch wir fühlten instinktiv, daß der Vater ein leidvoller Mensch sei, den wir nicht in kindlicher Art stören durften. Angst und Sorge, qualvolle Asthmawochen und finsteres Grübeln. Tag für Tag wanderte er Stunde um Stunde in seinem Zimmer auf und ab mit federndem, leichtem Tritt, der den Rhythmus des unbeugsamen Willens hatte.«

Nur zuweilen sieht sich Raabe aus seiner deprimierenden Einsamkeit herausgehoben, so etwa, als 1882 der Schillertag des »Allgemeinen deutschen Schriftstellerverbandes« in Braunschweig stattfindet und die Kollegen von der schreibenden Zunft den großen Romancier entsprechend hofieren. Die Resonanz der Braunschweiger ist dann auch schieres Erstaunen darüber, daß ihr unscheinbarer Bürger Raabe sich unter den Koryphäen der Literatur selbstsicher wie ihresgleichen bewegt.

Ansonsten wächst Bertha in diesen ersten Braunschweiger

Jahren über sich hinaus. Nun zeigt sich erst recht, was Raabe an ihr hat. Sie trägt immer von neuem den profanen Alltag durch und ermöglicht ihm damit auch in materiell bedenklichen Situationen ein ungestörtes Arbeiten. Sie hat sich an seine Marotten und an seine Malaisen gewöhnt und sich mit der Anpassungsfähigkeit der liebenden Frau klaglos auf sie eingespielt. Sie hat auch nichts dagegen einzuwenden, daß er Abend für Abend seine Männergesellschaften aufsucht und auch sonst nur wenig dazu beiträgt, gemeinsame Interessen zu pflegen. Trotzdem bringt sie den Großmut auf, bis in die Nächte hinein auf seine Heimkehr zu warten. Oft auch durchwacht sie ganze Nächte, wenn ihn wieder einmal sein Asthma zu plagen beginnt. Das Leben an der Seite dieses Mannes ist voller Spannung und Entsagung. Auch wenn sie am Ende ihrer Kräfte angelangt ist, nimmt er ihren beklagenswerten Zustand kaum zur Kenntnis.

Bei einem so komplizierten und introvertierten Mann wie Raabe versteht es sich von selbst, daß er seiner Frau auch keinen Einblick in seine jeweiligen schriftstellerischen Projekte gewährt. Erst wenn ein Buch gedruckt vorlag, durfte seine Frau davon Kenntnis nehmen. Mit einer geradezu abergläubischen Scheu hütete er sein Schaffensgeheimnis. Als sie dann doch einmal in seiner Gegenwart ein Titelblatt überfliegt, reißt er es ihr wütend aus den Händen und wirft es in den Ofen. Immer stand sie im Schatten dieses Mannes, der ihr einmal versichert hatte, ohne sie nicht leben zu können. Nun ging er völlig seine eigenen Wege. Ihr blieben immerhin ihre vier Töchter, die sie liebevoll umsorgen konnte. Es blieben ihr auch die Erinnerungen an die Stuttgarter Tage, in denen die Welt für sie noch in Ordnung war.

Man kann bei Betrachtung von Raabes Lebenswerk den Anteil seiner Frau nicht unterschlagen. Als er sich in seinem Krisenjahr 1884 sogar mit Selbstmordabsichten trug, half sie ihm über dieses Stimmungstief hinweg. Erfreulicherweise fiel Raabe zwei Jahre später eine lebenslängliche Ehrengabe von 1000 Mark jährlich von der Schiller-Stiftung zu. Damit waren wenigstens die brennendsten Sorgen zunächst einmal aus der Welt geschafft. Aber die inneren Konflikte im eigenen Hause rissen deswegen doch nicht ab. Doch konnte er von nun an seine Bücher schreiben, ohne Rücksicht auf den modischen Publikumsgeschmack zu nehmen. Er wächst damit zu einem guten alten deutschen Gewissen heran, der den Progressiven seine zeitlosen Wahrheiten um die Ohren schlägt und gegen den Strom einer immer mehr sich veräußerlichenden Welt zu schwimmen versucht, weil er die große Katastrophe bereits vorausahnt.

Raabe hatte nun einmal nicht das Zeug zum Konformisten oder Opportunisten. Er rechnet sich selbst zum Orden der großen Unzeitgemäßen, die das Rennen um den Mammon, den Gott dieser Zeit, nicht mitmachen. Für ihn zählen nur die Idealisten, die als Außenseiter der Gesellschaft ein bestenfalls peripheres Leben fristen müssen. Raabe wäre nicht Raabe, würde er nicht fest daran glauben, daß sie es sind, denen am Ende die Krone des Lebens gereicht wird.

Noch einmal schlägt das Schicksal unerbittlich zu, als im Jahre 1892 Raabes sechzehnjährige Tochter Gertrud an einer Gehirnhautentzündung plötzlich stirbt. Nur mit einiger Not durchsteht er das qualvolle Sterben seines Kindes, und er kann sich diesen Schicksalsschlag nur damit erklären, daß er nach dreißig Jahren eines relativ ungestörten Lebens nun auch den Göttern seinen Tribut zu entrichten hat. Lähmende Trauer überwältigt ihn. Ein Jahr braucht er, um wieder zur Feder greifen zu können. Immer mehr zieht er sich aus dem gesellschaftlichen Leben in seine selbstgewählte Einsamkeit zurück.

Erst sein 70. Geburtstag verleiht ihm wieder neuen Auftrieb. Man feiert ihn als einen herausragenden Repräsentanten der deutschen Literatur. Einen Tag lang reißen die Ehrungen nicht ab. Wenn auch der ersehnte Massenerfolg ausgeblieben ist, so wissen die Stillen im Lande sehr wohl, was sie an ihrem Raabe haben. Jetzt merkt er aber auch das Nachlassen seiner schöpferischen Kräfte, und er findet sich damit ab, von nun an als »Schriftsteller a. D.« zu firmieren. Seinen 80. Geburtstag allerdings erreicht er nicht mehr. Seh- und Hörstörungen lassen sich nicht verheimlichen, und schließlich befällt ihn ein schmerzhaftes Blasenleiden. Kein Zweifel, der erlösende Tod hat bereits die Hand nach ihm ausgestreckt.

Am 15. November 1910, also genau 56 Jahre nach seiner »Federansetzung« zur »Chronik der Sperlingsgasse« stirbt Raabe in seinem Braunschweiger Exil. Er spricht seiner Gewohnheit nach bis zuletzt mit sich selbst, aber die letzten Worte, die über seine schmalen Lippen kommen, lauten: »Bertha, allein.« Wenn es ihm auch zeit seines Lebens nicht eben leicht fiel, seine Empfindungen zu äußern, so zweifelt rückblickend doch niemand daran, daß Bertha bis zuletzt im Mittelpunkt seines Lebens gestanden hat. Ohne sie wäre das Lebenswerk, das er zurückließ, nicht zu denken gewesen.